辽宁大学法学文丛

股票期现跨市场
操纵监管法律制度研究

石启龙 著

GUPIAO QIXIAN KUASHICHANG
CAOZONG JIANGUAN FALÜ ZHIDU YANJIU

法律出版社
LAW PRESS·CHINA
北京

图书在版编目(CIP)数据

股票期现跨市场操纵监管法律制度研究 / 石启龙著. -- 北京 : 法律出版社, 2022
(辽宁大学法学文丛)
ISBN 978-7-5197-6809-6

Ⅰ. ①股… Ⅱ. ①石… Ⅲ. ①股票交易-金融监管-证券法-研究-中国②股票指数期货-期货交易-金融监管-证券法-研究-中国 Ⅳ. ①D922.287.4

中国版本图书馆 CIP 数据核字(2022)第 101300 号

股票期现跨市场操纵监管法律制度研究
GUPIAO QIXIAN KUASHICHANG CAOZONG JIANGUAN FALÜ ZHIDU YANJIU

石启龙 著

策划编辑 屈 瑶
责任编辑 屈 瑶
装帧设计 臧晓飞

出版发行 法律出版社
编辑统筹 学术·对外出版分社
责任校对 裴 黎
责任印制 陶 松
经 销 新华书店

开本 710 毫米×1000 毫米 1/16
印张 15.5 **字数** 233 千
版本 2022 年 10 月第 1 版
印次 2022 年 10 月第 1 次印刷
印刷 北京虎彩文化传播有限公司

地址:北京市丰台区莲花池西里 7 号(100073)
网址:www.lawpress.com.cn
投稿邮箱:info@lawpress.com.cn
举报盗版邮箱:jbwq@lawpress.com.cn
销售电话:010-83938349
客服电话:010-83938350
咨询电话:010-63939796

书号:ISBN 978-7-5197-6809-6
定价:69.00 元

凡购买本社图书,如有印装错误,我社负责退换。电话:010-83938349

目录

图表目录

第一章　绪　论

一、研究的背景、目标与意义

（一）研究的背景

金融是现代经济的核心，是国家重要的核心竞争力。[①] 金融行业在不同发展阶段具有不同的体系结构，"在金融转型的初级阶段，金融体系以银行为主，在金融转型的高级阶段，非银行金融机构与金融市场的地位和作用加强"，[②]资本市场逐渐成为现代金融的核心。[③] 资本市场不仅为企业提供了便利的融资途径，更催生了现代公司治理方式，使企业摆脱漫长资本积累和家族封闭管理的束缚，逐渐成为现代企业的生命线。同时，资本市场丰富多样的产品和灵活便捷的风险管理方式不仅被看作是社会成员分享经济增长成果、增进个人财富的

---

① 习近平总书记在第五次全国金融工作会议上的讲话，参见《服务实体经济防控金融风险深化金融改革　促进经济和金融良性循环健康发展》，载《人民日报》2017 年 7 月 16 日，第 1 版。

② 郭竞成：《西方金融转型研究的检讨与综合》，载《经济社会体制比较》2005 年第 1 期。

③ 现代金融体系是以资本市场为基础构建的金融体系，与以商业银行为基础构建的传统金融体系相对应。参见吴晓求等：《中国资本市场 2011 - 2020——关于未来 10 年发展战略的研究》，中国金融出版社 2012 年版，第 4 页。

有效途径,更被提升到了助力个人追求自由发展、实现自身价值的高度。① 作为正在崛起的世界大国,中国需要构建与大国经济相匹配的大国金融,而融资功能完备、基础制度扎实、市场监管有效、投资者合法权益得到有效保护的多层次资本市场体系是大国金融的重要基石。近年来,我国金融治理制度不断完善,金融法治化程度显著提升,金融生态环境日益改良,资本市场的深度和广度持续拓展,极大地满足了民间资本的投资意愿和实体经济的融资需求,这为我国经济转型发展提供了巨大的支持力。特别是股指期货(stock index future)市场推出后,由一级发行市场、二级交易市场和风险对冲的衍生品市场构成的多维立体股票市场初具规模,极大地拓展了我国股票市场的深度(depth)、广度(breadth)和弹性(resiliency)。目前,我国股票市场有效账户已突破2亿个,入市资金量、市场交易量、流通市值、换手率等市场指标均创新高,股市规模跃升全球第二,并作为全球最大的新兴资本市场为世界新兴资本市场提供了特有的发展范式。② 在由金融初级阶段的间接融资向金融高级阶段的直接融资过渡阶段,金融跨行业、跨市场、跨区域的综合化经营趋势开始显现,再加上以中小投资者为主的市场结构,资本市场影响财富配置、社会公正、国家安全等溢出效应越发明显,逐渐呈现"牵一发而动全身"的系统性影响。

与此同时,我国资本市场作为典型的"新兴 + 转轨"市场还不够成熟完善,现代资本市场机制所依赖的市场化、法治化、国际化等基本制度要素建设尚未完成,市场结构、运行机制、运作效率、产品创新等方面仍不完善,成熟市场所应有的深度、广度和弹性仍有所欠缺,市场震荡频繁,抗操纵性较差。2015年,在高杠杆场外配资的助力下,上证综指迅速攀升至5178点,累计上涨近111%,中小板指数攀升至6930点,累计上涨达121.4%,创业板指数攀升至创纪录的4037点,累计上涨达159.1%。至2015年年中,在国内外局势平稳且实体经济亦无明显恶化的环境下,股票市场风云突变,在6月15日至7月8日的17个交易日内,股市逆转直下,开启断崖式下跌,上证综指暴跌至3507点,跌幅达32%,③中小板指数跌幅达38.4%,创业板指数跌幅达39.7%,

---

① 曾康霖主编:《金融经济学》,西南财经大学出版社2002年版,第1页。

② 截至2015年6月12日,上证综指攀升至5178点顶峰,沪深两市共拥有上市公司2777家,A股市值突破70万亿元。

③ 参见2015年7月8日上海证券综合指数,载《上海证券报》2015年7月8日,第1版。

A 股市值蒸发 21 万亿元，投资者平均损失逾 42 万元，创我国股市自 1990 年成立以来的最大跌幅。而后，在 2015 年 8 月 18 日至 26 日的 7 个交易日内，市场再次呈断崖式下跌态势，上证综指自 4000 点暴跌至 2850 点，下跌幅度达 28.8%，中小板指数下跌达 26.8%，创业板指数下跌 29.3%。历经两波下跌，上证综指自 5178 点跌至 2850 点，跌幅达 45%，中小板指数下跌 44.6%，创业板指数下跌 51.8%。各股价指数走势见图 1－1、图 1－2、图 1－3 和表 1－1。

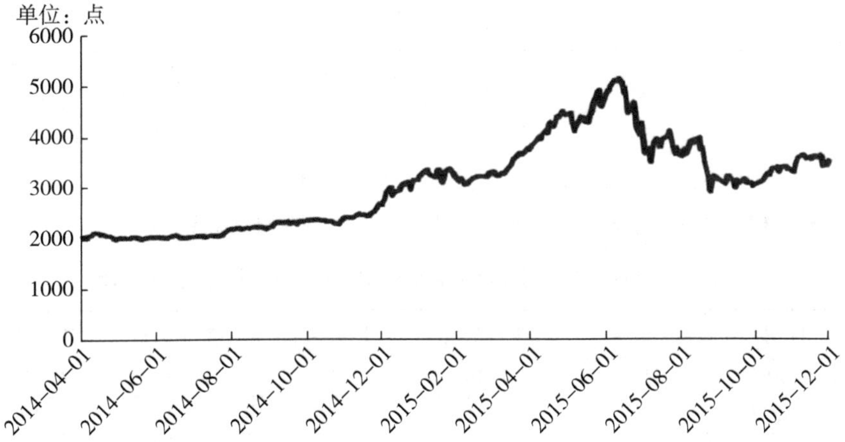

图 1－1　2014 年 4 月至 2015 年 12 月上证综指走势

资料来源：吴晓求：《股市危机：结构缺陷与规制改革》，载《财贸经济》2016 年第 1 期。

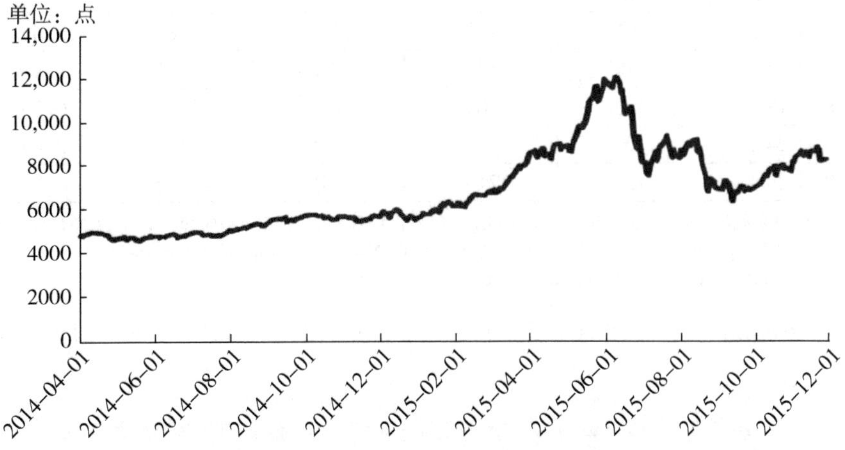

图 1－2　2014 年 4 月至 2015 年 12 月中小板指数走势

资料来源：吴晓求：《股市危机：结构缺陷与规制改革》，载《财贸经济》2016 年第 1 期。

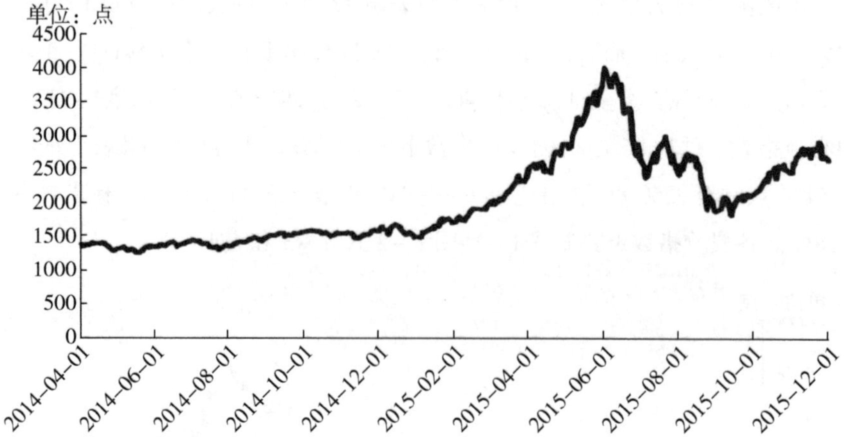

图1－3　2014年4月至2015年12月创业板指数走势

资料来源：吴晓求：《股市危机：结构缺陷与规制改革》，载《财贸经济》2016年第1期。

表1－1　2015年6月19日至8月25日沪市千股跌停日统计

日期	上涨家数	平盘家数	下跌家数	跌停家数	跌幅/%
6月19日	130	438	2288	1096	6.42
6月26日	58	401	2397	2049	7.40
6月29日	209	432	2220	1578	3.34
7月2日	147	481	2251	1525	3.48
7月3日	148	516	2217	1475	5.77
7月7日	86	779	2016	1765	1.29
7月15日	382	703	1794	1287	3.03
7月27日	561	543	1775	1861	8.48
8月18日	76	502	2303	1647	6.15
8月24日	15	489	2376	2179	8.49
8月25日	25	719	2078	2018	7.63

资料来源：https://baike.baidu.com/pic/%E5%8D%83%E8%82%A1%E8%B7%8C%E5%81%9C/18637682/1/c9fcc3cec3fdfc03c84bbafed23f8794a4c22640？fr = lemma&ct = single#aid = 1&pic = c9fcc3cec3fdfc03c84bbafed23f8794a4c22640。

短短数日内，A股市场在千股涨停后骤然逆转为千股跌停，直至千股停牌。①

① 以2015年7月8日为例，该日上证综指跌6.97%，两市逾1300只个股跌停，余下上市公司中，竟有高达1312家主动宣布停牌，占A股市场的47.2%。“千股停牌”是上市公司为避免流动性缺失，股价背离其价值持续下跌而采取的无奈之举，却导致投资者无法规避风险，束手无策，复牌后往往又是连续多个跌停板。

巨额财富灰飞烟灭，重创了市场信心，严重威胁了国家金融安全，迫使政府紧急实施了一系列救市措施。2015 年股市震荡在展现我国资本市场显著提升的公共性以及市场监管必要性的同时，亦呈现具有划时代意义的“跨市场”特征。①

一是此次股市震荡表明我国资本市场进入跨市场的融通时代。我国资本市场之间曾因分交易所交易，分立法规制，缺乏必要的关联变量，长期处于“井水不犯河水”的隔绝状态。而股指期货等具有跨市场属性的金融衍生品的涌现使资本市场之间形成了跨市场价格关联渠道，过往有形的地域化、时段性、分割式的资本市场逐步向虚拟的一体化、全天候、融通式市场发展，资本市场正在迈向跨市场的融通时代。

二是此次股市震荡显露出跨市场操纵迹象。② 借助期指市场与股票市场之间的跨市场价格关联机制，利用金融衍生品（期指）市场的高杠杆、低成本、强流动等优势，操纵者在 2015 年 6 月中旬集中资金力量连续做空中证 500 期指合约 1507（IC1507），致使 IC1507 价格频频跌停，并带动 A 股市场连续跌停，迫使投资者或是做空期指来对冲风险，或是抛售所持股票止损，前者加大期指市场空压，后者造成股市流动性因大量抛售指令而枯竭，并通过跨市场价格关联机制造成市场间价格陷于负反馈循环下跌的崩盘局面。③

三是此次股市震荡展现出跨市场操纵的系统性风险。在资本市场隔绝结构中，市场操纵所蕴含的价格波动风险被禁锢在单一的股票、债券、期货等市场内。随着期指等衍生品推动资本市场进入融通时代，操纵的价格波动风

① 学界对此次股票市场骤然暴跌现象认定不一。在经济学或金融学层面，有学者认为，此次股市暴跌已经符合学界对市场危机下跌幅度的认定标准，即 10 个交易日内市场指数连续下跌超过 20%，故将其称为“股市危机”或“流动性危机”或“股灾”，参见吴晓求：《股市危机：结构缺陷与规制改革》，载《财贸经济》2016 年第 1 期。也有学者冠之以相对温和的“股市震荡”或“股价异常波动”。在法学层面，由于我国尚未制定“金融紧急状态法”，而《证券法》等相关法律也并未规定“金融紧急状态”或“金融危机”的认定标准，对股市骤然暴跌现象缺乏准确的定性，因此，本书以“股市震荡”指代 2015 年年中的股市骤然暴跌现象。

② 现有文献中，学界对指向资本市场中压低、锁定、抬升价格以获利行为的概念有两种表述方式，一是移植域外“market manipulation”（美国）、“Marktmanipulation”（德国）、“相場操縦”（日本）等概念，使用“市场操纵”表述；二是遵循我国《刑法》中“操纵证券、期货市场”以及《证券法》中“操纵证券市场”等规定，使用“操纵市场”的表述。本书为与“跨市场操纵”概念相对应，统一使用“市场操纵”概念。

③ 杨松、石启龙：《“恶意做空”的生成逻辑与法律规制》，载《经济法研究》2017 年第 1 期。

险沿跨市场价格关联渠道传播、蔓延至关联市场,引发跨市场共振。而随着金融综合化经营趋势的发展,价格操纵所蕴含的价格波动风险极易汇聚、累积,衍生为跨市场、跨机构、跨行业的系统性金融风险,危及金融安全。

股市震荡的"跨市场"特征迅速引起了舆论和监管层的关注,媒体最先将幕后黑手指向"恶意做空",①证监会随后亦将矛头对准了"恶意做空",②将股市震荡归因于利用期指做空机制实施的跨市场操纵,并决定对涉嫌跨市场操纵的违法违规线索进行专项核查。③ 为遏制期指市场中"恶意做空"的力量,中国金融期货交易所启动一系列临时交易限制措施(见表1-2),甚至将客户单个产品单日开仓量限仓至10手,致使期指市场成交量缩减至此前高点的5%,几近丧失价格发现和风险对冲的功能。

表1-2 股市震荡后沪深300股指期货交易制度变动情况

日期	非套期保值持仓交易保证金	平今仓交易手续费	其他
2015年7月3日			提出按照报单委托量差异化收取交易费用,排查异常交易客户
2015年7月31日			修订沪深300股指期货交易细则
2015年8月3日		提高至0.0023%	合约申报费每笔1元
2015年8月26日	由合约价值的10%提高到12%	提高至0.0115%	
2015年8月27日	由合约价值的12%提高到15%		
2015年8月28日	由合约价值的15%提高到20%		
2015年8月31日	由合约价值的20%提高到30%		

① 徐少锋:《打击恶意做空刻不容缓》,载《金融时报》2015年7月3日,第2版。
② 朱宝琛:《证监会:依法查处恶意做空者》,载《证券日报》2015年7月3日,第1版。
③ 李丹丹:《证监会将严打跨市场操纵行为》,载《上海证券报》2015年7月4日,第1版。

续表

日期	非套期保值持仓交易保证金	平今仓交易手续费	其他
2015年9月7日	由合约价值的30%提高到40%	提高至0.23%	单个产品、单日开仓交易量超过10手即构成异常交易行为
2016年1月1日			交易时间与股市同步,并实施5%和7%的两档熔断制度
2016年1月8日			暂停实施沪深300、上证50、中证500股指期货熔断制度
2016年9月14日			8月仍有168名客户因开仓交易超过10手而限制开仓

资料来源:王军、刘卓然:《股指期货限制性措施对期现货价格关系的影响研究——中美日应对"股灾"实施股指期货限制性措施及其效果比较》,载《价格理论与实践》2016年第9期。

股市震荡所造成的市场恐慌和舆论压力促使行政、司法和立法机关介入调查。先是证监会会同公安机关排查恶意做空线索,①对涉嫌恶意做空大盘蓝筹的机构和个人投资者开展核查取证工作,②并向公安部移送22起涉嫌资本市场犯罪案件;③而后,最高人民检察院表示针对恶意做空可能产生的金融犯罪问题保持高压打击态势,对移送起诉案件加快审查逮捕和公诉进度。④ 随后,一系列市场操纵案件被侦破并宣判。⑤ "证券立法历来是市场危

① 2015年7月9日,时任公安部副部长孟庆丰带队到证监会,会同证监会排查近期恶意做空的线索,部署全国公安机关依法打击证券期货领域违法犯罪活动,全力维护资本市场正常秩序,切实保障投资者合法利益,参见乔誌东:《公安部加入"股市保卫战" 排查恶意做空A股线索》,载《证券日报》2015年7月10日,第1版。

② 倪亚明:《证监会公安部对涉嫌恶意做空大盘蓝筹十余家机构和个人开展核查取证》,载《中国证券报》2015年7月10日,第1版。

③ 程丹:《证监会向公安部移送22起涉嫌犯罪案件》,载《证券时报》2015年8月29日,第2版。

④ 程丹:《最高检:保持对金融犯罪高压打击态势》,载《证券时报》2015年9月24日,第2版。

⑤ 沈明:《股市波动又一幕后黑手落网 上海破获特大操纵期货市场案》,载《证券日报》2015年11月2日,第1版;吴黎华:《徐翔:私募巨鳄的陨落》,载《经济参考报》2015年11月3日,第5版。

机的产物”,[1]为弥补跨市场操纵的法律监管空白,我国《证券法(修订草案)》“二审稿”特别增设专门的跨市场操纵禁止条款,[2]而最终修订通过的《证券法》却又改变了规制跨市场操纵的立法方案。[3]

金融与风险相伴,风险使监管成为必要。揆诸史实,虽然历次金融危机均可归因为“监管失灵”,但监管机构却在危机后屡屡借口“市场失灵”扩张职权,恶化监管失灵,诱发新的危机,陷入恶性循环的悖论。此问题的根源在于“人们为应对危急情况而采取的种种改革措施,往往隐含着归罪于市场而监管者鞭长莫及的假设,因而妄图通过强化监管的武装解决未来的违纪问题。这种治标之策将问题放在市场本身而非掌握大权的监管者本身,因而无法从根本上解决基于监管失灵的制度性缺陷”。[4]

(二)研究的目标

理论研究的推动力源自社会实践的需求,危机与监管间的恶性循环悖论亦需有效的监管治理予以破解。[5] 此次股市震荡已然展现出市场操纵跨市场实施的可能及其系统性风险演变的趋势,而因跨市场操纵的法律监管空白所造成的监管处置不力更表明资本市场中因市场分割的监管制度与市场融通现实背离所造成的监管失灵将成为系统性金融风险的重要推手。“监管的历史就是国家经济关系和制度变化的历史”,[6]“监管治理史并不是连贯的政

---

① Steve Thel, *The Original Conception of Section* 10(*b*) *of the Securities Exchange Act*, Stanford Law Review, 1990(1), p. 385 – 464.

② 《证券法(修订草案)》“二审稿”第95条规定:“禁止任何人从事下列跨市场操纵行为:(一)为了在衍生品交易中获得不正当利益,通过拉抬、打压或者锁定等手段,影响衍生品基础资产市场价格的行为;(二)为了在衍生品基础资产交易中获得不正当利益,通过拉抬、打压或者锁定等手段,影响衍生品市场价格的行为;(三)国务院证券监督管理机构认定的其他跨市场操纵行为。”

③ 2019年修订的《证券法》第55条规定:“禁止任何人以下列手段操纵证券市场……(七)利用在其他相关市场的活动操纵证券市场……”

④ 洪艳蓉:《金融监管治理:关于证券监管独立性的思考》,北京大学出版社2017年版,第80页。

⑤ 监管与危机的循环悖论是指虽然监管者对历次金融危机的爆发难辞其咎,却往往在危机处置或其后的监管改革中扩张监管职权,但这样无法避免下一次金融危机的到来,“危机—扩权”过程的循环往复最终造成越发庞大的监管机构、越发繁琐的监管措施、越发高昂的监管成本和越发严重的金融危机。参见洪艳蓉:《金融监管治理:关于证券监管独立性的思考》,北京大学出版社2017年版,第80页。

⑥ [美]马克·艾伦·艾斯纳:《规制政治的转轨》(第2版),尹灿译,钱俞均校,中国人民大学出版社2015年版,第253页。

府战略史，而是在不同国家、产业和政策背景下，对不断变化的要求和机遇的应对过程"。[①] 我国继股指期货推出后，国债期货重出江湖，[②]股票期权、[③]指数期权有望破茧，利率、汇率期货期权亦被提上日程，不断涌现的衍生品必将打破资本市场的藩篱，所形成的跨市场价格关联机制，催生了跨市场操纵的新动向，其所蕴含的系统性金融风险迫切需要以监管治理思维改进现有监管法律制度来应对。

本书立足于我国实践，借鉴域外经验，以政府适度干预理念为指引，[④]以监管治理理论为基础，以股指期货为切入点，聚焦股票期现市场之间的跨市场操纵行为。[⑤] 通过对既有或疑似跨市场操纵案例的梳理和推演，分析跨市场操纵的脉络轮廓、基本模式和内在机理，特别关注了跨市场操纵所蕴含的价格波动风险的系统性演变趋势，并在此基础上设计了金融新趋势下跨市场操纵监管法律制度的理念、框架和具体制度，借以深化对金融综合化经营和资本市场融通趋势下对市场操纵行为及其法律监管问题的理解。

首先，以股指期货为切入点，根据既有和疑似案例推演出跨市场操纵的基本模式，具有跨市场属性的金融衍生品不仅在量上拓展了资本市场的外延，更在质上改变了资本市场的结构。具体而言，股指期货凭借特有的跨市

---

① 经济合作与发展组织编：《OECD 国家的监管政策：从干预主义到监管治理》，陈伟译，法律出版社 2006 年版，第 5 页。

② 证监会于 2013 年 9 月 6 日批准中国金融期货交易所开展交易国债期货交易，阔别 18 年的国债期货正式重启。

③ 证监会于 2015 年 1 月 9 日发布《股票期权交易试点管理办法》，批准上海证券交易所开展股票期权交易试点。

④ 多元行政主体理论的创立和公共行政运动的兴起赋予"政府"多重含义，在广义上，"政府"是相对自由市场和私人自治领域的公共权力，包括所有履行公共管理职责的组织；在狭义上，"政府"则兼具行政和政治垄断的内涵，仅指民主政治体系中的政府组织。本书在表述作为市场干预力量时使用广义政府概念，而在表述市场监管时使用狭义政府概念。

⑤ 目前学界对跨市场操纵概念的外延尚存争议，最广义的观点认为凡涉及利率市场、汇率市场、证券市场、期货市场等任意两个以上金融市场或与之关联契约的操纵行为属跨市场操纵，而最狭义的观点认为跨市场操纵只涉及股票市场中集合竞价市场、大宗交易市场及协议转让市场，其他观点则摇摆于两者之间。本书认为，在金融层面，跨市场操纵的实质是在金融衍生品兴起的背景下，利用基础资产与衍生品间的价格关联效应实施的价格关联操纵，因此，其所"跨"市场应是存在价格联动效应的基础资产市场及其衍生品市场；在法律层面，遵循法不禁止即自由的原则，当前立法明确禁止的只是证券市场和期货市场的操纵行为，可见，我国语境下的跨市场操纵是跨证券市场和证券衍生品市场的操纵行为。基于股指期货交易制度的相对成熟完善，本书将研究视阈聚焦于跨股票市场和期指市场的操纵行为，即研究股票期现跨市场操纵行为。

场属性贯通股票现货市场和股指期货市场，推动市场由单一隔绝的现货交易跃升为整体联动的跨市场交易，故本书将在跨期现对冲、跨市场套利、跨市场投机等跨市场交易模式的基础上，全景归纳跨市场操纵的基本实施模式，抽象出跨市场操纵的类型概念。

其次，以股票期现跨市场操纵为例，在描绘跨市场操纵的生成逻辑、运作机理、行为类型等基本问题的基础上，分析市场操纵在金融分业经营和资本市场隔绝结构下单市场实施与在金融综合经营和资本市场融通结构下跨市场实施的差异，尤其关注市场操纵所蕴含的价格波动风险由单市场实施的有限封闭性向跨市场实施的系统传染性的演变，价格波动风险逐渐显现出隐蔽性、复杂型、突发性、传染性和危害性，危及金融安全。

最后，跨市场操纵及其系统性风险演变作为一种市场失灵亟待监管介入治理，但同时亦须防范监管失灵的问题，尤其要警惕危机后在社会舆论和政治权衡压力下的运动式执法所酿成的监管过度风险，股市震荡后监管层使期指市场自废武功便是例证。在充分认知跨市场操纵及其系统性风险的基础上，在尊重市场决定作用和政府适度干预的前提下，本书通过引入宏观审慎监管、加强功能监管、实施行为监管、落实统合监管等手段，探寻契合跨市场操纵机理和我国资本市场实际的监管法律制度，全面覆盖资本市场的操纵行为，防范系统性金融风险。

（三）研究的意义

金融危机源于监管失灵，2008 年的金融危机如此，①2015 年的股市震荡亦不例外。失灵的原因在宏观层面，源于“分业经营、分业监管、分市场立法”的金融监管体制在应对跨行业、跨机构、跨市场的金融综合经营趋势时的力不从心；在中观层面，源于逐渐融通的资本市场与市场分割的监管法律制度的相互背离；在微观层面，跨市场操纵是市场操纵在资本市场融通时代的具体展现，但遵循市场分割的微观治理理念的《证券法》和《期货交易管理条例》相关条款却无法涵盖跨市场操纵行为。随着“放任型”政府和“全能型”

---

① The Financial Crisis Inquiry Commission (FCIM), *Final Report on the Causes of the Financial and Economic Crisis in the United States*, January 2011, p. xvii.

政府逐渐被现代“监管型”政府取代，[1]通过监管治理实现有效监管已成为评判政府监管的首要甚至唯一标准。夯实市场操纵监管的理论基础，优化监管法律制度安排，完善资本市场监管治理，助力我国金融监管由“必要论”跃升为“有效论”，有助于最终实现资本市场法治化的建设目标。

首先，在理论价值方面：

其一，跨市场操纵的法律监管问题是当前我国金融分业监管制度与综合经营趋势冲突的一种具体展现。当前在微观审慎理念基础上构建的分市场、分机构、分产品的监管法律制度单纯关注单一市场、机构、产品的个体风险，难以应对金融综合经营和资本市场融通的新趋势。将功能监管、行为监管、综合监管等监管理念融入跨市场操纵法律监管研究，将为我国金融综合经营时代跨市场监管法律制度设计提供一个良好的注脚和范本。

其二，跨市场操纵的法律监管问题研究有助于从全新视角检视市场操纵监管理论的纷争。跨市场操纵是市场操纵在金融综合经营和资本市场融通时代的多维立体展现，以股票期现跨市场操纵为切入点，通过对跨市场操纵的实质内涵、内在机理、行为类型和危害结果的逐步解构，重新审视市场操纵在不同市场结构中的不同展现，特别关注其在资本市场融通结构下的跨市场实施所蕴含的系统性风险，借此丰富市场操纵监管理论的认知结构，加深理论研究层次，完善市场操纵的监管理论体系。

其三，跨市场操纵的法律监管问题研究有助于宏观审慎监管理论的深化和框架的完善。2008 年金融危机展现了因金融综合经营加速导致系统性风险监管空白的巨大危害，[2]促使监管机构和理论研究视阈聚焦于影子银行、房地产市场、市场流动性、不良资产率等传统的系统性风险源头。然而此次股市震荡表明，跨市场操纵使原本禁锢于单一市场的价格波动风险沿跨市场价格关联渠道向关联市场蔓延，蕴含极大的系统性风险，致使资本市场显露出系统性危机源头的端倪。监管法律制度的设计应根据跨操纵行为的系统性风险演变加以主动防范，推进金融监管研究的深度和广度。

---

① 马英娟：《政府监管机构研究》，北京大学出版社 2007 年版，第 1 页。

② Steven L. Schwarcz, *Market, Systemic Risk, and the Subprime Mortgage Crisis*, Duke Law School Research Paper No. 190, 2008; Steven L. Schwarcz, *Systemic Risk*, Georgement Law Journal 97, 2008, p. 247.

其次，在应用价值方面：

其一，对跨市场操纵的监管法律制度的研究有利于多层次资本市场的健康发展。党的十九大报告确定了“提高直接融资比重，促进多层次资本市场健康发展”的目标，之前的第五次全国金融工作会议，确定了“服务实体经济、防控金融风险、深化金融改革”三项任务和“回归本源、优化结构、强化监管、市场导向”四项基本原则，归根结底是要构建现代金融监管框架以发挥市场在金融资源配置中的决定性作用，最终建立融资功能完备、基础制度扎实、市场监管有效、投资者合法权益得到有效保护的多层次资本市场体系。

其二，对跨市场操纵的监管法律制度的研究有利于维护国家金融安全。金融安全是国家安全的重要组成部分，是经济平稳健康发展的重要基础。[①] 习近平总书记强调，防止发生系统性金融风险是金融工作的根本性任务，也是金融工作的永恒主题，要把主动防范化解系统性金融风险放在更加重要的位置。党的十九大报告重申要“健全金融监管体系，守住不发生系统性金融风险的底线”。通过跨市场操纵的监管法律制度研究，可以着力巩固金融安全防线，完善金融监管框架，健全金融法治，保障金融安全。

其三，对跨市场操纵的监管法律制度的研究有利于具体监管规则的制定。国务院《关于进一步促进资本市场健康发展的若干意见》要求“健全操纵市场等犯罪认定标准”。跨市场操纵具有复杂的机理和多变的形态，但市场的核心是交易，交易的目的是获利，跨市场操纵作为异化的市场交易行为，必然要通过实施特定的策略获利，将其可行的操纵策略抽象类型化，据此完善市场操纵禁止规范体系，有助于在实践层面对跨市场操纵行为的识别、认定和追责。

其四，对跨市场操纵的监管法律制度的研究有利于推动金融法学的发展。金融综合化经营和资本市场融通已成为金融衍生时代不可逆转的发展趋势，所形成的跨市场价格关联机制促使金融风险跨行业、跨机构、跨市场传递和集聚，并在传统的市场分割监管制度下形成监管空白和盲区，极易诱发

---

① 习近平总书记在中共中央政治局第四十次集体学习中的讲话，参见《金融活经济活金融稳经济稳 做好金融工作维护金融安全》，载《人民日报》2017年4月27日，第1版。

系统性金融危机,成为新金融生态下金融法的重大课题。研究跨市场操纵监管法律制度,完善跨市场监管制度,有助于在跨市场、跨机构、跨产品交易的金融衍生品时代推进金融法学研究的改革与创新。

二、研究的范式与方法

金融法具有明显的跨学科属性,法律与金融在理论研究与实践适用领域相互影响。本书通过实证分析、规范分析、历史研究、比较分析、案例分析等研究方法,力求提升对跨市场操纵监管问题研究的纵深性与拓展性。

(一)跨学科研究范式

市场操纵监管法律制度研究具有明显的跨学科属性。就跨市场操纵的法律监管问题而言,法律与金融在理论研究与实践适用领域存在明显的交集,法律规范及相关制度设计对市场主体行为具有规范效力和经济影响。同时,金融理论与实践的分析框架能够就法律制度在金融领域的效用进行客观的评价与解释。可见,跨市场操纵监管问题同属法律问题和金融问题,需要将研究沿法律与金融两种思维路径推进展开,借助融合法律与金融的跨学科研究范式,将法学与金融学研究方法整合在统一的逻辑框架下,针对跨越法律领域与金融领域的行为形成纵深性的跨学科解释的新兴研究方法。① 可以资本市场法律制度为框架分析作为金融问题的跨市场操纵监管制度设计,以金融理论与实践为工具分析作为法律问题的跨市场操纵监管制度设计,来提升跨市场监管法律制度的有效性。

(二)研究方法

1. 实证分析

全球资本市场出现的确定或疑似跨市场操纵案件(事件)及相关监管法律制度样本是研究跨市场操纵法律监管问题的核心资源,以实证分析方法对相关案例(事件)展开背景探究、信息挖掘、情况分析、特征归纳、法律适用等研究,梳理不同类型跨市场操纵行为的实质、特征、策略等问题,探求以法律规范为核心的跨市场操纵有效监管制度的可行路径,为提升资本市场监管效率提供坚实的实证研究基础。

---

① 具体参见谢杰:《市场操纵犯罪的机理与规制:法律与金融分析》,华东政法大学2014年博士学位论文,第19~25页。

2. 规范分析

以逻辑原理为基础,通过逻辑研究以及语义分析等法律释义方法梳理、阐释、分析我国《证券法》《刑法》《期货交易管理条例》中的市场操纵禁止规范。归纳跨市场操纵的实施策略和外在形态在规范框架内的演进动因,在此基础上设计跨市场操纵的监管法律制度,并对跨市场操纵的禁止规范进行合理的逻辑构造,界定基本概念的内涵和外延,并确保行为认定要素的周延性。

3. 历史研究

具体制度的生成具有独特的历史动因以及在不同历史时期的演进轨迹,因此,跨市场操纵监管法律制度应当尊重并延续制度的历史积累与沉淀。本书通过历史研究,勾勒出市场操纵监管法律制度的生成背景和发展轨迹,对其演进历程进行时间序列分析和历史阶段划分,归纳其演进规律,从而洞察市场操纵机理,得出经验性结论,这有助于增进对跨市场操纵监管法律问题的整体认知和理解程度,为跨市场操纵监管法律制度设计提供坚实的历史素材基础。

4. 比较分析

随着全球资本(金融)市场一体化进程加速,各国跨市场操纵监管法律制度因地域性而产生的差异性逐渐让位于基于一体化而显现的共同性。通过梳理域外国家(地区)的跨市场操纵监管的样本制度,通过从相同到特殊的逻辑分析,通过比较分析,挖掘制度的特殊性和差别性,通过比较全球主要市场的跨市场操纵监管法律制度,在揭示跨市场操纵的发展历史与最新动向的同时,汲取域外市场在跨市场操纵监管法律制度设计方面的有益经验。

三、文献综述

(一)跨市场操纵的可行性问题

跨市场操纵是市场操纵在金融综合化经营和资本市场融通时代的具体展现。跨市场价格关联机制是跨市场操纵的实施基础,最基本的跨市场操纵形态是利用基础资产(股票)市场与其衍生品(期指)市场之间的跨市场价格关联机制实施“声东击西”式的价格控制行为。美国拥有全球诞生最早和规模最大的金融衍生品市场,①最早开展基础资产市场与其衍生品市场间的价格联动效应研究,Kawaller 等、Chan、Koutmos、Tucker、Miller、Tse 等均研究证实股票期现市场间存在双向价格波动和风险溢出关系。② Stoll 和 Whaley 发现股票期现市场存在特定时点的价格异常关联波动,即所谓的"到期日效应",③他们和 Chamberlain 等、Schlag、Karolyi 等分别在澳大利亚、加拿大、德国、日本等资本市场均发现了"到期日效应"。④

Kumar 和 Seppi 发现由于衍生品合约以现货价格结算,控制现货价格就等于控制衍生品价格,使操纵现货市场而在衍生品市场获利具有可行性。⑤ Jarrow 认为金融衍生品是市场操纵成功的必要条件,投资者在基础资产和衍生品的跨市场交易中相互配合,会成功控制市场价格,"到期日效应"便是操纵行为所致。⑥ Pirrong 研究证实跨股票期现市场实施操纵行为可获取巨额利益,需要严加监管。Muermann 和 Shore 发现现货市场垄断者完全有动机通

---

① 20 世纪 70 年代"布雷顿森林体系"的瓦解导致国际汇率市场大幅波动,为规避由此产生的金融风险,芝加哥商业交易所(Chicago Mercantile Exchange,CME)于 1972 年推出外汇期货,就此开启了金融衍生品大幕,迎来金融衍生品时代。

② Kawaller I. G., Koch P. D. & Koch T. W., *The Temporal Price Relationship between S&P 500 Futures and the S&P 500 Index*, Journal of Finance, 1987(42), p. 1309 – 1329; Chan. K. A., *Further Analysis of the Lead-lag Relationship between the Cash Market and Stock Index Futures Market*, Review of Financial Studies, 1991(5), p. 123 – 152; Koutmos G. & Tucker M., *Temporal Relationships and Dynamic Interactions between Spot and Futures Stock Markets*, Journal of Futures Markets, 1996(16), p. 55 – 69; Miller M. J. & Galloway T. M., *Index Futures Trading and Stock Return Volatility: Evidence from the Introduction of Mid Cap 400 Index Futures*, The Financial Review, 1997(32), p. 845 – 866; Tse Y., *Price Discovery and Volatility Spillovers in the DJIA Index and the Futures Market*, Journal of Futures Markets, 1999(19), p. 911 – 930.

③ Stoll Hans & Robert Whaley, *Program Trading and Expiration-Day Effects*, Financial Analysts Journal, 1987(3), p. 16 – 28.

④ Chamberlain T. W., Cheung S. C. & Kwan C. Y., *Expiration Day Effects of Index Futures and Options: Some Canadian Evidence*, Financial Analysts Journal, 1989(5), p. 67 – 71; Schlag C., *Expiration Day Effects of Stock Index Derivatives in Germany*, European Financial Management, 1996(1), p. 69 – 95; Karolyi A. G., *Stock Market Volatility Around Expiration Days in Japan*, Journal of Derivatives, 1996(2), p. 23 – 43.

⑤ Praveen Kumar & Duane Seppi, *Futures Manipulation with "Cash Settlement"*, The Journal of Finance, 1992(4), p. 1485 – 1502.

⑥ Jarrow R. A., *Derivative Security Markets, Market Manipulation, and Option Pricing Theory*, Journal of Financial and Quantitative Analysis, 1994(29), p. 241 – 261.

过控制现货市场价格从而在期货市场获利。[①] 邢精平认为2006年5月韩国KOSPI200股指期权市场在到期日出现的市场动荡存在明显的操纵迹象。[②] 郎咸平发现国际投行曾通过操纵中国电信与中国联通两股价格来控制香港恒生指数与指数期货价格的涨跌。[③] 国际证券监督管理委员会组织(IOSCO,2000)认为金融市场全球化和关联度的加剧为市场操纵提供了新机遇,金融衍生品市场的发展使跨市场操纵的激励不断强化,甚至出现跨境操纵行为。[④]

我国有过国债期货市场因操纵行为引发剧烈动荡而关闭的教训,故而学界在股指期货推出之际便聚焦股票期现跨市场操纵问题,虽然有观点否认我国出现跨股票期现市场实施操纵的可能,[⑤]但多数研究均肯定我国存在股票期现跨市场操纵的风险。[⑥] 吴宏等认为期指标的指数与上证综指间的引领关系、中小散户为主的投资结构、机构联手操纵市场的传统以及政府驱动的"政策市"属性等因素均会加大期指操纵的风险。[⑦] 股指期货推出之后,刘庆富等、[⑧]唐海仕等、[⑨]章永哲等[⑩]证明股票期现市场间存在双向

---

① Alexander Muermann & Stephen Shore, *Spot Market Power and Futures Market Trading*, Working Paper, 2005.

② 邢精平:《股指期货:方案设计与运作分析》,中国财政经济出版社2007年版,第125页。

③ 郎咸平等:《操纵》,东方出版社2010年版,第122页。

④ *Technical Committee of the International Organization of Securities Commissions*, Investigating and Prosecuting Market Manipulation (May 2000), http://www. iosco. org/library/pubdocs/pdf/IOSCOPD103. pdf.

⑤ 常青、喻猛国:《股指期货多面看》,载《瞭望》2007年第47期;姚广、蒋东义:《股指期货为什么无法被操纵》,载《期货日报》2010年1月25日,第5版;李柳:《我国股指期货市场不可能被操纵》,载《中国证券报》2010年1月25日,第6版。

⑥ 天津大学金融工程中心课题组:《股票与股指期货市场风险关联性及跨市场监管研究》,载《上海证券报》2007年3月29日,第11版;刘凤元:《现货市场与衍生品市场跨市监管研究》,载《证券市场导报》2007年第9期;浙江财经学院、上海中大经济研究院联合课题组:《股指期货跨市场监管——基于投资者跨市场交易行为的理论及实证研究》,上证联合研究计划研究报告,2011年第21期;上海证券交易所、招商证券联合课题组:《股票与股指期货跨市场交易监管研究》,上证联合研究计划研究报告,2011年第21期。

⑦ 吴宏、裴斐:《我国股指期货风险的法律控制——从宏观控制角度》,载《政治与法律》2008年第5期。

⑧ 刘庆富、华仁海:《中国股指期货与股票现货市场之间的风险传递效应研究》,载《统计研究》2011年第11期。

⑨ 唐海仕、罗新星:《我国股指期货与股票市场风险互动的实证分析》,载《湖南社会科学》2014年第3期。

⑩ 章永哲、钱敏:《基于5分钟高频数据的沪深300股指期货与现货市场间波动溢出效应实证研究》,载《上海金融》2015年第11期。

的价格引导关系和风险关联效应,跨市场交易者会利用这一机理实施市场操纵牟利,应建立跨市场监管机制防范。周伍阳等认为抗操纵性较弱的上证综指与抗操纵性较强的期指标的指数间存在联动操纵的可能,新兴市场的结构缺陷大大增加了这种可能。①

在法学研究领域,丁凤楚认为虚拟性的期指合约因价格随市波动而具有"射幸性",且期指交易具有的非对等杠杆性使其比传统实体性民商合同更具风险。② 朱大旗认为期指法律关系具有高度标准化、杠杆化、虚拟化等特点,在降低交易成本的同时也产生了风险监控难点及法律监管重点。③ 朱绵茂认为市场操纵是造成资本市场风险的重要原因,包括现货期货套作操纵以及海内外市场现货期货套作操纵等。④ 陈斌彬和张晓凌认为股指期货的高杠杆特征使投资者在进行跨市场交易时会由以往单一的现货市场操纵发展到现货与期货市场的联合操纵。⑤ 邢精平推演出我国跨股票期现市场操纵的具体实施方案,证实了跨市场操纵的现实威胁。⑥

金融衍生品的跨市场属性催生资本市场的融通变革,市场操纵借助基础资产(股票)市场与衍生品(期指)市场间的价格关联渠道跨市场实施,这不仅能够放大操纵的收益,更因突破传统监管理论认知和制度设计而极具隐蔽性。目前被确认的跨市场操纵案例有"澳大利亚野村证券操纵案""瑞士信贷第一波士顿(CSFB)企图操纵斯德哥尔摩证交所指数(OMX Index)成份股案""印度瑞银集团(UBS)操纵股指期货案""1998 年香港金融保卫战""韩国 Jackpot 到期日操纵 KOSPI200 指数案",以及"巴林银行交易员操纵日经 225 指数期货案"等,这些案件已然证实跨市场操纵的可行性和现实威胁。期指市场的推出打破了我国资本市场的藩篱,随后国债期货重出江湖,股票

① 周伍阳、李攀艺:《基于高频数据的中国股指期货市场操纵模式识别研究》,载《金融理论与实践》2013 年第 5 期。

② 丁凤楚:《我国股指期货风险防范的法律机制探讨》,载《江西财经大学学报》2011 年第 1 期。

③ 朱大旗:《完善我国股指期货市场监管机制的法律思考》,载《政治与法律》2012 年第 8 期。

④ 朱绵茂:《我国股指期货的主要风险及其法律对策》,载《暨南学报(哲学社会科学版)》2012 年第 7 期。

⑤ 陈斌彬、张晓凌:《股指期货和股票现货跨市场交易监管研究》,厦门大学出版社 2015 年版,第 52 页。

⑥ 邢精平:《跨市场操纵模式与监管》,科学出版社 2014 年版,第 16 页。

期权、指数期权有望破茧,利率、汇率期货期权亦被提上日程。不断涌现的金融衍生品将推动资本市场进入深度的互联、互通、互动时代,跨市场操纵成为我国金融监管制度安排中不可忽视的问题。

(二)跨市场操纵的本体论问题

市场操纵通过控制价格以获利,①但具体的操纵策略则随资本市场结构变革而演化,如索罗斯所言,"单市场操纵是二度空间的,跨市场操纵具有三度空间结构"。② 学界在股指期货推出之际便认为期指的跨市场属性决定了涉及期指的操纵行为必然具有跨市场的特征。③ 杨振能将跨市场操纵界定为行为人以在期指市场获利或减少损失为目的引诱他人从事期指或股票交易,制造市场虚假现象或抬高、降低、维持期指或股票价格,最终导致交易量非正常变动或使价格偏离的行为。④ 张维等将跨市场操纵界定为投资者出于谋取不正当利润目的,通过各种手段使股指期货及相关金融资产价格偏离"自然特性",造成人为价格扭曲的行为。⑤ 邢精平认为跨市场操纵是涉及现货与衍生品等两个或以上交易市场的操纵,以跨股票及其衍生品市场为重点,但操纵模式同样适用于利率、外汇等衍生品市场。⑥ 2015 年股市震荡使跨市场操纵成为媒体关注的焦点,有媒体将跨市操纵概括为用拉抬或打压现货或者期货的方式带动另一个合约从而实现获利的方式。⑦ 谢杰认为跨市场操纵的实质是价格关联操纵,即利用市场间的价格关联效应实施操纵来影响特定市场的金融商品价格,通过与该市场价格关联的期货、期权等衍生品市场、场外市场或者其他关联合同谋取经济利益的行为。⑧

---

① Hieronymus T. A., *Manipulation in Commodity Futures Trading*, Hofstra Law Review, 1977(3), p. 41 – 56.

② 刘奥南:《从香港金融保卫战看跨市场操纵》,载《期货日报》2015 年 8 月 20 日,第 3 版。

③ 浙江财经学院、上海中大经济研究院联合课题组:《股指期货跨市场监管——基于投资者跨市场交易行为的理论及实证研究》,上证联合研究计划研究报告,2011 年第 21 期。

④ 杨振能:《股指期货市场操纵的法律界定》,载《河北法学》2009 年第 6 期。

⑤ 张维等:《从波动性和流动性判别股指期货跨市场价格操纵行为》,载《管理评论》2011 年第 7 期。

⑥ 邢精平:《跨市场操纵模式与监管》,科学出版社 2014 年版,第 16 页。

⑦ 官平:《撕开跨期现市场操纵的"面纱"》,载《中国证券报》2015 年 7 月 20 日,A05 版。

⑧ 谢杰:《跨市场操纵行为监管研究》,载《上海金融》2015 年第 10 期;谢杰:《跨市场操纵的经济机理与法律规制》,载《证券市场导报》2015 年第 12 期。

学者在研究跨市场操纵内在机理的基础上试图抽象其具体的行为类型。Kumar 和 Seppi 认为股价在临近相关衍生品结算日时会与衍生品价格趋同，此时最易产生跨市操纵行为。① Stoll 和 Whaley、Chamberlain 等认为标的证券在期指合约到期日存在价格操纵现象，在到期日收盘前的短时间内操纵现象更为明显。② Hillion 和 Suominen、Merrick 等专门研究了证券市场收盘操纵与期指市场挤压轧空行为的关联性问题。③ 学界在上述研究的基础上抽象出跨市场操纵中的"到期日尾盘操纵"概念。

刘凤元将跨市场操纵类型化为囤积和挤压轧空、交易型操纵（到期日操纵）、虚假信息操纵、场外冲销操纵、交叉交易操纵、配合交易等六类。④ 何晓春将跨期现市场联合操纵的类型分为基于行动的联合操纵（囤积与轧空）和基于交易的联合操纵，后者具体又分为操纵期指市场在现货市场获利和操纵现货市场而在期指市场获利。⑤ 浙江财经学院和上海中大经济研究院联合课题组认为囤积和轧空等传统跨市场操纵类型的特点是必须取得两个市场的支配权，金融衍生品时代的跨市场操纵主要基于交易或信息实施，包括操纵现货市场而自期货市场获利或操纵期货市场而自现货市场获利，如到期日操纵、权重股操纵、跨境跨市场操纵和资金优势操纵等。⑥ 上海证券交易所和招商证券联合课题组将跨市场操纵分为利用宏观经济的不确定性操纵市

---

① Kumar P. & Seppi D. J., *Information and Index Arbitrage*, Journal of Business, 1994, 67(4), p.481-509.

② Stoll Hans & Robert Whaley, *Program Trading and Expiration-Day Effects*, Financial Analysts Journal, 1987, 45(3), p.16-28; Stoll Hans & Robert Whaley, *Expiration-Day Effects: What has changed?*, Financial Analysts Journal, 1991, 47(3), p.58-72; Chamberlain T. W., Cheung S. C. & Kwan C., *Expiration Day Effects of Index Futures and Options: Some Canadian Evidence*, Financial Analysts Journal, 1989, 45(5), p.67-71.

③ Hillion P. & M. Suominen, *The Manipulation of Closing Prices*, Journal of Financial Markets, 2004, 7(4), p.351-375; Merrick J., *Strategic Trading Behavior and Price Distortion in a Manipulated Market: Anatomy of a Squeeze*, Journal of Financial Economics, 2005, 77(1), p.171-218.

④ 刘凤元：《现货市场与衍生品市场跨市监管研究》，上证联合研究计划研究报告，2007 年第 16 期。

⑤ 何晓春：《基于反跨市场联合操纵的监管探讨》，载《现代商贸工业》2008 年第 11 期。

⑥ 浙江财经学院、上海中大经济研究院联合课题组：《股指期货跨市场监管——基于投资者跨市场交易行为的理论及实证研究》，上证联合研究计划研究报告，2011 年第 21 期。

场和到期日操纵股指期货结算价。[①] 邢精平认为跨期现市场操纵的类型包括指数联动操纵、信息型操纵、游资短线操纵及跨境跨市场操纵等四种。[②] 石晓波等认为跨市场操纵基本类型包括操纵现货市场而在期货市场上获利，以及操纵期货市场而在现货市场获利。[③] 谢杰将跨市场操纵类型化为初级的交易型价格关联操纵和高级的垄断性的价量支配操纵，后者又分为轧空和恶意做空。[④]

跨市场操纵是利用基础资产市场和其衍生品市场间的价格关联渠道实施的操纵类型，因此，跨市场操纵具有迥异于单市场操纵的实施路径和策略。就股票期现跨市场操纵而言，周伍阳、李攀艺提出我国跨市场操纵最可行的路径有上证指数风向标效应路径、权重股效应路径以及涨停板效应路径。[⑤] 其后，周伍阳将跨市场操纵路径分为指数杠杆放大路径和指数直接拉动路径。[⑥] 石晓波等认为跨市场操纵路径包括直接操纵股指期货标的指数的直接操纵和通过操纵上证指数以间接实现对股指期货标的指数操纵的间接操纵。[⑦]

就理论而言，跨市场操纵是借助金融市场间的价格关联效应实施的价格关联操纵，虽未改变主动控制价格波动以获利的操纵机理，但却拓展了操纵的实施空间。在金融市场中，基础资产与其衍生品市场间的价格关联效应最为基础和明显，同时，遵循法不禁止即自由原则，我国立法明确禁止的只是证券市场和期货市场（涵盖金融期货市场）的操纵行为，故而股票期现市场间的跨市场操纵是最基本的跨市场操纵形态。将跨市场操纵交易策略类型化并设置相应的禁止规范是立法规制跨市场操纵的基本路径，域外普遍认为到

---

① 上海证券交易所、招商证券联合课题组：《股票与股指期货跨市场交易监管研究》，上海证券交易所联合研究计划研究报告，2011年第21期。

② 邢精平：《跨市场操纵模式与监管》，科学出版社2014年版，第121页。

③ 石晓波、周奋：《中国股指期货市场与股票市场的跨市操纵与监管》，载《当代经济研究》2015年第2期。

④ 谢杰：《跨市场操纵的经济机理与法律规制》，载《证券市场导报》2015年第12期。

⑤ 周伍阳、李攀艺：《中国股指期货市场交易型操纵的实现路径研究——以银行股为例》，载《浙江金融》2013年第4期。

⑥ 周伍阳：《中国证券市场结构与股指期货操纵路径识别研究》，载《征信》2014年第4期。

⑦ 石晓波、周奋：《中国股指期货市场与股票市场的跨市操纵与监管》，载《当代经济研究》2015年第2期。

期日操纵是比较成熟的跨市场操纵类型，我国学界更倾向于将跨市场操纵类型化为操纵现货市场在期指市场上获利和操纵期指市场在现货市场获利。

（三）跨市场操纵的监管法律制度

美国在1987年“股市闪崩”后发布的《布雷迪报告》中首次提出跨市场监管建议，包括跨市场操纵监管制度设计。1995年巴林银行破产事件使学界更加关注基于金融衍生品实施跨市场操纵的监管问题。Faerman等强调金融衍生品交易的国际监管协调对维护国际金融安全是必要和关键的，Taylor认为金融衍生品监管应围绕系统稳定和保障消费者权益这两大目标设置“双峰”（twin peaks）监管框架，Kremers等认为并不存在最好的联合监管模式，不同国家应根据自身特点有针对性地选择适合自己的跨市场联合监管模式，Mwenda等认为在金融衍生品跨市场、跨部门监管协调中，决策者之间的信息沟通和共享最为关键。

我国学界最初以金融衍生品视角研究跨市场监管制度。陈欣比较美国、英国、日本、新加坡等金融衍生品市场的监管体制，提出了我国金融衍生品交易监管的必要条件及制度构建。① 顾功耘探讨金融衍生工具法律规制中的监管及国际监管合作问题，并结合我国法律制度体系现状提出了相关制度的重构建议。② 陈晗从交易成本与路径依赖的视角阐述了不同国家金融衍生品市场的监管格局，提出了我国金融衍生品市场监管模式的建议。③ 张玉智揭示我国金融衍生品监管体系的脆弱性、分散性和局限性，提出构建金融衍生品市场“一元、二阶、三位、多层”的动态无缝监管体系建议。④ 熊玉莲研究了金融衍生品工具法律监管的基础理论及我国金融衍生工具的法律监管问题，为跨市场监管法律制度的构建奠定了理论基础。⑤

期指市场推出之后，学界开始针对股票期现跨市场操纵的监管问题展开研究。首先，梳理分析我国跨市场操纵监管法律制度的欠缺。刘凤元认为证

---

① 陈欣：《衍生金融交易国际监管制度研究》，北京大学出版社2006年版，第136～164页。

② 顾功耘主编：《金融衍生工具的法律规制》，北京大学出版社2007年版，第245～264页。

③ 陈晗：《金融衍生品：演进路径与监管措施》，中国金融出版社2008年版，第581～589页。

④ 张玉智：《中国金融衍生品市场监管体系重构》，中国金融出版社2009年版，第172～176页。

⑤ 熊玉莲：《金融衍生工具法律监管问题研究——以英、美为主要分析视角》，北京大学出版社2009年版，第21～34页。

券市场与期货市场的法规和制度存在的诸多分歧会助长跨市场操纵的实施可能。① 杨振能认为《期货交易管理条例》对市场操纵的规定存在概念不清、构成要件不明确、类型规定简单及缺乏跨市操纵规定等弊端,这不仅会造成行为认定争议,更会放大监管机构的裁量权。② 浙江财经学院和上海中大经济研究院联合课题组认为我国跨市场监管存在监管主体力量薄弱以及因分业监管造成的监管交叉与真空、机构间信息不对称等问题。③ 刘庆富等认为我国跨市场监管制度在基本立法、市场准入、跨市场监管等方面存在不足。④ 王小丽认为我国跨市场操纵监管制度存在立法滞后和缺位、监管体系不健全、信息披露制度不规范、跨市场稳定机制不足、机构投资者风险控制制度不健全等缺陷。⑤ 石晓波等认为我国跨市场操纵监管存在对操纵案件处理不及时及民事赔偿制度缺位、账户实名制存在漏洞以至限仓制度形同乌有、交易所的跨市场危机预警和处理程序有待完善等缺陷。⑥ 丁凤楚认为我国期指市场监管法律机制存在缺乏期指交易基本法、投资者适当性制度忽视"入市后适当性"的持续督导以及"一元三级制"监管模式过于依赖证监会的直接行政干预等弊端。⑦ 朱大旗认为法律无跨市场操纵明确界定致使监管无法可依,难以监管追责,而且目前跨市场监管机构权限职责设置不科学,跨市场信息共享平台缺失,市场稳定机制不合理。⑧ 邢精平认为由证监会主导的跨市场监管协作体制的监管联动效率低,难以跟上跨市场操纵的步伐,有待

---

① 刘凤元:《现货市场与衍生品市场跨市监管研究》,上证联合研究计划研究报告,2007 年第 16 期。

② 杨振能:《股指期货市场操纵的法律界定》,载《河北法学》2009 年第 6 期。

③ 浙江财经学院、上海中大经济研究院联合课题组:《股指期货跨市场监管——基于投资者跨市场交易行为的理论及实证研究》,上证联合研究计划研究报告,2011 年第 21 期。

④ 刘庆富、华仁海:《中国股指期货与股票现货市场之间的风险传递效应研究》,载《统计研究》2011 年第 11 期。

⑤ 王小丽:《股票和股指期货跨市场监管法律制度研究》,安徽大学 2012 年博士学位论文,第 46 ~ 58 页。

⑥ 石晓波、周奋:《中国股指期货市场与股票市场的跨市操纵与监管》,载《当代经济研究》2015 年第 2 期。

⑦ 丁凤楚:《我国股指期货风险防范的法律机制探讨》,载《江西财经大学学报》2011 年第 1 期。

⑧ 朱大旗:《完善我国股指期货市场监管机制的法律思考》,载《政治与法律》2012 年第 8 期。

于进一步细化。① 陈斌彬等认为目前证监会对市场操纵监管存在查处滞后性，处罚力度偏弱，亟待加强。② 胡光志等认为我国期货市场立法中存在市场操纵认定标准模糊、操纵预防机制设置不科学、法律责任分配欠妥、多元纠纷解决机制构建不成熟、监管协调机制非常态化等问题，无法应对跨市场操纵难题。上述跨市场（操纵）监管制度缺失为跨市场操纵提供了可乘之机。

其次，介绍境外成熟市场的跨市场（操纵）监管制度。邢精平介绍了我国香港特别行政区的跨市场监管制度，如成立风险管理委员会、设立报表机制、防范公司风险和加强交易所及监管机构的信息交流等。③ 刘凤元将成熟市场预防跨市场操纵的有效监管制度归纳为合理设计的衍生品合约、大额交易申报制度、限仓制度、加强到期日前的监管、制定价格异常变动时的紧急处置措施及构建跨市场信息分享机制。④ 上海证券交易所和招商证券联合课题组认为现有的市场分割式监管难以预防跨市场操纵，应借鉴美国经验，构建宏观、中观和微观层面的跨市场监管协作机制。⑤ 胡光志等认为英美期货市场操纵立法的成功经验包括市场操纵认定标准清晰具体、市场操纵预防机制及时有效、法律责任分配合理、多元纠纷解决机制发展成熟、跨市场监管协调机制常规化等。此外，明确概念、降低认定难度、增加新类型、动态和日间保证金制度、熔断机制、关联账户报告等都值得我国借鉴。⑥ 吉洁将成熟市场的跨市场监管体制归纳为美国的“二元三级”模式、英国的“一元三级”模式、韩国的“单一规制”模式以及日本的“多元三级”模式等，并将有效的跨市场监管措施总结为涨跌停板和熔断等有效市场稳定制度、限仓制度、合约乘

---

① 邢精平：《跨市场操纵模式与监管》，科学出版社2014年版，第233页。

② 陈斌彬、张晓凌：《股指期货和股票现货跨市场交易监管研究》，厦门大学出版社2015年版，第22页。

③ 邢精平：《香港衍生品跨市场监管机制与启示》，载《深交所》2008年第3期。

④ 刘凤元：《现货市场与衍生品市场跨市监管研究》，上证联合研究计划研究报告，2007年第16期。

⑤ 上海证券交易所、招商证券联合课题组：《股票与股指期货跨市场交易监管研究》，上海证券交易所联合研究计划研究报告，2011年第21期。

⑥ 胡光志、张美玲：《我国期货市场操纵立法之完善——基于英美的经验》，载《法学》2016年第1期。

数制度及客户赔偿与争端制度。①

最后,学者就完善我国跨市场操纵监管法律制度提出建议。刘凤元建议借鉴欧盟、德国在操纵认定中使用的“可接受市场行为”、“市场失当”或英国“理性交易者”等概念以帮助执法者作出判断,从而加重对市场操纵案件的处罚,完善民事责任规定,建立集团诉讼机制,细化证据标准、举证责任等。② 杨振能认为跨市操纵应适用专门的期货法,并完善期指市场操纵的法律界定、构成要件及具体形态等内容。③ 王小丽认为应完善跨市场操纵监管规范体系,构建以期货交易法为核心、以行政法规和部门规章为配套、以自律规则为补充的三级规范体系,落实操纵市场行为的民事责任并增设“安全港”条款。④ 朱大旗认为应形成一部《期货交易法》,并在其中明确市场操纵的概念、类型及构成要件,合理配置反操纵条款的剩余立法和执法权,赋予交易所更多监管权,建立民事、行政与刑事贯通的责任追究机制及与责任对应的阶梯式证明标准。⑤ 石晓波等认为应对跨市场操纵实施全面监管,建立集团诉讼等受害投资者诉讼和赔偿机制,严格落实限仓制度,加强到期合约的监控,建立跨市场危机处理程序及跨市场稳定机制。⑥ 杨宗杭认为跨市场操纵监管应完善对市场操纵的立法,明确操纵本质,降低认定标准并加大处罚力度,健全对卖空机制的监管,充分发挥卖空机制的积极作用。⑦ 谢杰认为在控制跨市场操纵的同时应降低权力介入市场对资本配置效率的损害,确立价值平衡、信息联动、实质判断的跨市场操纵监管原则,围绕强化信息披露与严控利益冲突构建卖空交易监管框架,完善金融衍生品市场操纵监管立法,在《证券法》中明确禁止跨市场操纵行为,优化司法解释,强化对程序化交易

① 吉洁:《中国股指期货规制问题研究——基于2015年股市期市巨震》,载《财会月刊》2017年第20期。

② 刘凤元:《现货市场与衍生品市场跨市监管研究》,上证联合研究计划研究报告,2007年第16期。

③ 杨振能:《股指期货市场操纵的法律界定》,载《河北法学》2009年第6期。

④ 王小丽:《股票和股指期货跨市场监管法律制度研究》,安徽大学2012年博士学位论文,第89~92页。

⑤ 朱大旗:《完善我国股指期货市场监管机制的法律思考》,载《政治与法律》2012年第8期。

⑥ 石晓波、周奋:《中国股指期货市场与股票市场的跨市操纵与监管》,载《当代经济研究》2015年第2期。

⑦ 杨宗杭:《论跨市场操纵的规制与监管》,载《证券市场导报》2015年第8期。

的监管。[①]

在监管体制方面,天津大学金融工程研究中心课题组强调跨市场信息监管的核心地位,应建立政府、交易所及行业协会三层次的跨市场监管体系。[②]刘凤元认为应建立跨市场信息互换合作机制,包括交易所的合作、交易所和监管者的合作、监管者和其他当局者的合作,随时跟踪整个市场交易和资金情况。[③] 在学界建议下,证监会于2010年部署和协调上海证券交易所、深圳证券交易所、中国金融期货交易所、中国证券登记结算有限责任公司和中国期货保证金监控中心有限责任公司签署股票期现跨市场"1+3"监管协作框架协议,[④]标志着我国跨市场监管协作框架的确立。其后,浙江财经学院和上海中大经济研究院联合课题组认为应建立由央行牵头的跨市场监管协调机制,明确央行的主导作用,完善联席会议制度与日常协调机制,完善信息共享机制,实行金融监管政策的联合研究,加强金融监管的国际协调与合作。[⑤]王小丽认为在跨市场操纵监管中要改进政府监管,强化交易所自律监管,加强行业协会自律监管。[⑥] 刘庆富等认为应以信息监管为基础构建跨市场监管制度,防范跨市场操纵等违法行为,并在此基础上设计了我国跨市场监管体系。[⑦] 丁凤楚认为应明确"一体三元"监管体制的权限分工并加强信息交流合作,将证监会更名为"证券和期货监督管理委员会"以负责跨市场监管

---

① 谢杰:《跨市场操纵行为监管研究》,载《上海金融》2015年第10期;谢杰:《跨市场操纵的经济机理与法律规制》,载《证券市场导报》2015年第12期。

② 天津大学金融工程研究中心课题组:《股票与股指期货市场风险关联性及跨市场监管研究》,上海证券交易所联合研究计划研究报告,2007年第16期。

③ 刘凤元:《现货市场与衍生品市场跨市监管研究》,上证联合研究计划研究报告,2007年第16期。

④ 包括《股票市场与股指期货市场跨市场监管备忘录》《股票市场与股指期货市场跨市场监管信息交换操作规程》《股票市场与股指期货市场跨市场监管反操纵操作规程》《股票市场与股指期货市场跨市场监管突发事件应急预案》等。

⑤ 浙江财经学院、上海中大经济研究院联合课题组:《股指期货跨市场监管——基于投资者跨市场交易行为的理论及实证研究》,上证联合研究计划研究报告,2011年第21期。

⑥ 王小丽:《股票和股指期货跨市场监管法律制度研究》,安徽大学2012年博士学位论文,第91~94页。

⑦ 刘庆富等:《中国股指期货和股票现货跨市监管研究》,载《财经问题研究》2012年第6期。

职责,充分发挥交易所的一线管理功能,发挥协会行业自治功能。[①] 朱绵茂认为应在期指市场“一元三级”监管体系基础上完善跨市场信息披露和联合监管制度,建立国际监管合作机制。[②] 邢精平认为要构建跨境监管机制以应对全球金融一体化进程,建立金融稳定机制,强化政府监管在跨市场监管中的核心地位,重构跨市场监管架构。[③] 陈斌彬等认为应着重从宏观审慎角度构建我国的跨市场监管法律制度,明确宏观审慎监管的主体,厘定政府监管与自律监管的边界,构建多层次的市场监管法规体系,提升现有“五方”监管协作效力,推进和增强跨境联合监管。[④] 胡光志等认为应建立常规及紧急状态的跨市场监管协调机制。[⑤]

就具体的跨市场监管制度而言,刘凤元认为应完善保证金制度和市场信息公开制度,加强网上信息披露监管,建立大额交易监控制度,加强对到期合约的监控,建立头寸限制制度,建立跨市场危机处理制度。[⑥] 张雪莹认为应有针对性地对大额交易者设置限仓制度和大户申报制度,对有市场操纵嫌疑的会员或客户应随时限制其建立新头寸或要求其平仓,直到实施强制平仓。[⑦] 浙江财经学院和上海中大经济研究院联合课题组认为应特别关注大额头寸交易人,授权交易所实行了结现有头寸、降低头寸限制、延长交割期间、停止市场交易等措施。[⑧] 上海证券交易所和招商证券联合课题组认为应完善跨市场的信息公开制度,建立分对象、分仓位的事前防范制度,重点监管

---

① 丁凤楚:《我国股指期货风险防范的法律机制探讨》,载《江西财经大学学报》2011 年第 1 期。

② 朱绵茂:《我国股指期货的主要风险及其法律对策》,载《暨南学报(哲学社会科学版)》2012 年第 7 期。

③ 邢精平:《跨市场操纵模式与监管》,科学出版社 2014 年版,第 244 页。

④ 陈斌彬、张晓凌:《股指期货和股票现货跨市场交易监管研究》,厦门大学出版社 2015 年版,第 154 页。

⑤ 胡光志、张美玲:《我国期货市场操纵立法之完善——基于英美的经验》,载《法学》2016 年第 1 期。

⑥ 刘凤元:《现货市场与衍生品市场跨市监管研究》,载上海证券交易所联合研究计划研究报告,2007 年第 16 期。

⑦ 张雪莹:《现货与衍生品市场的跨市场操纵研究——基于大额交易者的分析》,载《经济论坛》2008 年第 1 期。

⑧ 浙江财经学院、上海中大经济研究院联合课题组:《股指期货跨市场监管——基于投资者跨市场交易行为的理论及实证研究》,上证联合研究计划研究报告,2011 年第 21 期。

券商、私募等机构，持续监控跨市场机构股票和期指账户交易、持仓情况，掌握关联账户异动情况，通过“倒查”追踪交易异常账户，完善“到期日效应”监管机制，严格对跨市场操纵追责。① 丁凤楚认为应完善保证金制度、价格限制制度、持仓报告制度、强行平仓制度、结算担保制度、强制减仓制度、风险警示制度、“断路器”制度等风险管理制度，并健全风险监控制度和稽查制度，建立风险准备金制度。② 朱绵茂认为应构建分类结算会员、交割、大户持仓报告和强行平仓制度，完善股指期货的交易价格限制制度、持仓限额制度以及确立禁止一致行动原则。③ 王小丽认为应建立信息公开制度、投资者分类监管制度、限仓及大户持仓申报制度、分阶段监管制度，构建一个完整的监管链条。④ 邢精平认为应完善信息监控制度，优化监控手段，加强对可疑账户的监管，加大行政处罚力度，强化法律责任的追究。⑤ 陈斌彬等认为应“分对象、分阶段”实施跨市场操纵监管，加强到期日操纵的监管，推进跨市场交易登记、程序化交易账户管理、跨市场稳定机制、投资者适当性等制度体系。⑥ 胡光志等认为应建立动态交叉保证金制度，推出熔断机制，加强监管关联账户及推行强制申报制度。⑦

金融综合经营和资本市场融通趋势对我国“分业经营、分业监管、分市场立法”的监管模式提出巨大挑战，集中反映为现有监管法律制度应对跨市场操纵时的监管盲区和空白，学界对此已有认识，并借鉴西方国家的成熟经验就跨市场操纵监管法律制度提出了改进建议。但现有的研究未能给跨市场操纵所蕴含价格波动风险的系统性演变以充分关注，故而所提出的建议因缺

---

① 上海证券交易所、招商证券联合课题组：《股票与股指期货跨市场交易监管研究》，上海证券交易所联合研究计划研究报告，2011 年第 21 期。

② 丁凤楚：《我国股指期货风险防范的法律机制探讨》，载《江西财经大学学报》2011 年第 1 期。

③ 朱绵茂：《我国股指期货的主要风险及其法律对策》，载《暨南学报(哲学社会科学版)》2012 年第 7 期。

④ 王小丽：《股票和股指期货跨市场监管法律制度研究》，安徽大学 2012 年博士学位论文，第 97 ~ 100 页。

⑤ 邢精平：《跨市场操纵模式与监管》，科学出版社 2014 年版，第 249 页。

⑥ 陈斌彬、张晓凌：《股指期货和股票现货跨市场交易监管研究》，厦门大学出版社 2015 年版，第 162 页。

⑦ 胡光志、张美玲：《我国期货市场操纵立法之完善——基于英美的经验》，载《法学》2016 年第 1 期。

乏针对性而难以有效实施。针对跨市场操纵所蕴含的系统性风险,应当引入相应的宏观审慎监管制度,完善跨市场监管协调体制,健全跨境监管合作机制,构建连接顺畅、各有侧重的事前、事中及事后监管制度链条,防范和化解跨市场操纵的系统性风险。

(四)经济法理念和制度治理跨市场操纵的优势

市场操纵的复杂性使其存在跨学科研究和跨部门法调整规制的问题,其中,民法关注的是投资者损失赔偿等问题,行政法关注的是监管权界限等问题,刑法关注的是如何惩治操纵者等问题。比较而言,以经济法思维和范式研究和规制市场操纵独具优势,经济法的宏观视阈能够发现金融新趋势下跨市场操纵所蕴含的系统性风险,并借助经济法整体性调整的优势对其予以事前防范,探索在现代风险社会中如何以经济法律制度防范、化解宏观的系统性经济风险。

跨市场操纵及其所蕴含的系统性风险作为典型的"市场失灵"现象亟待国家力量介入治理。然而揆诸史实,危机与监管的"治乱循环"证明政府干预、权力介入非但不是防范和治理金融风险的灵丹妙药,所谓的"监管失灵"还往往被认为是金融危机爆发的重要原因。但吊诡的是,危机之后的监管制度变革却又以创设新的监管权为止,隐藏了法治风险,故而传统经济法理论均以市场失灵和政府失灵为逻辑原点来论证经济法产生的必要性,①并聚焦于国家干预的正当性、合理性和合法性问题,②进而在经济领域之外的社会领域和政治领域论证经济法的特殊功能和独立价值。③

当代社会各种危机频发促使"风险社会"概念兴起,与民法、行政法、刑法等传统部门法的微观、个别、事后行为规制相比,经济法的宏观视阈、整体调整、事前防范属性显现出治理宏观经济风险的独特优势。单飞跃等认为后工业时代的宏观经济风险是市场缺陷、政府失灵等因素导致的,其使宏观经济安全理念成为经济法安全理念的重要内核。宏观经济风险只有借助国家之手干预以防范与化解,而排除这种风险所适用的法律就是经济法,经济法

---

① 张守文主编:《经济法学》,北京大学出版社2008年版,第12页;李昌麒主编:《经济法学》,法律出版社2008年版,第34~40页。

② 吕忠梅、陈虹:《经济法原论》,法律出版社2008年版,第5~19页。

③ 邱本:《经济法研究》(上卷:经济法原理研究),中国人民大学出版社2008年版,第45~71页。

的宏观经济安全理念将传统的由个体、市场来承担风险转化为国家作为主体来承担,将风险的自我防范变成了风险的国家防范,其实质是由国家来承担并采取的一种风险防范意识、能力与措施。①

张守文认为经济法是风险防控法、危机对策法和安全保障法。经济风险对经济危机的直接影响决定了对其防范和化解的必要,学界应关注经济法领域特殊的风险类型,探究经济法上的风险防控制度,揭示风险、危机与安全之间的内在关联,提炼经济法学的"风险理论"并构建和实施各类风险防控制度,尤其针对可能的风险点、风险发生与扩展的路径,有效运用经济法律制度提供的防控手段予以治理。② 阳建勋认为传统社会向风险社会的转变对传统部门法提出全面挑战,无论是把经济法作为一个新的法律领域,还是视为一种法律思想方法在各个领域的适用,其产生都是应对风险社会挑战的必然选择。③

闫海认为,现代社会中的风险发生变化,使建构于风险个人责任的私法和秩序行政的传统风险治理难以应对,现代国家的安全保障义务既通过社会安全网建设对风险受害人承担责任,又以风险规制的积极行动预先消减风险。针对不确定、不可逆的风险,应当采取风险预防措施,并以比例原则对预防措施予以限制,经济法学在相关议题上的话语权取决于对风险规制范式的移植,以期实现能够回应风险社会的自我革命。④ 袁达松等将经济法定位于风险管理法,并提出"包容性"经济法治概念,认为市场失灵和政府失灵是经济法学的基本问题,而强调国家合理、适当配置各类主体权利与权力,协调局部与整体利益,兼顾公平与效率,实现总体福利最大化是经济法研究的基本路径,也体现经济法价值、宗旨的包容性,因此,强调国家与市场主体的协调适当地位,保护各类主体合法权益已成为经济法学的基本范式,这体现了经济法理论范式的包容性,也夯实了包容性的经济法治理论基础。⑤ 在此基础上,经济法无论是从历史沿革上还是从功能及具体制度的构建上都与风险有千丝万缕的联系,

---

① 单飞跃、刘思萱:《经济法安全理念的解析》,载《现代法学》2003 年第 1 期。

② 张守文:《后危机时代经济法理论的拓掘》,载《重庆大学学报(社会科学版)》2011 年第 3 期。

③ 阳建勋:《论风险社会中的法律责任制度变革——传统部门法的内部修正与经济法的责任拓展》,载《广州大学学报(社会科学版)》2012 年第 3 期。

④ 闫海:《论经济法的风险规制范式》,载《法学论坛》2016 年第 1 期。

⑤ 袁达松、朱成林:《论包容性的经济法治——一元论的经济法学范式》,载《晋阳学刊》2015 年第 4 期。

随着“风险社会”的到来,全球经济发展的不确定性增加,在全球化高速发展的背景下,世界各国已经逐渐形成了一个紧密的共同体,全球经济系统性风险或经济危机的应对都不是一个国家能够单独解决的,需要加强“风险”“监管”的一元经济法研究,也要开展风险经济法学研究。①

与此同时,我国经济法历经数十年的发展,虽然已形成较为成熟的体系,但实施效果并不理想,存在如较高的违法率和较低的查处率并存、问题解决与矛盾转移并存、对执法机构的过度倚重、立法缺乏从实施角度的考虑等问题,②这在跨市场操纵监管实践中均有突出反映。对此,应从立法和实施两个层面进行制度改革,提高经济法律的威慑力。我国经济法的主要成功路径是以中国问题和中国意识作为推动经济法发展的根本动力,以国际化作为优化经济法制度设计的重要立足点,以开放性作为保持经济法有效性和生命力的基本精神,以经济民主理念推动经济立法和执法的科学化和民主化,从而加强经济法体系整合和规则重构,提升经济法规范性水平和实施绩效。③ 不能照搬西方模式,而是要根据自身条件和需要构建自己的经济法治体系。中国当下的经济、社会、政治、法律和法学等环境条件个性极其明显,决定了中国经济法治的主题仍应以规制政府经济权力为主。④ 在中国持续推进现代化的进程中,改革开放的“深广度”还在不断提升,这会使经济法制度的生成呈现诸多新样态,大量现代金融监管制度将在中国出现,经济法将体现出更为突出的现代性。⑤

金融跨时空权利配置的功能决定其与风险相伴,风险因诱发危机而需要监管。金融的持续发展不断变换风险的表现形式,酿成新的危机,推动监管变革,故而一部金融发展史就是金融危机史,同时也是金融监管变革史,实质是金融监管权的创设、配置和运行史。在金融衍生品时代,资本市场融通和金融综合经营趋势催生跨市场操纵的新动向,其所蕴含的系统性风险严重威胁金融体系安全,亟待具有宏观视阈、整体调整、事前防范等优势的经济法作

---

① 袁达松:《风险经济法学举隅——“风险社会”“世界主义时刻”视角的经济法学》,载《经济法论丛》2017 年第 1 期。

② 应飞虎:《中国经济法实施若干问题》,载《现代法学》2013 年第 5 期。

③ 鲁篱:《中国经济法的发展进路:检视与前瞻》,载《现代法学》2013 年第 4 期。

④ 薛克鹏:《中国特色经济法治模式的构建》,载《天津师范大学学报(社会科学版)》2018 年第 5 期。

⑤ 张守文:《现代化、改革开放与经济法的生成》,载《法学论坛》2018 年第 4 期。

出有效回应。以经济法学思维研究跨市场操纵监管法律制度问题,通过关注具体的风险治理制度,推动经济法理论层面对风险治理问题的系统性研究,有助于更全面地理解经济法理论和完善经济法制度。

四、研究的逻辑思路与内容

(一)研究的逻辑思路(见图1-4)

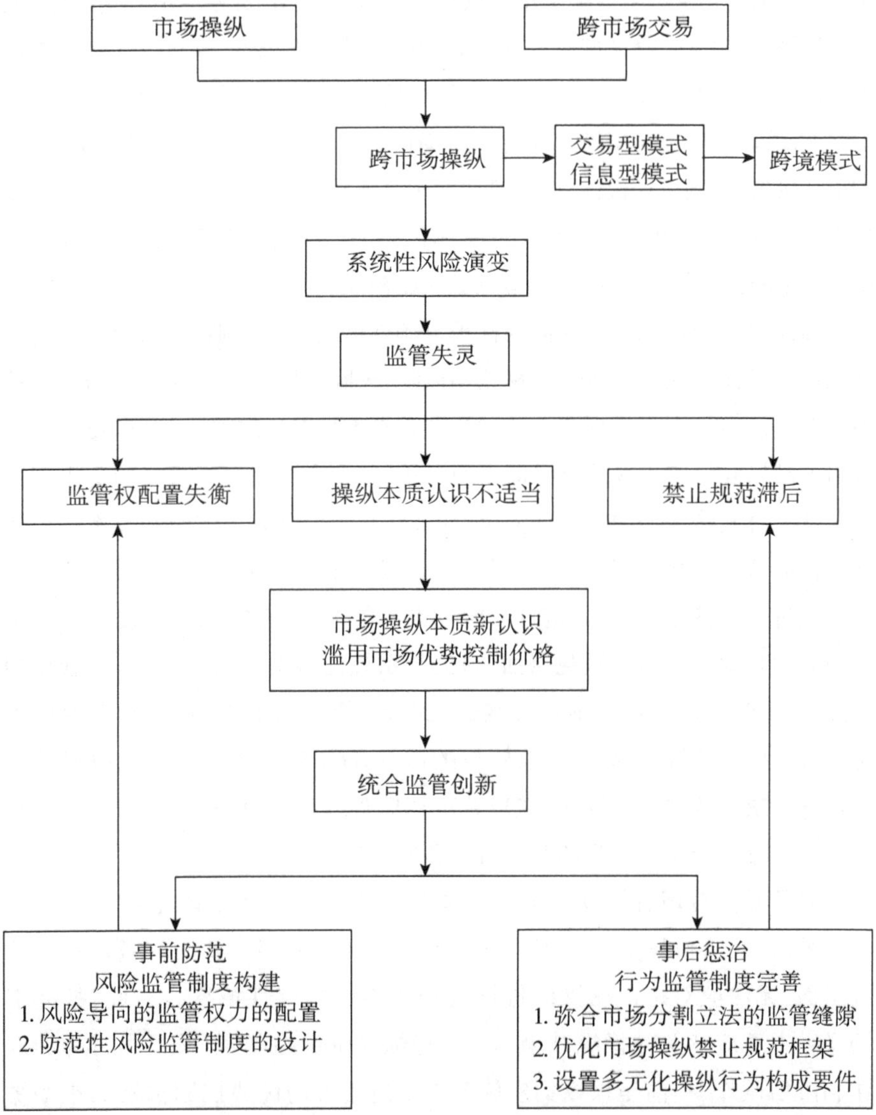

图1-4　本书的研究逻辑

(二)研究的基本内容

市场操纵通过虚构市场供求关系控制价格波动以制造交易价差获利的内在机理不会改变,但具体的实施策略则受制于资本市场的结构。在资本市场的隔绝结构中,市场操纵行为因被限制于单一市场而展现为传统的单市场操纵形态。随着金融衍生品的诞生,资本市场的融通趋势开启,股票市场与期指市场间的价格关联效应使跨市场操纵成为新动向,并形成交易型和信息型两种实施模式。其中,交易型模式利用股价指数的可操纵性,直接以交易行为虚构市场供求,控制市场价格,借助股票期现跨市场价格关联渠道牵引关联市场价格波动以获利;信息型模式通过向市场释放信息诱导交易的时点和方向,虚构市场供求,控制市场价格,借助股票期现跨市场价格关联渠道牵引关联市场价格波动以获利。国际资本市场的一体化催生出利用资本市场跨境价格关联渠道实施的更为复杂、隐蔽的跨境操纵实施模式。

商品价格受供求影响的波动性是市场操纵的实施基础,控制价格波动以获利的机理使操纵行为蕴含价格波动风险,风险在资本市场隔绝结构中因被限制在单一市场内而显现非系统性。在资本市场融通趋势下,跨市场操纵的价格波动风险沿跨市场价格关联渠道释放,并在金融综合经营格局下出现跨行业、跨机构、跨市场的系统性溢出,在现有基于金融分业体制和资本市场隔绝结构的监管法律制度下产生监管盲区,威胁金融安全,隐含市场和法治的双重危机。究其原因,一是监管权的创设有欠缺,现有操纵行为监管局限于行为规制和事后惩治的微观层面,缺失对系统性风险的防范;二是监管权的配置不合理,以证监会为绝对权威的"倒金字塔"型的监管结构和低效监管协调机制抑制监管效率;三是监管权的运行有障碍,市场分割式的操纵禁止规范框架缺乏整体监管视阈,造成跨市场监管缝隙,而价量控制的市场操纵本质认知疏离于操纵行为的实施机理和发展趋势。

问题源于对现有操纵行为的本质认识囿于资本市场隔绝结构下单市场操纵认知,将市场操纵监管局限于投资者保护和事后惩治等微观行为监管层面,无法应对跨市场操纵价格波动风险的系统性演变。对此,把握市场操纵本质应从关注操纵结果的价格操纵和价量控制,以及操纵行为的欺诈和市场欺诈,提前至操纵的实施条件。滥用市场优势控制价格的市场操纵本质认知通过行为的前提和结果表征行为的操纵性,可以重构市场操纵监管的内涵，在完善市场分割、行为规制、事后惩治的微观监管制度基础上，引入全局视阈、风险治理和事前防范的宏观监管制度，构建统合性的监管制度框架。

首先，防范是关键。需在市场操纵监管制度设计中引入防范系统性金融风险的宏观审慎监管理念和制度，在立法中确定中国人民银行的宏观审慎监管职责，并顺畅其监管视阈覆盖资本市场的法律途径。然而系统性风险概念的模糊使宏观审慎监管权存在滥用的可能，对此，一是要在监管权配置方面贯彻权力制衡理念，在金融稳定发展委员会议事机制基础上构建高效的资本市场监管协作机制，强化监管信息交流和共享，遏制监管行为偏差，构建监管资源高效配置、信息流动顺畅的"金字塔"型市场监管体系结构，在双边和多边层面推进资本市场的国际监管协作机制；二是要在监管权运行方面限定监管权边界，围绕市场优势设置主动防御的信息监管制度，根据不同类型操纵行为的风险程度设置差异性的合格投资者制度，改进投资者分类监管制度，重点监测市场优势投资者，设置跨市场交易大额登记制度。

其次，惩治是底线。惩治的正当性依赖于规范的科学性。跨市场操纵与单市场操纵具有相同的内在机理和行为结构，只是借助跨市场价格关联渠道将原本局限于单市场内的价格控制行为和清仓获利行为分置于价格关联市场，并无实质的独立性，可以将其纳入现有的操纵禁止规范予以治理。但应修订现有市场分割的操纵禁止规范体系以应对跨市场操纵的新动向，一是加强立法衔接，弥合跨市场监管缝隙，确定《证券法》和《期货交易管理条例》为资本市场的基本法和特别法，全面覆盖资本市场操纵行为；二是平衡规范的保障和保护功能，设置以行为模式为核心的"具体规范"，规制已有的操纵行为，设置以授权裁量为核心的"授权规范"，涵射未来可能出现的新型操纵行为；三是在"可替代"原则下通过危险犯、行为犯、结果犯等构成要件的差异化设置，实现对跨市场操纵的有效监管。

五、研究的难点、创新与展望

(一)研究的难点

本书选题具有跨学科的前沿性，市场操纵本身就存在复杂的理论纷争和法律监管困境,[①]跨市场操纵所面临的理论纷争和监管困境尤甚。金融新趋势下跨市场价格关联机制的复杂性决定了跨市场操纵复杂的内在机理和多变的表现形态,在高频、程序、算法等现代交易技术的支持下,跨市场操纵越发迅捷、便利、隐蔽和危险,亟待监管法律制度的有效回应。

首先,基于历史传统以及改革路径依赖的制约,我国金融衍生品市场起步较晚且几经波折,曾因"327 国债期货操纵事件"而被强行中断的衍生品市场直至 2010 年推出期指市场才恢复。当前市场操纵监管理论和规范制度均遵循市场隔绝时代下的微观监管思维展开,对跨市场操纵及其系统性风险演变的理论研究,特别是相应的宏观审慎监管制度研究不够充分。

其次,股票期现跨市场操纵研究涉及证券(股票)市场和期货(期指)市场、境内市场和境外市场等不同市场的法律监管规范,以及大量立法、司法、监管机关不同时期的立法解释、司法解释、部门规章以及金融政策等,需要综合不同时期、领域、行业、市场等金融法律规范予以系统性研究。

最后,跨市场操纵法律监管的跨领域和跨学科特质决定了研究除法学理论外,还涉及经济学、金融学、证券交易及股票投资等多学科、多领域的理论知识,需结合金融数据分析,整理大量数据资料,并系统考察国外制度的立法背景和制度细则,研究难度较大。

(二)研究的创新

首先,本书及时跟进了在金融衍生品时代资本市场融通发展和金融综合经营趋势下跨市场操纵的新动向,根据实践案例以及理论推演抽象出跨市场操纵的可能实施模式,在确定市场操纵实施机理的前提下比较分析单市场操纵和跨市场操纵的异同,分析金融新趋势下操纵行为所蕴含的价格波动风险逐步系统性演变的发展逻辑,拓展了市场操纵的研究视阈,丰富了市场操纵的理论认知。

其次,跨市场操纵的新动向显现出现有监管制度中监管权配置和运行的失灵,问题根源于理论和实践对市场操纵的本质认知滞后于操纵行为的最新

① 目前市场操纵所面临的法律监管困境表现为:一是关于市场操纵实质内涵的立法规定付之阙如;二是市场操纵具体类型规定需要频繁修订以跟进操纵行为的持续性演进;三是没有对符合市场操纵认定标准却又具有经济效率优势的行为设置"安全港"条款予以豁免。

演进。对市场操纵的本质认知应当由关注操纵结果的价格操纵和价量控制，以及关注操纵行为的欺诈和市场欺诈，提前至操纵的实施条件，以市场优势的前提和价格控制的结果来表现行为的可操纵性，将市场操纵的本质界定为滥用市场优势控制价格的违法行为。

再次，对市场操纵本质的新认知可以解决现有监管制度局限于微观保护和事后惩治的不足，根据跨市场操纵行为的系统性风险演变，以统合性监管思维，在保护投资者和防范系统性风险的双重目标指引下，引入宏观审慎监管理念和制度。遵循事前防范是关键，事后惩治是底线的原则，构建能够统合事后惩治的微观行为监管和事前防范的宏观审慎监管的制度框架。

最后，在统合性监管制度框架内设计针对跨市场操纵的具体监管制度。一是构建宏观审慎监管制度，确定中国人民银行的宏观审慎监管职责，并在监管权配置方面贯彻权力制衡理念，在监管权运行方面限定监管权的边界；二是优化现有市场分割的市场操纵禁止规范体系，确定资本市场的基本法和特别法以全面覆盖资本市场中的操纵行为；三是设置以行为模式为核心的“具体规范”规制已有的操纵行为，以授权裁量为核心的“授权规范”涵射未来的新型操纵行为；四是在“可替代”原则下以设置危险犯、行为犯、结果犯等多元化的操纵行为构成要件，更好应对资本市场融通趋势下市场操纵行为的多元化发展。

（三）研究的展望

本书是在金融衍生品时代、金融新趋势下研究跨市场操纵的新动向，资本市场交易机制的复杂性、金融衍生品的不断涌现、金融综合经营的深度发展以及研究内容的跨学科属性决定了本书的局限性。

首先，市场操纵行为本身就存在复杂的理论纷争和监管困境，借助股票期现市场价格关联机制实施的跨市场操纵具有更为复杂的实施机理和更为隐蔽的多变形态，目前被查证的案例极少，因此本书对跨市场操纵及其监管法律制度的研究结论更多是理论层面的阐述，有待实践的检验。

其次，跨市场操纵监管法律制度研究涉及法学、经济学、金融学、证券交易及股票投资等多学科、多领域理论知识，具有明显的跨领域、跨学科属性。由于知识结构的原因，法学研究很难在法学层面将金融学等其他学科的数理量化研究结论代换为能被法律实务人员充分理解的执法和司法标准，致使研究结论缺乏精确度。

最后,跨市场操纵监管法律制度框架的构建更多地借鉴了西方国家的研究成果和立法样本,理想化的监管法律制度设计能否嵌入我国当前的金融体制和资本市场监管制度,特别是契合金融综合经营和资本市场的融通趋势,最终“本土化”落地实施也有待验证。

第二章　股票期现跨市场操纵的基本模式

具有跨行业、跨机构、跨市场属性的金融衍生品的出现极大地改变了金融生态环境，不仅在量上拓展了资本市场的外延，更在质上改变了资本市场的结构，其与基础资产市场间形成的跨市场价格关联机制不仅开启了资本市场的融通趋势，推进了金融综合经营进程，还促使市场操纵由金融分业经营和资本市场隔绝结构下的单市场操纵形态进化为金融综合经营和资本融通结构下的跨市场操纵形态。以股票期现市场为例，操纵者利用股票市场和期指市场间的跨市场价格关联机制实施全新的“声东击西”式操纵策略，先控制股票市场或期指市场的价格涨跌，通过跨市场价格关联渠道间接牵引关联市场价格波动，最后在关联市场完成清仓获利。这种行为将原本局限于单一市场内的操纵行为分别置于不同的关联市场，致使操纵实施策略越发复杂，表现形态日趋多元，在“分业经营、分业监管、市场分割立法”的监管体制下极具隐蔽性。通过对既有或疑似跨市场操纵案件的总结和理论推演，可以抽象出多种跨市场操纵的可行实施模式。

一、跨市场操纵的生成逻辑

市场操纵是异化的市场交易行为，其虚构市场供求力量，主动控制价格波动，通过制造交易价差以获利。跨市场操纵是市场操纵的内在机理与跨市场交易的外在形式相互融合的产物，其通过主动控制特定市场的价格波动，借助跨市场价格关联机制间接牵引关联市场价格涨跌，最终在关联市场通过交易价差获利。可见，跨市场操纵是异化的跨市场交易行为，其以跨市场交易的出现为前提。

（一）跨市场交易的界定

跨市场交易尚未成为一个严谨的学术概念，①虽然其利用相关市场间的跨市场价格关联机制实施的内在机理已得到基本认同，但由于跨市场价格关联机制极为复杂多元，致使跨市场交易的外延模糊，跨现货市场与期货市场间、跨场内市场与场外市场间、跨境内市场与境外市场间的交易都可视为跨市场交易，即便限定在金融市场领域，也存在跨汇率市场、利率市场、股票市场、债券市场等诸多跨市场交易类型，涵盖银行、证券、保险、信托、基金等不同的金融行业，反映出金融综合经营趋势。近年来，金融衍生品的迅猛发展造就了基础资产市场与其衍生品市场间的最为基本的跨市场价格关联机制。金融衍生品天然具有跨市场属性，其不具有独立的定价机制，其市场价格取决于一种或多种基础资产或基础资产的价格指数，②由此在衍生品与其基础资产市场之间形成了跨市场价格关联机制，典型表现为期指市场与股票市场间的“到期日效应”。

股指期货又称期指，全称为股票价格指数期货，“是指以股价指数为标的物的标准化合约，双方约定在未来的某个特定时日，可以按照事先确定的股价指数大小，进行标的指数的买卖”。③ 股指期货市场不具备独立的价格机制，而是以合约确定的结算日当天股票市场收盘后的标的指数作为结算依据，由此在期指市场与股票市场之间形成了“期指合约价格—股价指数”

---

① 陈斌彬、张晓凌：《股指期货和股票现货跨市场交易监管研究》，厦门大学出版社2015年版，第22页。

② 《银行业金融机构衍生产品交易业务管理暂行办法》第3条规定：“本办法所称衍生产品是一种金融合约，其价值取决于一种或多种基础资产或指数……”

③ 冯果主编：《证券法》，武汉大学出版社2014年版，第14页。

的正向关联关系。股价指数的涨跌是由指数成份股价格涨跌决定的,即存在“股价指数—成份股价格”之间的正向关联关系,借助股价指数联结,期指市场和股票市场之间便出现了“期指合约价格—股价指数—成份股价格”的价格关联渠道,形成股票期现跨市场价格关联机制。

为确保研究的针对性和实效性,本书将跨市场交易限定为利用股票期现跨市场价格关联机制实施的交易类型。但即便如此,跨市场交易仍存在广义和狭义之分。广义而言,股指期货作为股票衍生品,任何交易都不可避免地与股票市场相关联,故而所有期指市场交易均可称为跨市场交易,包括期指市场的套保、套利及投机等交易行为;狭义而言,跨市场交易意指以期指市场和股票市场这两个独立的市场为交易平台,以风险对冲或获利为目的分别实施的反方向交易行为,包括跨市场套保和跨市场套利。无论广义狭义,跨市场交易都显现出以下特质。

首先,跨市场交易是一种衍生性证券交易行为。期指合约是具备证权性、财产性、投资性、流通性等证券基本要素的标准化合约,是以股票为基础资产的衍生性证券商品,期指市场与股票市场之间的跨市场交易属于衍生性证券交易。其次,跨市场交易以高频程序交易为主要表现形式。① 当前,期指等衍生品交易需借助强大的计算机系统等技术平台支持,以及借助量化交易订单管理系统将订单分拆以降低交易对市场的冲击,通过频繁回转交易或申报撤单系统搜索潜在的交易对手。再次,跨市场交易是迂回化证券交易。② 跨市场交易是以衍生性期指合约为载体而实施的股价指数成份股交易,交易既延长了成份股的实质交易时间,又使不同时期的投资者对于同种同量证券产品的供需变化反映在价格上,增加资本回报率,具有明显的

---

① 如“股指期货—交易型开放指数基金(ETF)—指数成份股”间的跨市场套利交易必须借助强大的计算机系统和复杂的程序运算等程序化高频交易方能完成,此外还需要量化交易订单管理系统(Order Management System, OMS)和功能强劲的订单执行系统(Order Execution System, EMS)将订单分拆为大量的小单,以降低交易对市场的冲击成本和时间风险,并通过频繁的回转交易或申报撤单来搜索潜在的交易对手。

② 迂回化交易源自奥地利经济学家庞巴维克(Eugen Bohm-Bawerk)的“迂回生产理论”。该理论认为迂回生产和迂回交易是一种用土地、劳动力等基本要素生产出中间产品,然后再用中间产品生产出最终消费品的间接交易方式,具有技术上的优越性,可大大提高终端产品的生产和交易效率。参见赵海怡:《金融衍生品交易风险控制中的制度与法律——一个法经济学分析范式》,载《河北法学》2009 年第 6 期。

迂回化特征。最后,跨市场交易以机构投资者为主体。跨市场交易作为一种高风险的金融衍生品交易类型,要求投资者具备雄厚的资金实力、强大的技术支持、专业的信息筛选能力、多元高效的交易渠道以及复杂的交易策略,这是个人投资者难以企及的,因此,跨市场交易遵循先机构后个人的市场开放顺序,并对个人投资者在净资产、风险识别能力、知识背景及交易经验等方面设置较高的准入门槛。①

(二)跨市场交易的类型

股票期现市场间的跨市场价格关联机制为跨市场交易提供了必要的空间和物质基础,②跨市场交易就是围绕着期指市场所具有的风险管理、价格发现等基本功能,借助股票期现跨市场价格关联机制实施的交易行为。当前,跨市场交易包括跨市场套期保值、跨市场套利和跨市场投机三大基本类型。

一是跨市场套期保值。风险对冲是美国堪萨斯期货交易所(Kansas City Board of Trade, KCBT)推出股指期货的最初动机,也是股指期货的首要功能,而这一功能是通过跨市场套期保值交易实现的。套期保值(hedge)的本意是"对冲",故又称对冲交易,其内在机理是利用股票市场与期指市场间的基差风险替代股市的价格波动风险,通过在两大市场分别实施反向交易以实现资产保值。成熟资本市场的经验表明,跨市场套期保值已成为机构投资者管理投资组合风险的主要手段。具体而言,套期保值分为空头(卖出)套保和多头(买入)套保。空头套保的交易策略是,当持有股票的投资者预测股价将跌,但基于特定原因(如保持大股东地位、战略投资者或处于限售期等)而无法卖出股票,为避免将来卖出股票遭受损失,便在期指市场做空价值相当的期指合约来锁定投资收益,一旦股价下跌,通过跨市场价格关联机制传递,期指市场价格亦随之下跌,因持有股票所遭受的损失将通过做空期指合约的收益而得到弥补;多头套保的交易策略是,当投资者预期

---

① 如我国证监会要求个人投资者参与股指期货交易必须具备至少50万元资金,通过专业知识测试且成绩80分以上,具有累计10个交易日和20笔以上的股指期货仿真交易记录,或之前3年内具有10笔以上的商品期货交易成交记录等准入条件。

② 陈斌彬、张晓凌:《股指期货和股票现货跨市场交易监管研究》,厦门大学出版社2015年版,第28页。

股价将涨,但基于特定原因(如上市收购计划尚未执行完毕等)而无法立即买入股票,为避免将来买入股票而增加支出,便在期指市场做多价值相当的期指合约来锁定购入成本,一旦股价上涨,通过跨市场价格关联机制的传递,期指价格亦会随之上涨,将来因购入股票所增加的支出将通过做多期指合约所带来的收益得到弥补。可见,跨市场套保就是利用期指市场和股票市场价格之间的跨市场关联机制在两个市场分别实施反向交易操作,交易的出发点和落脚点均在股票市场,目的在于对冲股价波动的风险,实现资产保值而非增值。

二是跨市场套利。价格发现是股指期货的另一基本功能,而这一功能是通过跨市场套利交易实现的。[①] 跨市场套利的理论基础是"一价定律",即竞争市场中的等值商品价格必将趋向一致,因为价差会吸引无风险的套利。套利分为市场内价差套利(intra-market spread arbitrage)和跨市场价差套利(inter-market spread arbitrage)两大基本类型,[②]其中,跨市场套利是借助股票市场与期指市场间的跨市场价格关联机制,利用股票期现市场之间暂时出现的不合理价差,买入低价商品的同时卖出高价商品,待不合理价差缩减或消失后再实施反向交易以获利。具体而言,跨市场套利分为正向套利和反向套利。其中,正向套利是指当期指价格被高估时,买入期指合约标的股价指数成份股,同时卖出期指合约;反向套利是指当期指价格被低估时,卖出期指合约标的股价指数成份股,同时买入期指合约。如沪深300期指和沪深300指数成份股属于具有跨市场价格关联效应的相近商品,二者基于市场结构差异会出现暂时性的价格偏离,当价差大于套利成本时就会出现套利机会,投资者先是买低卖高,待价差恢复后再实施反向交易便可获取无风险利润。跨市场套利以股指期货与股票现货之间的价差变动预期为基础,有助于期指市场与股票市场价格走势的平稳,形成相对合理的市场估

---

① 根据《中国金融期货交易所结算细则》(2020年修订)第88条的规定,股指期货在交割时采用以现货指数为基准的现金交割,这一方法不但具有强制期指最终收敛于股票现货价格指数的作用,而且也会使期指与股票现货价格指数之间始终维持一定的动态关系。这就为股指期货期现套利交易提供了法律依据。

② 李俊:《股指期货市场套利概述——股指期货套利系列报告之一》,载《中原证券研究所研究报告》(2007年),第3页。

值,更好地实现股指期货的价格发现功能。

三是跨市场投机。投机(speculation)是指主动承担商品价格波动风险的交易方式,跨市场投机(inter-market speculation)意指利用股票市场与期指市场间的跨市场价格关联机制,主动承担期指合约价格波动风险以赚取价差收益的跨市场交易模式。依交易方向不同,跨市场投机分为通过"买入—卖出"价差获利的多头投机和通过"卖出—买入"价差获利的空头投机两大基本类型。一般而言,跨市场投机者会根据价格预测选择不同的交易策略,只要价格上涨致使收益大于交易成本或价格下跌出现对自己持仓方向不利时,投机者都会主动平仓以实现获利或止损。虽然跨市场投机会给市场带来风险,但其不主动制造价格波动却主动承担风险的特质也增强了市场的流动性,减缓了价格的波动幅度,适度的跨市场投机有利于期指市场风险对冲和价格发现功能的实现。

(三)跨市场操纵的生成

尽管有学者或是基于市场信息透明,①或是基于交易策略,②主张市场操纵具有"自我抑制性",否定市场操纵的可行性。但实际上,商品价格受供求影响的波动性为价格操纵提供了可行基础,在资本逐利的驱使下,消极被动地利用价格波动的市场投机者可能蜕变为积极主动制造价格波动的市场操纵者,就此而言,任何商品价格或市场都存在被操纵的可能性。基于资本市场商品的价格疏离于其所代表的实物资产的价值,资本市场商品具有价格的高波动性,放大了被操纵的风险,故而需要法律的特别关注。事实上,市场信息透明既有条件也有限度,绝对的信息透明是不存在的,而且期指等金融衍生品较高的虚拟性造成严重的信息不对称问题,便于市场操纵的实施。③ 如果说交易策略理论在单一分割的市场尚有一定的说服力,那么利用跨市场价格关联机制实施"声东击西"的跨市场操纵直接破解了基

---

① 该理论认为在信息透明的市场中,操纵者实施操纵行为释放虚假的交易信息后,市场会迅速发现其信息的虚假性而不再对其释放的信息产生任何反应,市场操纵行为自然被终结。

② 该理论认为市场操纵行为获利必须满足两个基本条件:一是交易必须能撬动股价;二是操纵者能以高于买入价卖出股票。实践中同时满足这两个条件的可能性非常小,换言之,股价会因操纵者大量买入而上涨,亦会因操纵者大量出货变现而下跌。

③ Praveen Kumar & Duane Seppi, *Futures Manipulation with "Cash Settlement"*, The Journal of Finance, 1992(4), p. 1485 - 1502.

于交易策略理论的“操纵自我抑制性”,[①]且期指等金融衍生品市场的低成本、高杠杆、强流动优势使跨市场操纵能够获取巨额利益,[②]进一步放大了跨市场操纵的可能性。

我国国债期货市场曾因严重的市场操纵行为而被关闭。[③] 在推出股指期货之际,有学者否定跨市场操纵的可能性,理由如下:一是跨市场操纵所需资金巨大;二是股票市场难以实现囤积;三是现金交割使期指合约因无限供应而难以逼仓;四是市场投资机构具有多样性,操纵者难以主导方向;五是期指合约标的指数成份股权重相对均衡;六是交易所的监管制度严格。[④] 但随着期指等金融衍生品的推出,其特有的高杠杆属性极大降低了跨市场操纵所需的资金量,跨市场价格关联机制也为市场操纵提供了全新模式,跨市场操纵成为新动向。因此,我国在期指推出之际的一系列专项研究课题均从不同的视角肯定了股票期现跨市场操纵的实施可能性和可行性。[⑤]

具体而言,期指合约所具有的强投机、高风险、非对等的射幸合同属性使其极易成为市场操纵的便捷工具。[⑥] 以中小散户为主的投资结构、机构易于联手操纵市场的传统,以及政府驱动型的“政策市”等我国资本市场的缺陷,又加大了市场操纵的可能性。[⑦] 我国股市价格因信息透明度低而对

---

① Jarrow R. A., *Derivative Security Markets, Market Manipulation, and Option Pricing Theory*, Journal of Financial and Quantitative Analysis, 1994(29), p. 241 – 261.

② Pirrong S. C., *Detecting Manipulation in Futures Markets: The Ferruzi Soybean Episode*, American Law and Economics Review, 2004, 6(3), p. 28 – 71.

③ 指“327 国债期货操纵事件”。

④ 常青、喻猛国:《股指期货多面看》,载《瞭望》2007 年第 47 期;姚广、蒋东义:《股指期货为什么无法被操纵》,载《期货日报》2010 年 1 月 25 日,第 5 版;李柳:《我国股指期货市场不可能被操纵》,载《中国证券报》2010 年 1 月 25 日,A06 版。

⑤ 天津大学金融工程中心课题组:《股票与股指期货市场风险关联性及跨市场监管研究》,载《上海证券报》2007 年 3 月 29 日,第 11 版;刘凤元:《现货市场与衍生品市场跨市监管研究》,载《证券市场导报》2007 年第 9 期;浙江财经学院、上海中大经济研究院联合课题组:《股指期货跨市场监管——基于投资者跨市场交易行为的理论及实证研究》,上证联合研究计划研究报告,2011 年第 21 期;上海证券交易所、招商证券联合课题组:《股票与股指期货跨市场交易监管研究》,上海证券交易所联合研究计划研究报告,2011 年第 21 期。

⑥ 丁凤楚:《我国股指期货风险防范的法律机制探讨》,载《江西财经大学学报》2011 年第 1 期。

⑦ 吴宏、裴斐:《我国股指期货风险的法律控制——从宏观控制角度》,载《政治与法律》2008 年第 5 期。

交易量过度敏感,追涨杀跌的投机情绪主导市场方向,期货市场因流动性好而便于操纵者全身而退,且其低成本、高杠杆、强流动的优势更是放大了市场操纵的获利,资本市场由以往单一的现货市场操纵发展到现货与期货市场联合操纵。① 作为"新兴+转轨"市场,我国资本市场的投机氛围较浓、监管机制不健全、套期保值功能不足致使市场价格失真等因素为跨市场操纵提供了土壤。② 上述因素促使跨市场操纵产生新动向,在获取巨额收益的同时,其"声东击西"的实施策略在现有基于金融分业经营和资本市场隔绝思维的监管制度下极具隐蔽性,致使迄今为止查实的跨市场操纵案例极少。然而,光大证券"8·16乌龙指"事件为我们提供了管窥跨市场操纵实施策略之机。③

光大证券"8·16乌龙指"事件爆发后曾被质疑涉嫌市场操纵,后证监会查明虽然光大证券交易行为客观造成股票市场和期指市场价格大幅波动,但该行为源于程序化交易系统的技术缺陷而非交易者的主观故意,最终被证监会认定为内幕交易。④ 光大证券"8·16乌龙指"事件暴露出我国资

---

① 陈斌彬、张晓凌:《股指期货和股票现货跨市场交易监管研究》,厦门大学出版社2015年版,第47页。

② 朱大旗:《完善我国股指期货市场监管机制的法律思考》,载《政治与法律》2012年第8期。

③ 2013年8月16日是沪深300期指合约IF1308的交割结算日,11:05:30,中国石化和工商银行两大权重龙头股突发异动,先后涨停,引发股市极大震动,沪深300指数成份股中,共71只股票瞬间涨停,上证指数2分钟内从2075点冲至2198.85点,随后,股指期货、大盘蓝筹ETF同步暴涨。中午休盘,上海证券交易所声明称交易系统正常,光大证券董秘否认"光大证券自营盘70亿元乌龙指"传闻。下午开市,光大证券因重要事项停牌,而中小投资者大量买单将上证指数推至2152.99点,随后14:22:00,光大证券公告称上午公司策略投资部门自营业务所使用的独立套利系统存在严重的程序设计问题,订单生成系统中ETF套利模块的"重下"功能(用于未成交股票的重新申报)在设计时错误地将"买入个股函数"写成"买入ETF一篮子股票函数"。订单执行系统错误地将市价委托订单的股票买入价格默认为"0",系统对市价委托订单是否超出账户授信额度不能进行正确校验。2013年8月16日上午,交易员进行180ETF申赎套利时尝试"重下"功能对交易涉及的171只权重股票买入订单中未能成交的24只股票进行自动补单,错误程序将补单"买入24只股票"执行为"买入24组ETF一篮子股票"并报送订单执行系统,共234亿元订单进入上海证券交易所交易系统,72.7亿元实际成交。异常交易出现后,光大证券为对冲现货持有风险开始卖空IF1309期指合约,同时转换并卖出180ETF基金及50ETF基金,共获利合计8721万元,随后上证指数回落至2078点,仅比启动时高出3点。

④ 《中国证监会行政处罚决定书》2013年第59号。但学界对光大证券"8·16乌龙指"事件是否构成内幕交易,甚至是否构成证券违法行为不无争议。参见缪因知:《光大证券事件行政处罚与民事索赔之合法性质疑》,载《法学》2014年第1期;李睿:《光大证券异常交易事件的刑法评析》,载《华东政法大学学报》2014年第5期;李西臣:《错单交易信息何以成为内幕信息?——析证监会处罚光大证券"乌龙指"案》,载《兰州学刊》2016年第5期。

本市场的抗操纵性较差，股票市场因“浅碟性”而对交易量过度敏感，当市场信息混沌不清时，市场的交易方向极易被诱导控制，而以散户为主的投资主体结构更是加剧了市场的“羊群效应”；同时，期指市场的高杠杆性又放大了操纵行为对市场价格的冲击力，高流动性则为操纵者提供顺畅的退出渠道。以下就光大证券“8·16 乌龙指”事件推演跨市场操纵可行的实施策略。① （见图 2－1）

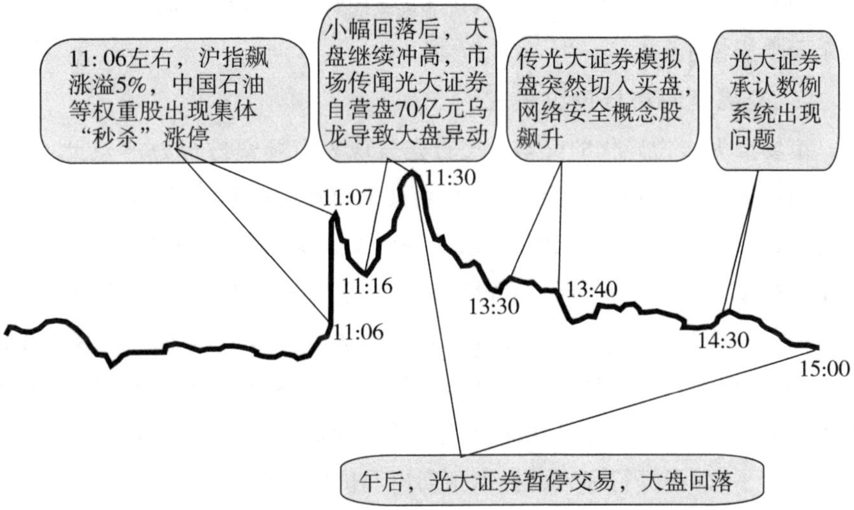

图 2－1　光大证券“8·16 乌龙指”事件中沪指波动

假定光大证券“8·16 乌龙指”事件为一次预谋的跨市场操纵，则该事件充分展现了通过控制股票市场价格波动，借助股票期现跨市场价格关联机制，间接控制期指市场价格涨跌的跨市场操纵策略。其一，操纵者先在期指市场借助高杠杆建立沪深 300 期指合约的巨额多头仓位埋伏；其二，在股票市场大量分仓买入上证指数权重股，推升上证指数；其三，上证指数凭借其标尺指数地位牵引沪深 300 指数上涨，并借助股票期现跨市场价格关联机制推升期指价格；其四，利用期指市场的强流动性逐步减持沪深 300 期指合约，而后多翻空，建立沪深 300 期指合约空头仓位；其五，随着市场利好信息被证伪，市场情绪回落，投资者选择在“T＋1”日卖出股票，促使上证综指

① 参见邢精平：《跨市场操纵模式与监管》，科学出版社 2014 年版，第 118 页。

及沪深300指数回落,并通过跨市场价格关联机制带动期指价格随之下跌;其六,利用期指市场的强流动性平仓期指空头,再次获利。虽然在股票市场动用巨额资金入市冲击股价指数所造成的股价剧烈波动即刻便会被市场监管系统察觉,但充分利用市场信息不透明所造成的信息混沌时机制造、释放利好信息,诱使市场投资者入市交易,激发市场的"羊群效应",再重点利用指数权重股的指数杠杆效用,能以较少资金撬动指数徐徐上涨,动用资金量少,获利多,隐蔽性也强,在此过程中,市场投资者因股票市场和期指市场被双杀而损失惨重。

二、交易型跨市场操纵模式

市场操纵作为异化的交易形态首先表现为市场交易行为,[①]就此而言,所有市场操纵行为均具有交易性,必须借助市场交易行为实施。但就狭义而言,市场操纵的交易实施模式,或所谓的交易型操纵,是对特定一类操纵策略的抽象类型化,即仅通过商品交易(买卖)直接虚构市场供求关系以控制商品价格涨跌波动。"交易型操纵是指行为人通过进行金融商品交易的方式,人为控制金融商品交易价格、交易量,在资本市场中形成虚假的或者人为的金融商品供求关系,从而导致相关金融商品交易价格维持在行为人控制的水平,即根据行为人的操纵预期出现价格上涨、下跌或者固定在一个价格位置。"[②]与传统的单市场交易型操纵不同,跨市场交易型操纵需要借助股票期现市场之间的跨市场价格关联机制实施,而股票期现跨市场价格关联机制是通过股价指数联结,故而股价指数的可操纵性对交易型跨市场操纵实施的意义重大。

(一)股价指数的可操纵性

自1896年道琼斯工业平均指数(Dow Jones Industrial Average,DJIA)发布以来,股价指数已历经百余年,在以有效市场理论为基础的被动式投资策略推动下,从最初只具有价格标尺(benchmark index)功能的价格指数逐渐形成了包括规模指数、行业指数、风格指数、主题指数、策略指数等规模宏大

---

① 陈煜:《证券期货市场交易型操纵行为主观认定问题探讨——以非市场化交易手段为视角》,载《证券市场导报》2017年第8期。

② 谢杰:《操纵资本市场犯罪刑法规制研究》,上海人民出版社2013年版,第28页。

的指数体系。[1] 我国股票市场规模的迅猛扩张推动股价指数体系快速发展，目前，以上证指数体系、[2]深证指数体系、[3]中证指数体系[4]为支柱，以上证综指、深证成指、沪深300指数为核心的股价指数体系已然成型。其中，上证综指作为我国首个股价指数涵盖上海证券交易所全部上市交易股票，反映沪市总体行情，由于沪市股票市值占我国股市总市值的比例超2/3，上证综指已成为我国资本市场最重要的标尺性指数；深证成指反映深市交易行情，成为与上证综指对应的深市标尺指数；沪深300指数是由中证指数有限公司编制发布的跨市场指数，[5]反映沪深两市行情，并为指数化投资及指数衍生产品创新提供基础服务且成功实现产品化，沪深300期指合约推出后，沪深300指数的影响力明显提升，逐渐承担起我国资本市场标尺性指数的职责。

股价指数的计算需样本股、样本股价格、股本及计算方式等基本要素，其中，样本股价格、股本和计算方式均具有极高的确定性，样本股的选择便成为决定股价指数是否具有可操纵性及其程度的关键。

---

① 标尺功能是股价指数最基本的功能，在刻画市场即时涨跌的同时又记录市场的发展轨迹，在反映股市所代表的虚拟经济走势的同时又展现实体经济的发展状况，具有广泛的社会认可度和深厚的历史积淀，如美国的道琼斯工业指数、标准普尔500指数及纳斯达克100指数，法国40指数、德国30指数、英国FTSE100指数等也是一国(地区)重要的金融文化符号，有极高的市场认知度与认同感，关注标尺指数已经成为投资者的投资习惯和心理纽带。

② 上证指数体系由上海证券交易所编制发布，包括综合指数类和成份指数类。在综合指数类中，一是覆盖上海证券交易所全部股票的上证综指，二是覆盖已完成股权分置改革的上海证券交易所股票的新上证综指，以及A股指数、B股指数和工业指数、商业指数、地产指数、公用事业指数、综合指数、中型综指、上证流通指数等细化专业指数；在成份指数类中，一是以规模、流动性和行业等指标选取180只样本股票的上证180指数，二是侧重反映沪市中小盘股票行情的上证380指数，三是综合反映沪市最具影响力的龙头股行情的上证50指数。

③ 深证指数体系由深圳证券交易所编制发布，包括综合指数类和成份指数类。在综合指数类中，主要是以深圳证券交易所主板、中小板、创业板上市的全部股票为样本的深证综指，以及深证A股指数、深证B股指数、中小板综合指数、创业板综合指数以及行业分类指数等。在成份指数类中，一是以深圳证券交易所40家代表性公司股票为样本的深证成指，二是选取深圳证券交易所100只A股为样本的深证100指数。

④ 中证指数体系由中证指数有限公司编制发布，其最核心的是跨市场涵盖沪深两市300只股票的沪深300指数，此外还有关注大盘的中证100指数、关注中盘的中证200指数、关注小盘的中证500指数，以及关注中小盘的中证700指数和关注大中小盘的中证800指数等。

⑤ 中证指数有限公司成立于2005年8月25日，是由上海证券交易所和深圳证券交易所共同出资发起设立的一家专业从事证券指数及指数衍生产品开发服务的公司。

首先,样本股的数量以及覆盖市值与股价指数的可操纵性成负向关联关系。样本股越多,覆盖市值的比例越大,指数的抗操纵性越强。域外成熟市场的股指一般以市值规模选取样本股,并根据以总股本计算的总市值来分配样本股的权值,无疑增强了股价指数的抗操纵性。相比之下,我国在股权分置改革前采用流通股本加权来计算股价指数,股权改革虽然消除了非流通股,但股票市场中的国有股、国家法人股、战略投资者持股以及家族持股、质押股等仍然存在一定的流通限制,致使以总市值加权方式来计算的股价指数存在明显的不合理性,[①]总市值加权指数和自由流通市值加权指数之间的巨大差异,造成单一的权重股价格对股价指数具有明显的杠杆效应。例如,中石油股价波动实际仅反映其占总股本比重极少的自由流通股的价格变化,但上证综指却将万余亿元的中石油总股本纳入指数计算,若以总市值比自由流通市值计算,中石油股价的指数杠杆高达46倍,中国银行为30倍杠杆,工商银行为16倍杠杆,农业银行为12倍杠杆,[②]单一权重股价格对股价指数的杠杆效应为跨市场操纵提供了极为便利的条件。[③]

其次,股价指数的集中度与股价指数的可操纵性成正向关联关系。股价指数集中度越高,个股价格对股价指数的杠杆效应越强,指数的抗操纵性越弱。股价指数集中度又可分为权重股集中度和行业股集中度,就权重股集中度而言,目前,上证综指前十大权重股占比超一半,意味着指数涨跌过半因素由10只股票的价格涨跌决定,这无疑有利于控制指数波动。相比之下,沪深300指数的权重相对分散。截至2017年年底,沪深300指数前十大权重股合计比值约30%,[④]其抗操纵性相对较强;就行业股集中度而言,行业股因受相同的外部环境影响而具有同周期性,形成同频涨跌的联动效应,目前,上证综指集中于金融地产股和能源股,二者合计比例约50%。其

---

① 国际通行股价指数计算方式或是分级靠档计算权重,或是依实际的自由流通市值加权,目前,上证指数体系和中证指数体系采用前者,如股票自由流通市值比例为35%,处于30%~40%区间,则按总股本40%计算加权;深证指数体系则采用后者,如股票自由流通市值比例为31%,就按全部股本市值的31%来计算加权。

② 邢精平:《跨市场操纵模式与监管》,科学出版社2014年版,第125页。

③ 孙秀琳、宋军:《基于权重股的股指期货操纵模式研究——2007-2008交易数据的实证检验》,载《世界经济情况》2009年第1期。

④ 具体数据由中证指数有限公司官网发布。

中,金融地产板块包括银行、综合金融(证券、保险及信托等)和房地产行业,银行业是上证综指第一大权重股板块,在指数涨跌过程中具有重要作用,涨跌贡献率甚至会超过 50%。[①] 然而我国银行业盈利模式较为单一,过于依赖利差,致使股价对信贷、利率等政策的敏感性极强,受自身经营影响则相对较弱,故而银行板块同频涨跌的联动效应亦十分明显。抓住有利时机拉升或打压特定银行股,带动银行板块涨跌,便可迅速影响上证综指的涨跌。而上证综指作为影响股市情绪、引领市场节奏、带动市场趋势的风向标指数一直受投资者的高度认同与关注,加之上证综指与沪深 300 指数等期指标的指数不仅具有较高的样本股和板块重叠率(沪深 300 指数的金融地产股和能源原材料股合计占比亦接近 50%),更处于基本相同的市场氛围,具有明显的相互引导联动效应,其最终能通过"个股股价—板块股价—上证综指—期指合约标的指数"这一绵长的操纵联动链条间接控制期指合约价格的涨跌。

最后,成份股的流动性与股价指数的可操纵性成负向关联关系。成份股的流动性越高,越能迅速吸纳大额交易,降低交易量对股价的冲击以及股价对交易量的敏感度,赋予指数更好的平缓性和抗操纵性。但我国股权分置改革只实现了名义上的全流通,还有相当比例的国有股、国家法人股、战略投资者持股以及家族持股、质押股等存在因流通限制而产生的"假性流动"问题,所形成的只有名义广度而缺乏实质深度的浅碟市场难以充分吸纳交易量对股价的冲击,并迅速将冲击反映在指数涨跌上。如我国 A 股市场中的中石油、中石化与上证综指之间存在同频涨跌的"两桶油效应":一是同属能源板块的中石油和中石化之间具有明显的同频涨跌效应;二是两股合计占上证综指权重比近 20%,上证综指超过 1/6 的涨跌因素由两家股价的涨跌决定;三是中石油极低的实际流通股比例严重抑制了股票的市场流动性,致使股价对交易量的敏感度较高,交易量对股价及股价指数的冲击效应明显,便于控制指数的涨跌。(参见表 2-1)

---

① 孙树冠:《沪指大涨 1.29%　创近 5 个月纪录,银行股贡献度就占 58%》,载证券时报网,https://baijiahao.baidu.com/s? id = 1590390090183813039&wfr = spider&for = pc,最后访问日期:2018 年 6 月 18 日。

表 2-1 2018 年 1 月 23 日沪深两市股指贡献排名

沪市今日对股指贡献最大的 20 股				深市今日对股指贡献最大的 20 股			
股票代码	公司简称	贡献点数	涨幅/%	股票代码	公司简称	贡献点数	涨幅/%
601398	工商银行	8.6	4.46	000002	万科 A	14.18	3.67
601988	中国银行	5.88	6.36	002027	分众传媒	5.67	6.92
601857	中国石油	3.87	2.68	002415	海康威视	4.83	1.56
601288	农业银行	3.52	2.75	000732	泰禾集团	4.82	10
600036	招商银行	1.99	2.93	000333	美的集团	4.39	1.12
601818	光大银行	1.27	7.14	002142	宁波银行	3.85	4.29
600028	中国石化	1.24	1.88	000001	平安银行	3.58	1.45
601328	交通银行	1.21	4.65	002146	荣盛发展	3.37	6.79
601766	中国中车	1.09	3.73	002304	洋河股份	2.97	1.78
601998	中信银行	0.88	3.65	000671	阳光城	2.88	9.98
600016	民生银行	0.88	3.36	001979	招商蛇口	2.45	5.25
601088	中国神华	0.87	2.17	000960	锡业股份	1.73	10.04
601166	兴业银行	0.79	2.12	300498	温氏股份	1.57	1.64
601939	建设银行	0.72	8.28	002572	索菲亚	1.29	5.61
600340	华夏幸福	0.59	4.77	000425	徐工机械	1.27	3.91
601155	新城控股	0.52	6.28	000776	广发证券	1.25	1.11
601012	隆基股份	0.45	6.31	000651	格力电器	1.14	0.34
601212	白银有色	0.45	10.06	000961	中南建设	1.04	3.69
600009	上海机场	0.41	4.7	000786	北新建材	1	3
600015	华夏银行	0.41	3.31	000069	华侨城 A	0.99	1.57

资料来源:孙树冠:《沪指大涨 1.29% 创近 5 个月纪录,银行股贡献度就占 58%》,载证券时报网,https://baijiahao.baidu.com/s?id=1590390090183813039&wfr=spider&for=pc,最后访问日期:2018 年 6 月 18 日。

(二)交易型跨市场操纵的内在机理

交易型跨市场操纵的实施策略借鉴了股票市场中更早出现的题材股操

纵策略。题材股具有明显的同频涨跌的板块联动效应,[①]但同一题材板块中存在小盘股和大盘股的差异。小盘股的流通股本较小,拉升和压低股价所需的资金较少,操纵成本较低,易于吸引市场关注,便于实施价格控制,然而小盘股的市场流动性较低,不利于顺畅平仓获利后离场。比较而言,大盘股的流动性较好,有利于顺畅清仓获利后离场,但大盘股的流通股本较大,拉升或压低股价所需的资金较多,控制价格涨跌的成本较高。利用题材板块中小盘股和大盘股的各自的优势,操纵者推出极具创意的关联操纵策略,具体而言,先在题材板块中选择大盘股建仓埋伏,然后迅速拉升该题材板块中的小盘"龙头"股至涨停,借助比价效应和"羊群效应"吸引市场关注,吸引投资者迅速涌向同一题材板块中的大盘股,间接推升大盘股价格,最后平仓大盘股以实现盈利。这种通过控制小盘股价格间接影响大盘股价格的关联式操纵策略,一方面使操纵者以较少资金推升小盘股价,利用板块同频涨跌的联动效应间接拉升大盘股价,有效降低了操纵的成本;另一方面,题材股操纵由小盘股的价格控制行为和大盘股的价格清仓获利行为构成,操纵行为借助题材板块的同频涨跌联动机制实现了交易对象上的分离,增强了操纵的隐蔽性。但题材股的联动操纵仍然局限于单一市场内,仍属于传统单市场操纵的高级形态。

进入金融衍生品时代,资本市场之间开始相互融通,操纵者借鉴题材股的联动操纵策略,在股票市场或期指市场实施价格控制行为,借助股票期现市场间的"期指合约价格—股价指数—成份股价格"关联渠道间接控制期指市场或股票市场价格,不仅能显著降低操纵成本,放大操纵收益,更通过操纵行为的市场空间分离来提升操纵的隐蔽性。就我国股市而言,部分特定的行业板块股,特别是作为最主要股价指数权重板块的银行板块股对市场交易量敏感性极高。如 2013 年 12 月 20 日临近收盘时,沪市银行股突遭大单砸盘,中信银行和建设银行股价在收盘前 3 分钟大幅"跳水",甚至一度被打至跌停,收市时,建设银行股价下跌 6.16%,中信银行股价下跌 8.67%,农业银

---

① 所谓的题材股就是有炒作题材的股票,通常指由于一些突发事件、重大事件或特有现象而使部分个股产生共同特征,形成"题材",如雄安新区概念股、自贸区概念股、共享经济概念股、物联网概念股等,这些题材可供炒作者借题发挥,引起资本市场跟风入市,便于实施操纵行为。

行、中国银行、招商银行、兴业银行等关联股票价格也出现了约3%的跌幅。特别让人惊讶的是,在此次银行股尾盘跌停事件中,万亿元规模的建设银行股被一笔800万元的卖单瞬间从4.13元砸至3.8元至跌停。虽然事后调查发现,银行股尾盘跌停事件并非市场操纵所致,而是境外股价指数机构调整指数样本股造成个别合格境外投资者相应进行调仓以跟踪指数的结果,但此事件充分警示我国银行板块股的低流动性致使股价对交易量的冲击极为敏感,从而便于价格控制行为的实施。

利用我国股票市场中样本股数量及覆盖市值、股价指数集中度以及个股流动性等方面存在的欠缺,先在期指市场建仓埋伏,而后拉升或打压股价指数权重板块中流动性较差的个股,借助板块同频涨跌的联动机制推升或压低板块股价,控制指数涨跌,进而通过股票期现跨市场价格联动渠道间接控制期指合约价格,便可实现跨市场操纵。如银行板块是沪深300指数最大的权重板块,操纵者无须买入全部银行股,只需利用银行板块同频涨跌的联动效应,抓住市场有利之机选择流动性较差的权重股,集中资金入市拉升股价,吸引市场关注,形成市场热点题材。板块的比价效应必将吸引市场资金迅速涌向尚未上涨或上涨幅度较低的板块其他银行股,推动整个板块股价上涨,带动股指上涨,进而借助股票期现的跨市场价格联动机制间接牵引期指合约价格随之上涨,最终实现控制期指市场价格以获利的目的。

(三)交易型跨市场操纵的实施策略之一:操纵指数权重股

跨市场操纵并未改变主动控制价格波动以获利的操纵机理,但却利用跨市场价格关联机制拓展了操纵行为的实施空间,形成了迥异于传统单市场操纵的实施策略。有学者将我国跨市场操纵的实施策略归纳为上证指数风向标效应策略、权重股效应策略以及涨停板效应策略,如图2-2所示。①

---

① 周伍阳、李攀艺:《中国股指期货市场交易型操纵的实现路径研究——以银行股为例》,载《浙江金融》2013年第4期。

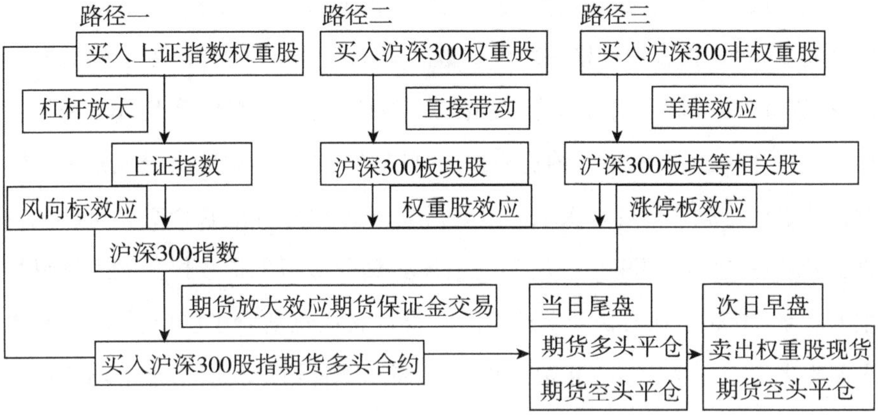

图2-2　我国交易型跨市场操纵实施策略图之一

或是抽象为指数杠杆放大策略和指数直接拉动策略，如图2-3所示。[①]

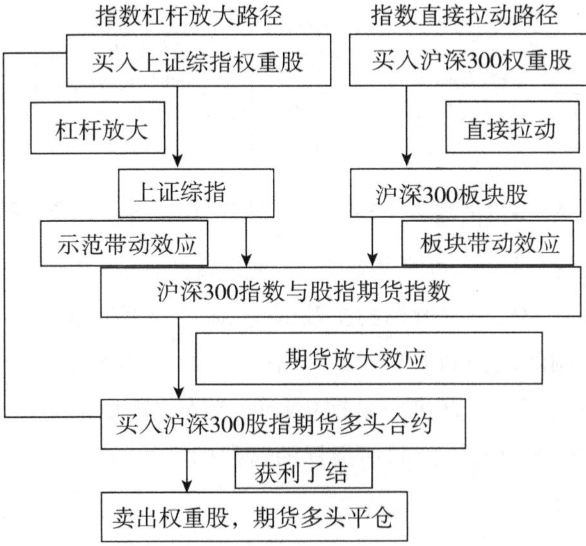

图2-3　我国交易型跨市场操纵实施策略图之二

或是抽象为直接操纵股指期货标的指数的直接操纵策略和通过操纵上

① 周伍阳:《中国证券市场结构与股指期货操纵路径识别研究》,载《征信》2014年第4期。

证指数间接实现对股指期货标的指数操纵的间接操纵策略。① 借助股票期现市场之间“期指合约价格—股价指数—成份股价格”的跨市场价格关联渠道，操纵者可以利用权重股对指数的杠杆效应，通过控制权重股价格来控制指数涨跌，间接影响期指合约价格波动，典型如 1998 年香港金融风暴中国际游资通过沽空股票市场来操纵恒生期指案、②2001 年香港联合交易所的机构投资者通过沽空中国联通 H 股和中国移动 H 股等恒生指数权重股来操纵恒生期指案、2003 年香港联合交易所国际投资者通过沽空中国电信 H 股来操纵摩根大通中国企业自由指数期货案等，③操纵者均是利用期指市场的低成本、高杠杆、强流动等优势，通过操纵期指标的指数权重股来控制指数涨跌，进而借助股票期现市场间的跨市场价格关联机制间接控制期指合约价格，具体实施如图 2 – 4 所示策略。④

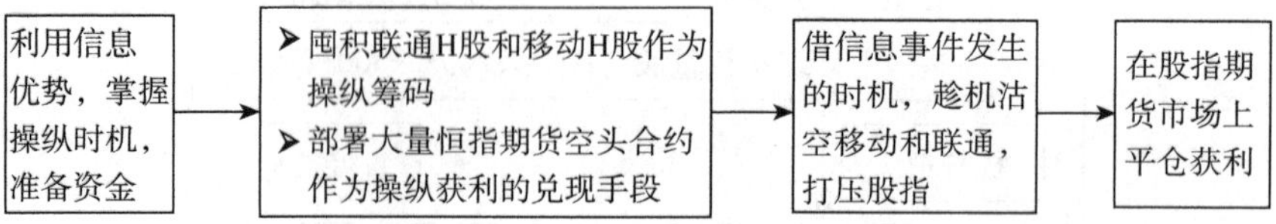

图 2 – 4　通过沽空恒指主要成份股来操纵恒生股指期货的图示

除此之外，操纵者还可利用期指市场的高杠杆、低成本、强流动优势，通过操纵期指合约价格影响标的指数涨跌，通过股票期现市场之间的跨市场价格关联机制间接控制股票市场价格。其中，就操纵指数权重股而言，具体的操纵策略可分为直接操纵期指标的指数权重股的直接模式和通过操纵上证指数权重股间接控制期指标的指数的间接模式，⑤前者更具效果，后者则更为隐蔽。

---

① 石晓波、周奋：《中国股指期货市场与股票市场的跨市操纵与监管》，载《当代经济研究》2015 年第 2 期。

② 参见邢精平：《跨市场操纵模式与监管》，科学出版社 2014 年版，第 106 ~ 111 页。

③ 郎咸平等：《操纵》，东方出版社 2010 年版，第 22 ~ 25 页。

④ 张维等：《从波动性和流动性判别股指期货跨市场价格操纵行为》，载《管理评论》2011 年第 7 期。

⑤ 参见石晓波、周奋：《中国股指期货市场与股票市场的跨市操纵与监管》，载《当代经济研究》2015 年第 2 期。

第一,操纵标的指数权重股的直接模式。所谓操纵标的指数权重股的直接模式,是指通过控制沪深300、中证500、上证50等期指合约标的指数的权重股价格涨跌,直接控制沪深300指数等标的指数涨跌,进而通过股票期现市场之间的跨市场价格关联机制间接影响沪深300等期指合约价格波动的交易型跨市场操纵模式,其具体实施策略还可进一步细分为做多操纵模式和做空操纵模式两种。

就做多操纵模式而言,操纵者先在期指市场对沪深300、中证500、上证50等期指合约建立多头仓位埋伏,而后在股票市场分仓大量购入沪深300指数、中证500指数、上证50指数等标的指数的权重股,借助权重股的杠杆效应带动沪深300指数等标的指数上涨,借助股票期现的跨市场价格联动机制推升沪深300等期指合约价格,随后通过在期指市场多头平仓获利。此后再反向操作,对沪深300等期指合约建立空头仓位埋伏,而后在股票市场分仓卖出所购入的标的指数权重股,带动标的指数下跌,借助股票期现的跨市场价格联动机制压低期指合约价格,最后通过在期指市场空头平仓获利。

就做空操纵模式而言,操纵者先在期指市场对沪深300、中证500、上证50等期指合约建立空头仓位埋伏,而后在股票市场分仓融券卖出沪深300指数、中证500指数、上证50指数等标的指数的权重股,借助权重股的杠杆效应带动沪深300指数等标的指数下跌,借助股票期现的跨市场价格联动机制压低沪深300等期指合约价格,随后通过在期指市场空头平仓获利;此后再反向操作,对沪深300等期指合约建立多头仓位埋伏,而后在股票市场分仓回购融券卖出的标的指数权重股,带动标的指数上涨,借助股票期现的跨市场联动机制推升期指合约价格,最后通过在期指市场多头平仓获利。具体的操纵策略实施流程见图2-5。

由于期指合约标的指数的编制各有侧重,直接操纵标的指数权重股的成本亦有差别。沪深300指数的权重分配均匀分散,中国平安作为其最大的权重股占比仅约为4%,前五大权重股占比约为14.01%,前十大权重股占比约为21.37%,[①]可见,权重股对沪深300指数的杠杆效应有限。此外,沪深300

① 周松林:《沪深300指数今起调样》,载《中国证券报》2015年12月14日,第11版。

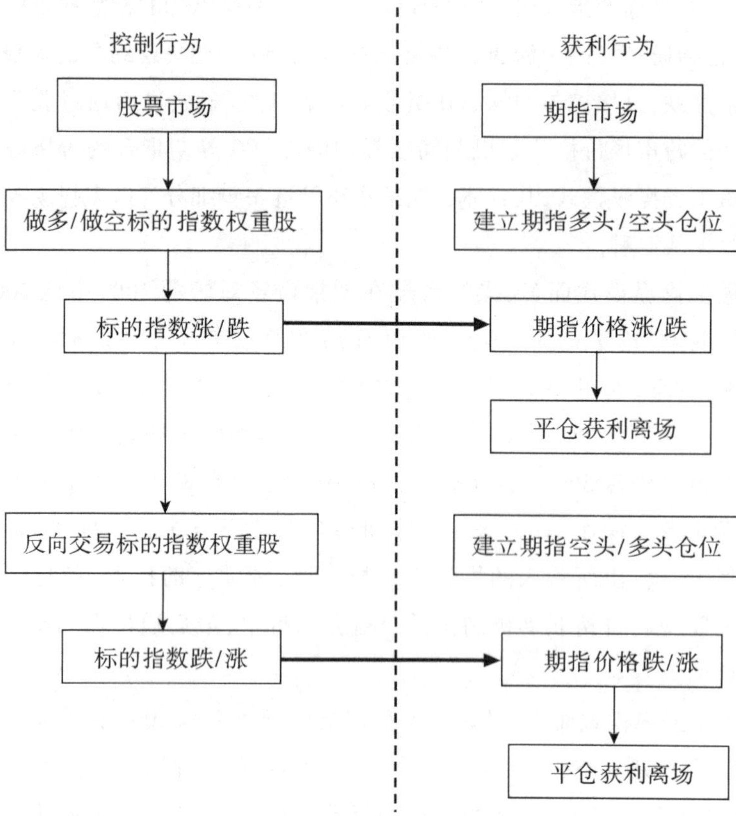

图 2－5　操纵标的指数权重股的直接模式

指数采用自由流通市值加权结算，个股权重与流动性匹配较佳，高权重股匹配大交易量所形成的良好流动性亦遏制了权重股对指数的杠杆效应，指数的抗操纵性较强。因此，通过操纵沪深300指数的权重股来实施跨市场操纵的成本高，风险大，收益低，可行性较差。上证50指数是在上证180指数样本股的基础上根据总市值、成交额等指标由排名前50的股票构成，涵盖上海证券交易所中规模较大、流动性较好的50只股票，工商银行作为上证50指数的最大权重股占比约为10.77%，中石油作为指数第二大权重股占比约为10.54%，前五大权重股合计占比约为40.21%，前十大权重股合计占比约为57.51%。[①] 由此可见，上证50指数的权重股集中度较高，权重股对指数的杠

① 上海证券交易所：《上证指数季报》（2016年7～9月）。

杆效应明显，指数的抗操纵性相对较差，操纵上证 50 指数权重股来撬动标的指数涨跌的可行性较大。但上证 50 指数成份股的样本规模分布重心偏高，截至 2016 年 9 月，在 50 只成份股中，市值 100 亿～500 亿元的有 4 只，500 亿～1000 亿元的有 16 只，1000 亿～5000 亿元的有 26 只，5000 亿元以上的有 4 只，最大的权重股工商银行总市值高达 11,943 亿元，[①]前五大权重股的总市值接近 4.5 万亿元，通过操纵上证 50 指数的权重股来实施跨市场操纵，所需资金量极大，操纵成本高，风险大，可行性较差。中证 500 指数反映了沪深两市中小市值股票的行情，[②]其成份股高达 500 只，天齐锂业作为指数最大的权重股占比仅为 0.62%，中天科技作为指数第二大权重股占比仅为 0.56%，前十大权重股合计占比仅约为 4.89%。[③] 可见中证 500 指数的权重股集中度低，分配相对分散，对指数的杠杆效应不明显，操纵权重股对指数涨跌的影响有限，指数的抗操纵性较强。但这并不意味着操纵中证 500 指数权重股实施跨市场操纵不具可行性，由于指数成份股市值较小，操纵所需的资金规模较小，操纵成本较低，风险较小。

中国金融期货交易所已经认识到直接操纵标的指数权重股模式的可能性和可行性，并努力增加标的指数成份股的数量并稀释个股权重，通过降低指数权重股的集中度来提升标的指数的抗操纵性，以此阻却跨市场操纵的实施。然而一味增加成份股数量或稀释个股权重以提升标的指数的抗操纵性将会弱化期指合约的风险对冲功能，标的指数的抗操纵性与期指合约的风险对冲功能的平衡决定了通过操纵指数权重股实施跨市场操纵的直接模式将长期存在，这需要学界和监管层予以关注。

第二，操纵标尺指数权重股的间接模式。所谓操纵标尺指数权重股的间接模式，是指通过控制上证综指等标尺指数的权重股价格涨跌来控制标尺指数波动，利用上证综指的“风向标”指引效应、指数权重股的高杠杆效应以及上证综指和标的指数之间的联动效应，间接牵引沪深 300 指数等标的指数的

① 上海证券交易所：《上证指数季报》（2016 年 7～9 月）。

② 中证 500 指数成份股选择标准为扣除沪深 300 指数样本股以及最近一年日均总市值排名前 300 名的股票，剩余股票再按照最近一年的日均成交额由高到低排名，剔除排名最后 20% 的股票，然后将剩余股票按照日均总市值由高到低进行排名，选取排名前 500 的股票为指数成份股。

③ 中证指数有限公司：《中证指数数据》（2016 年）。

涨跌,进而通过股票期现市场之间的跨市场价格关联机制间接影响沪深300等期指合约价格波动的交易型跨市场操纵模式。虽然上证综指与沪深300指数等标的指数的成份股及编制方法等存在差异,但上证综指极具影响力的标尺(基准)指数地位使其与沪深300指数等标的指数的波动走势呈现出很高的相关性和一致性,为间接操纵模式提供了实施空间。① 与操纵标的指数权重股的直接模式相比,操纵标尺指数权重股的间接模式不仅因延长了操纵的关联链条而具有隐蔽性,更是可以利用上证综指较弱的抗操纵性抵消了沪深300等标的指数较强的抗操纵性,即便沪深300指数等标的指数具有所谓的"不可操纵性",但基于其与上证综指之间的引领关系,同样会被操纵,②而新兴市场的先天结构缺陷也使这种操纵的可能性大大增加。③ 操纵标尺指数权重股的具体实施策略同样可细化为做多操纵模式和做空操纵模式。

就做多操纵而言,操纵者预先在期指市场对沪深300、中证500、上证50等期指合约建立多头仓位埋伏,而后在股票市场分仓大量购入上证综指的权重股,借助权重股的杠杆效应以及市场流动性的杠杆效应撬动上证综指,利用股市"羊群效应"推升上证综指,通过上证综指的"风向标"效应带动沪深300指数、中证500指数、上证50指数等标的指数上涨,再借助股票期现市场之间的跨市场价格联动机制推升沪深300等期指合约价格,随后通过在期指市场多头平仓获利。此后再进行反向操作,对沪深300等期指合约建立空头仓位埋伏,而后在股票市场分仓卖出所购入的权重股,带动上证综指以及关联标的指数下跌,借助股票期现市场之间的价格联动机制压低期指合约价格,最后通过在期指市场空头平仓获利。

就做空操纵而言,操纵者预先在期指市场对沪深300、中证500、上证50等期指合约建立空头仓位埋伏,而后在股票市场分仓大量融券卖出上证综指的权重股,借助权重股的杠杆效应和市场流动性的杠杆效应压低上证综指,

---

① 石晓波、周奋:《中国股指期货市场与股票市场的跨市操纵与监管》,载《当代经济研究》2015年第2期。

② 吴宏、裴斐:《我国股指期货风险的法律控制——从宏观控制角度》,载《政治与法律》2008年第5期。

③ 周伍阳、李攀艺:《基于高频数据的中国股指期货市场操纵模式识别研究》,载《金融理论与实践》2013年第5期。

利用股市"羊群效应"放大压低效果,通过上证综指的"风向标"效应带动沪深300指数、中证500指数、上证50指数等标的指数下跌,借助股票期现市场之间的跨市场价格联动机制牵引沪深300等期指合约价格下跌,随后通过在期指市场空头平仓获利。此后再反向操作,对沪深300等期指合约建立多头仓位埋伏,而后在股票市场分仓回购所卖出的权重股,带动上证综指以及关联标的指数上涨,借助股票期现市场之间的价格联动机制推升期指合约价格,最后通过在期指市场多头平仓获利。其具体的操纵策略实施流程见图2-6。

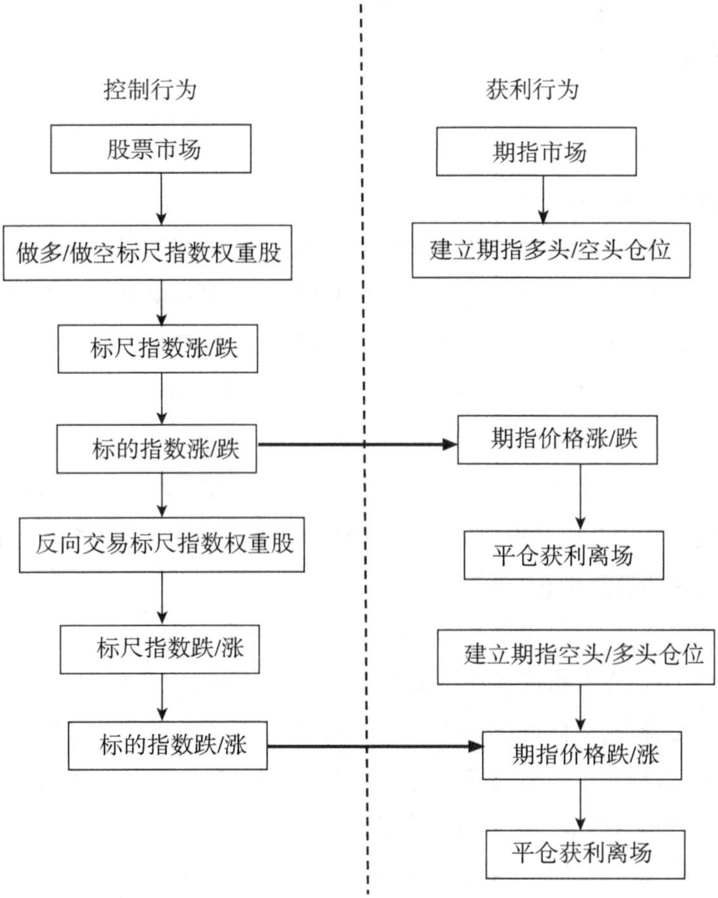

图2-6　操纵标尺指数权重股的间接路径

(四)交易型跨市场操纵的实施策略之二:操纵期指合约

借助股票期现市场之间"期指合约价格—股价指数—成份股价格"的跨

市场价格关联渠道,操纵者亦可利用期指市场的高杠杆、低成本、强流动等优势放大操纵行为对价格的冲击力,通过操纵期指合约价格控制标的指数涨跌,进而间接影响指数成份股价格。有学者认为,期指市场的交易压力通过标的指数传递,最终将被依照权重分散至指数成份股中,故而股票市场通常能借助市场流动性均匀承受期指市场传递的价格压力,不会突然出现结构性失衡。因此,“通过操纵期货市场来带动现货市场价格变动通常是比较困难的,也很少被精明的操纵者使用”。[①] 然而2015年股市震荡却表明只要能抓住市场“信息混沌”的敏感时机,我国股市因缺乏有效便捷的做空工具而产生的“追涨杀跌”投资策略可以瞬间消灭市场流动性,放大期指市场价格波动对股指成份股,特别是权重股价格的冲击力。因此,通过操纵期指合约价格间接控制股市价格仍具有较高的可行性,[②]其具体实施策略同样可分为做多操纵模式和做空操纵模式。

就做多操纵而言,操纵者预先在股票市场对标的指数或标尺指数的权重股建立多头仓位埋伏,而后在期指市场利用期指交易的高杠杆优势分仓大量购入期指合约,推升期指合约价格,借助股票期现跨市场价格联动机制带动标的指数以及标尺指数成份股价格上涨,随后通过在股票市场多头平仓获利。此后再反向操作,融券做空标的指数或标尺指数的权重股,而后将所购入的期指合约平仓,立刻压低期指合约价格,通过期现跨市场价格联动机制带动标的指数以及标尺指数的权重股价格下跌,最后通过在股票市场回购所卖出的成份股还券平仓获利。

就做空操纵而言,操纵者预先在股票市场融券做空标的指数或标尺指数的权重股,而后在期指市场利用期指交易的高杠杆和做空便利优势分仓,大量做空期指合约,压低期指合约价格,借助股票期现跨市场价格联动机制间接压低标的指数,牵引标的指数或标尺指数成份股价格下跌,随后通过在股票市场回购卖出的成份股还券平仓获利。此后再反向操作,在股票市场对标的指数或标尺指数的权重股建立多头仓位埋伏,后将所建立的期指合约空头仓位平仓,推升期指合约价格,借助股票期现跨市场价格联动机制带动标的

---

① 邢精平:《跨市场操纵模式与监管》,科学出版社2014年版,第136页。

② 杨松、石启龙:《“恶意做空”的生成逻辑与法律规制》,载《经济法研究》2017年第1期。

指数以及标尺指数的权重股价格上涨，最后通过在股票市场多头平仓获利。其具体的操纵策略实施流程见图2-7。

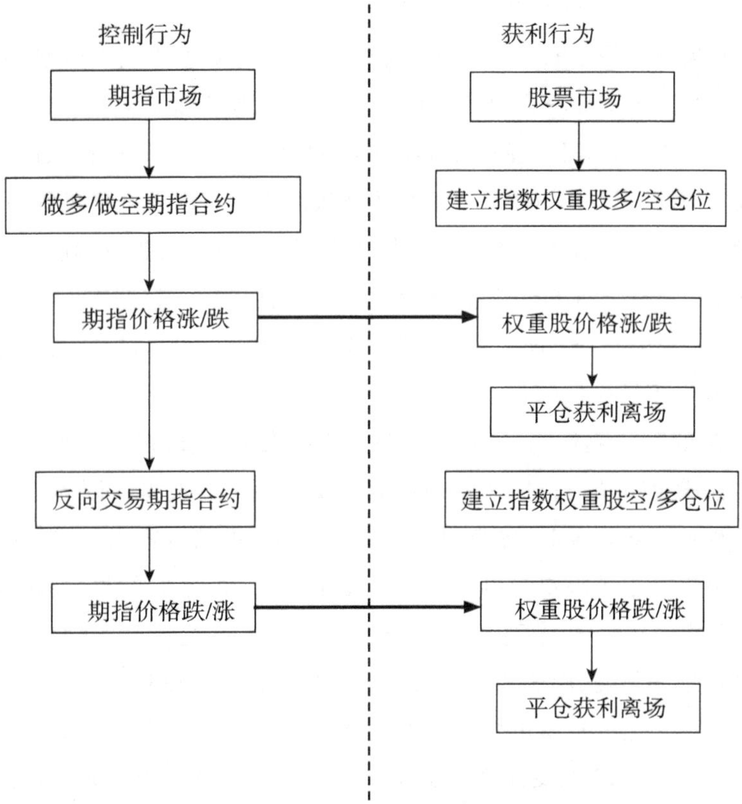

图2-7　操纵期指合约模式

三、信息型跨市场操纵模式

信息型操纵是独立于交易型操纵的一种操纵模式或类型，其不直接通过市场交易（买卖）行为虚构市场的供求关系以控制商品价格涨跌，而是以向市场制造、传播、释放相关信息来影响投资者的交易决策，引导市场资本的流向，以此虚构市场的供求关系，从而实现对商品价格的控制。但这并不意味着信息型操纵可以独立于交易行为，原因在于：一是信息型操纵需要借助交易行为完成建仓埋伏以及适时平仓获利；二是信息型操纵需要借助交易行为配合其制造、释放、传播信息的节奏和力度；三是“虚假交易行为本身就是一种释放虚假价格信号的重要路径，操纵者可以通过各种形式的虚假交易诱导市场中的资本资源配置或者投资者决策”。[①] 作为一种传统的操纵类型和实施策略,信息型操纵同样可以成为跨市场操纵的基本实施模式。

(一)资本市场的信息传递机制

信息失灵问题是市场失灵的表现和顽疾之一,资本市场因股票、期指等商品价格疏离于实物资产价值的虚拟性更是加剧了市场信息不对称、不充分、不准确、不适时等失灵问题,致使资本市场价格具有极高的信息依赖性和敏感度。因此,完善的资本市场信息传递机制决定了市场价格机制的有效、投资者交易的盈亏以及市场操纵行为的可行性,故而信息披露制度成为资本市场的重要支柱。自1720年英国“南海泡沫危机”后的《泡沫法案》至2001年美国“安然事件”后的《萨班斯-奥克斯利法案》,强制信息披露规则越发严格,[②]资本市场显性的正规信息传递机制已趋完备。但市场的正规信息传递机制亦存在缺陷:其一,基于信息披露的成本考量,正规信息传递机制只能确保满足市场信息传递顺畅的最低要求;其二,披露规则固有的滞后性难以满足市场更及时、更简明、更长远、更多元的信息需求;其三,强制性的信息披露基本被限定为由证券发行人、投资人、并购人等披露境内、近期、微观的公司经营信息,[③]但资本市场的商品价格同样受境外、远期和宏观等多维度信息的影响,而这些信息大都缺乏明确的信息来源和权威的发布主体。上述因素造成资本市场显性的正规信息传递机制难以满足市场多元的信息需求,信息供需之间的差距只能通过市场自发的隐性非正规信息传递机制予以弥补,这就为流言、传闻等非正规信息的制造、传播、散布提供了温床。

资本市场的非正规信息因传递机制缺乏显性规则保障而种类繁多,形式各异,真伪难辨。如在光大证券“8·16乌龙指”事件中,当股市指数被大额买单迅猛拉升后的几分钟内,市场接连出现交易所交易系统失灵、允许银行混业经营、优先股推出、“T+0”交易改革、中央汇金入市建仓等大量传闻,[④]

---

① 谢杰:《市场操纵犯罪的机理与规制:法律与金融分析》,华东政法大学2014年博士学位论文,第92页。

② 冯果主编:《证券法》,武汉大学出版社2014年版,第122页。

③ 参见陈界融:《证券发行法论》,高等教育出版社2008年版,第175~186页。

④ 李睿:《光大证券异常交易事件的刑法评析》,载《华东政法大学学报》2014年第5期。

造成市场信息浑浊不清。但也不能就此简单否定非正规信息的真实性和积极意义，在“8·16乌龙指”事件中就有传闻指出光大证券出现“乌龙指”，①而股权分置改革、优先股制度推出等信息亦历经传闻、否认直至最终被正规信息所证实的过程。非正规信息被正规信息验证的过程短则数分钟，长则耗时数天甚至数月，而资本市场的商品价格作为信息的实时变量要求投资者随时依据即时信息调整交易方向，一味消极等待正规信息证实极可能错过获利或减损的最佳时机。

资本市场价格的驱动力源于投资者交易方向变化所导致的供需关系变化，交易方向的变化取决于投资者的交易决策，而交易决策则取决于投资者受市场信息的影响程度以及时机，根据彼时信息作出的交易决策可能会在新信息出现后而不合时宜。市场信息影响交易决策，交易决策改变交易方向，进而影响市场供求关系，形成新的均衡价格。可见，资本市场信息通过影响投资者交易决策的方式来驱动市场价格波动，信息驱动交易，交易产生盈亏。在当前的程序化高频交易技术逐渐普及的市场环境下，流言、传闻等非正规信息只需数分钟便可瓦解投资者的信心，制造市场恐慌，引发价格崩盘。其后，即便非正规信息被正规信息传递机制所证伪，但投资者信心的恢复、市场情绪的平复、市场价值的回归均需要较长时间，即便质疑非正规信息真实性的投资者最后被证实为判断正确也难免有所损失。可见，资本市场投资者的目的绝非辨别信息真伪，而是利用信息获利，相比信息的真实性，投资者更关注信息的时效性以及其将如何影响其他投资者，甚至利用非正规信息真伪莫辨的混沌性浑水摸鱼。因此，即便非正规信息真伪莫辨，也从不缺乏追随者。

此外，非正规信息还具有自我强化和自我实现的特点，能够借助信息传播中的“溢出效应”来证实自身所谓的“真实性”，特别是非正规信息中的“逆稳定信息”因超出市场预期会迅速吸引市场的关注，②促使部分信息高敏感

---

① 李西臣：《错单交易信息何以成为内幕信息？——析证监会处罚光大证券“乌龙指”案》，载《兰州学刊》2016年第5期。

② 资本市场信息依据其对市场的影响程度可分为“正稳定信息”和“逆稳定信息”，前者意指符合市场正常预期而不会吸引市场关注，亦不会明显影响市场价格的信息，后者意指超出市场正常预期而迅速吸引市场关注的信息，极易造成“一石激起千层浪”的市场恐慌，促使投资者调整交易方向，故会显著影响市场价格。

的投资者立即调整交易决策,改变交易方向,引发股价涨跌,影响股指波动趋势。股指波动又会吸引更多投资者关注并调整交易决策和方向,进一步放大股价及指数的涨跌幅度,吸引更多投资者的关注……如此循环反复直至证成信息的“真实性”。因此,股市价格和股价指数对真伪莫辨的非正规信息,尤其是逆稳定信息,具有极高的敏感性,而期指市场的低成本、高杠杆、强流动等特质使其价格对逆稳定信息的敏感度更高,反应更为迅捷猛烈,这为操纵者抓住市场信息混沌的时机顺势制造、传播、释放逆稳定流言、传闻等信息,牵引市场价格走向提供了可乘之机。

在传统媒体时代,报纸、广播、电视等媒介垄断了资本市场的信息传递渠道,投资者只能作为单纯被动的信息接受者和消费者。进入新媒体时代,网络信息技术打破了传统传媒的信息垄断,基于移动数据终端的自媒体平台极大降低了信息传递的门槛和成本,资本市场的信息传递越发开放、及时、便捷,并逐渐进化为具有信息表达、分享、参与、互动等全新功能的自媒体信息传递机制。投资者不再满足于仅作为市场信息消极的接受者和消费者,而是追求成为更主动、更积极的市场信息制造者和发布者,这种变化一方面提升了市场信息的传播速率和覆盖范围,海量信息迅速渗透至市场的每个角落;另一方面也降低了市场信息的真实性,以至于真实的核心信息往往被湮没于真伪难辨的非正规信息中,降低信息披露制度的有效性。① 而时间、精力及专业等方面的限制使投资者愈加依赖专业性的分析和解读,市场信息逐渐被分析解读为同质化、单向化的利好或利空信息,造成投资者或一拥而上,趋之若鹜,或如惊弓之鸟,唯恐避之不及,放大了市场的“羊群效应”,越发有利于市场操纵行为的实施。

(二)信息型跨市场操纵的内在机理

信息型跨市场操纵同样是利用股票期现市场之间“成份股价格—股价指数—期指合约价格”的跨市场价格关联机制,在股票市场或期指市场分别实施价格控制行为和清仓获利行为,这点与交易型跨市场操纵并无不同,二者的差异在于控制价格的方式不同。具体而言,信息型跨市场操纵是利用市场

① 武俊桥:《论证券信息披露简明性规则——以网络时代为背景》,载《证券市场导报》2011 年第 11 期。

信息混沌不清之机适时制造、传播、释放流言、传闻等非正规信息，再配合以相应交易行为，诱使投资者接受传闻，变更交易决策，改变交易方向，重构市场的供求关系，驱动资产价格波动，印证传闻的真实性，吸引更多投资者接受信息，变更交易决策，改变交易方向……在这一过程中，流言、传闻等非正规信息在与交易的互动中实现了自我证实，放大了市场“羊群效应”，或是火上浇油，诱使投资者入市追涨，或是落井下石，推动投资者离场杀跌，在降低操纵成本的同时提升操纵收益。[①] 基于微观、中观、宏观等不同类型的非正规信息驱动市场价格的力度和方式存在差异，信息型跨市场操纵的内在机理亦不相同。

微观的非正规信息反映的是个别上市公司的经营状况，包括反映公司营收增长、资产重组等利好信息和反映公司产品、业绩、管理等存在问题的利空信息，前者对公司股价具有正向驱动效应，后者对公司股价则产生负向驱动效应。如 2012 年，网络出现中信证券海外投资巨亏的传闻，信息出现仅 15 分钟，中信证券股价便下跌 2.86%，当日下跌达 9.1%，即便中信证券于翌日发布了澄清公告，股价仍小幅下跌，直至证监会于数日后经调查宣布传闻信息不实，中信证券的股价跌幅累计已达 15.7%。[②] 曾经位列美国五大投行之一的贝尔斯登更是因为传言造成股价暴跌而破产。[③] 据此可知，操纵者可通过制造、释放上市公司，特别是权重股公司的流言、传闻以驱动权重股价格波动，进而控制股指波动，间接影响期指合约价格。

中观的非正规信息是反映具有局部地域、行业影响力的行业政策、区域政策、板块事件等信息。我国股价指数权重较大的金融、地产、能源等行业板块的政策敏感度极高，相互之间同频波动的关联效应明显，更是放大了行业政策传闻的价格驱动力。如“限制商业银行房地产贷款”的传闻曾屡屡造成

---

① 李广川、何基报：《股市交易中的群体行为发生机制探索、思考及建议——以新股上市首日股价大涨为例》，载《深圳证券交易所综合研究所研究简报》(2010 年)。

② 穆林娟、高文亭：《融券卖空机制下的虚假信息传播问题及防范——中信证券暴跌案例》，载《商业会计》2017 年第 2 期。

③ 时任贝尔斯登首席执行官艾伦·施瓦兹(Alan Schwartz)在美国国会听证会上表示是毫无根据的市场谣言致使市场和债权人对贝尔斯登丧失信心，造成贝尔斯登的破产，最终引发次贷危机。参见[美]安德鲁·罗斯·索尔金：《大而不倒》，巴曙松、陈剑译，中国人民大学出版社 2010 年版，第 162 ~ 165 页。

银行、地产板块处于跌幅榜前列,“取消房地产预售制”的传闻亦曾频频造成地产板块股价和指数暴跌。区域政策则催生出我国股市“炒地图”的投资策略,自贸区和雄安新区的设置都曾引发相关概念股的火爆行情,类似传闻亦不落空。而黑天鹅式板块事件传闻的价格驱动效应更为明显,曾经,“国家质量监督检验检疫总局在抽查贵州茅台、山东张裕、中粮长城和青岛啤酒中发现了致癌物质亚硝酸钠”的传闻迅速引发酒业板块暴跌 8.57%。虽然“国际板”的传闻一再被监管机构澄清,但仍屡屡造成市场对“抽血效应”的恐慌式下跌。据此,操纵者可通过制造、释放行业政策、区域政策、板块事件等流言、传闻,驱动相应板块股价波动,进而影响股价指数波动,间接控制期指合约价格,相比微观非正规信息,中观的非正规信息具有更直接、更广泛的市场影响力和更大的价格驱动力。

宏观的非正规信息反映的是具有全局影响力的经济决策、政治局势等信息,最典型莫过于长期困扰我国股市的“印花税效应”。2007 年的“5·30 印花税事件”导致上证综指单日暴跌 6.5%,并在随后 4 天累计跌幅达 15%。2008 年降低印花税的传闻又造成上证综指单日暴涨 9.29%,2010 年上调印花税的传闻再次导致上证综指失守 3000 点心理关口,深证成指更狂跌近千点,跌幅达 7%。而一些权威媒体或机构在市场敏感时期发布的市场预测或对国家宏观政策动向等方面的解读亦会造成股市的大幅波动。[①] 据此,操纵者可通过制造、释放宏观性的经济政策、政治局势等流言、传闻,驱动市场价格的整体性波动,进而影响股价指数波动,间接控制期指合约价格,相比于微观和中观的非正规信息,宏观的非正规信息具有最直接、最广泛的市场影响力和最大的价格驱动力,更容易引发市场整体性的价格巨幅波动。

(三)信息型跨市场操纵的实施策略

单市场信息型操纵的实施策略简单明确,操纵者先选定股票建仓埋伏,抓住市场信息混沌不清之机制造、传播、释放市场逆稳定信息,诱使投资者接受信息改变交易决策,变更交易方向,改变供求力量,驱动股价波动,待出现交易(买卖)价差后再反向交易,清仓获利。相对而言,跨市场信息型操纵的

---

① 如 2008 年,国家发改委研究人员在《人民日报》访谈中称要对“大小非”开征暴利税,致使上证综指当日下跌 3.01%,深证成指下跌 3.99%,沪深 300 指数下跌 3.45%。

交易策略需借助股票期现市场间“成份股价格—股价指数—期指合约价格”的跨市场价格关联机制实施，更具复杂性和隐蔽性。操纵者往往利用期指市场的高杠杆、低成本、强流动优势建仓埋伏，待市场出现信息混沌不清时趁机制造、传播、释放市场逆稳定信息，影响指数权重股价格和股价指数波动，借助跨市场价格关联机制间接影响期指市场价格，具体可分为唱多操纵模式和唱空操纵模式。

就唱多操纵模式而言，操纵者先在期指市场建立多头仓位埋伏，而后待市场出现信息混沌不清时再制造、释放市场利好传言，带动股价和指数上涨，借助股票期现跨市场价格关联机制拉升期指合约价格，然后通过在期指市场多头平仓获利。随后在期指市场空头开仓，待利好传言被正规信息证伪，股价回调及指数回落，并通过股票期现跨市场价格关联机制带动期指合约价格下跌后再通过空头平仓获利。就唱空操纵模式而言，操纵者先在期指市场建立空头仓位埋伏，而后待市场出现信息混沌不清时再制造、释放利空传言，打压股价和指数，借助股票期现跨市场价格关联机制压低期指合约价格，而后通过在期指市场空头平仓获利。随后在期指市场多头开仓，待利空传言被正规信息证伪，股价回调和指数回归，并借助股票期现跨市场价格关联渠道带动期指合约价格上涨后再通过多头平仓获利。

对投资者来说，未听信利好传言最多只是丧失了一次获利机会，而未听信利空传闻则会造成实际利益的损失，因此，相比于唱多操纵模式，唱空操纵模式更容易制造市场的恐慌情绪，产生更大的价格驱动力，引发更为剧烈的价格波动。例如，高盛银行于 2010 年向该行的投资群发布中国香港地区 H 股的利空信息并建议卖出，致使翌日香港恒生指数开盘大跌，全天下跌 477.72 点，跌幅达 1.93%，恒生国企指数跌幅达 3.02%。香港股市的下跌趋势迅速波及 A 股市场，上证综指午盘后跌破 3000 点关口，跌幅达 5.16%，深证成指下跌达 7%。[①] 利空信息所具有的强大价格驱动力决定了唱空操纵更具可行性和获利性，其具体实施策略又可进一步细化为指数权重股唱空操纵模式和宏观信息唱空操纵模式。

指数权重股唱空操纵模式借鉴了对个股杀伤力极大、屡屡造成个股价格

---

① 陶盈舟、叶青：《一份高盛报告引发的暴跌》，载《华夏时报》2010 年 11 月 13 日，第 1 版。

腰斩式暴跌的“浑水唱空”操纵模式。① 操纵者先在期指市场建立空头仓位埋伏，而后利用市场信息混沌不明时机制造、释放针对标的或标尺指数权重股的利空传闻，借助网络信息渠道扩大信息的影响范围，联合多家机构参与反复解读、评论来提升信息的冲击力，再利用所谓专家学者发表“独立第三方”意见增强信息的可信度，最后配合以相应的做空交易行为来印证传闻，吸引市场投资者关注，诱使投资者变更交易决策，调整交易方向，改变市场供求结构，打压权重股价格，利用权重股的杠杆效应带动指数下跌，借助股票期现跨市场价格联动机制压低期指合约价格，而后通过在期指市场多头平仓获利。其随后在期指市场空头开仓，待利空传闻被正规信息证伪，权重股价格回调以及股价指数回归，在带动期指合约价格上涨后再通过多头平仓获利。其具体的操纵策略实施流程见图 2－8。

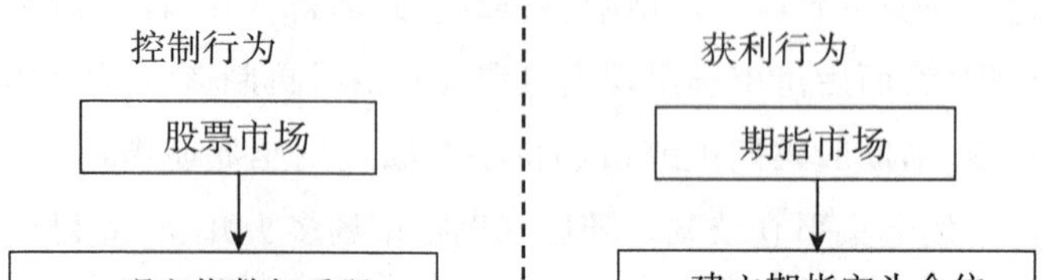

图 2－8 唱空指数权重股模式

① 对“浑水唱空”操纵模式的详细介绍，参见刘昕：《中国股票市场应引入“裸卖空”机制——对浑水公司“狙击”中国概念股的法律思考》，载《江苏社会科学》2013 年第 6 期。

指数权重股唱空操纵模式进化了所谓“抢帽子”的抢先交易操纵策略：一是将市场操纵的价格控制行为和清仓获利行为分置于股票市场和期指市场，提升了操纵行为的复杂性和隐蔽性，目前虽无查实并处罚的案例，但不排除系因操纵策略的复杂以及行为的隐蔽致使监管者未曾觉察的可能；二是期指市场便利的做空机制和高杠杆、低成本、强流动优势不仅便于操纵者实施清仓获利行为，更放大了唱空操纵的获利规模；三是降低了信息型操纵的门槛，打破了只有专业人员才能实施抢先交易的禁锢，且只需相对较少的启动资金便可实施借力打力、声东击西的跨市场信息型操纵。

我国股市鲜明的“政策市”特质使政治、经济等宏观政策信息具有更强烈、更持续、更广泛的价格驱动力，对资本市场的冲击力尤为剧烈。例如，曾经的“龚方雄千亿经济刺激方案”致使上证综指当日上涨 187.71 点，涨幅达 7.63%，沪深 300 指数上涨 184.4 点，涨幅达 7.85%。次日，因无任何官方信息确认“千亿经济刺激方案”，市场价格调整回落，上证综指当日下跌 3.63%。[①] 如果操纵者模仿此次市场股价指数涨跌过程，实施唱空操纵便可获巨额收益。对“大小非”开征暴利税的传闻亦曾使上证综指当日下跌 3.01%，期指标的指数跌幅达 3.45%。[②] 近年来，国际投行、评级机构、投资机构等屡屡被指相互配合“唱空”中国的资本市场，制造、传播、释放诸如投资过度、银行信贷膨胀、影子银行、地方债务、房地产泡沫以及虚假城镇化、贫富差距、腐败蔓延等一系列宏观层面的非正规信息，并通过西方媒体广泛宣传。[③] 一旦操纵者利用我国资本市场信息混沌不明的时机，集中释放宏观利空传闻唱空中国资本市场，引发市场恐慌，再配合以相应的做空交易来印证信息，就极易造成市场剧烈震荡，指数大跌，股票期现跨市场价格联动机制亦会牵引期指价格下跌。股市大跌又迫使投资者借助跨期现套保交易策略，做空期指合约以对冲股票下跌风险，而投机者则利用期指市场低成本、高杠杆、强流动的特质入市做空期指获利，致使期指价格被大幅压低，这又吸引大量跨市场套利者入场做多期指，做空股票进行套利，进一步压低股市价格，迫使

---

① 彭兴庭：《“龚方雄”事件的三个关键词》，载《检察风云》2008 年第 21 期。

② 邢精平：《跨市场操纵模式与监管》，科学出版社 2014 年版，第 174 页。

③ 谈佳隆：《外资集体做空中国被指早有预谋　香港成其大本营》，载《中国经济周刊》2013 年第 25 期。

投资者入市跨期现套保……这一负反馈循环效应最终造成股票市场和期指市场出现负反馈循环下跌的崩盘局面，操纵者则借此获得巨额收益。其具体的操纵策略实施流程见图2－9。

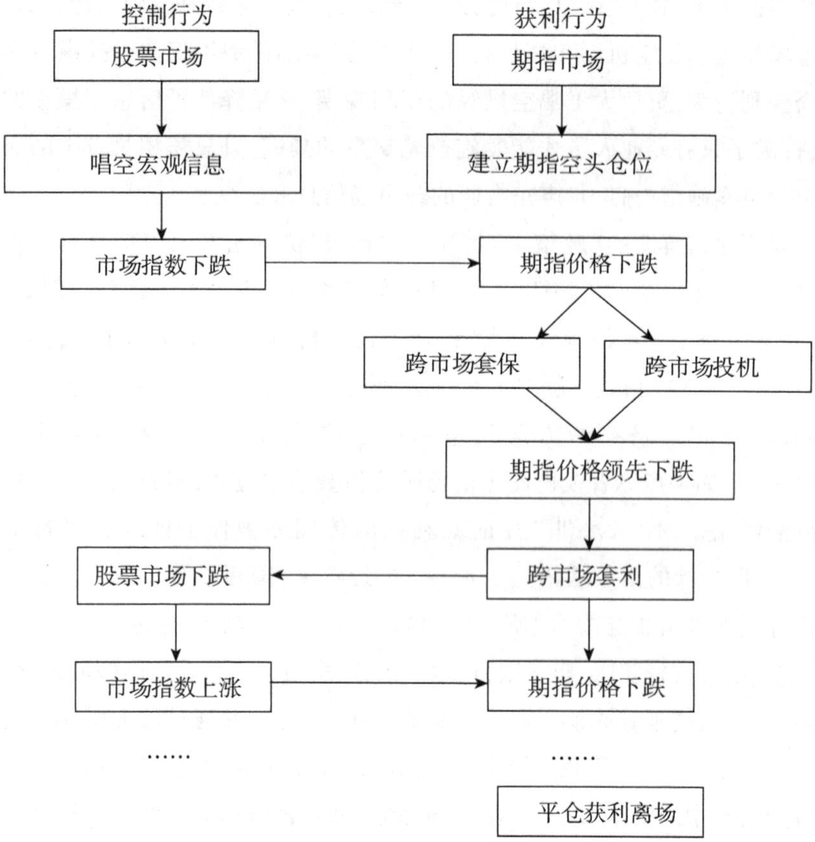

图2－9　宏观政策唱空模式

在2015年的股市震荡中，伊世顿公司等做空机构在期指市场做空IC1507等期指合约的同时，在场外积极利用多种信息渠道精心组织“唱空团”，编造、散布诸如银行坏账危机、地方债务危机、房地产危机、南海危机甚至执政危机等虚假消息，[①]甚至直接散布“今天是散户最后一次逃生机会”

① 董少鹏：《再问恶意做空股市的力量来自哪里》，载《证券日报》2015年7月14日，第1版。

"某月某日某时要全部清仓"等极具蛊惑效应的煽动信息，不遗余力地营造、渲染市场挤兑的恐慌气氛，诱导投资者竞相抛售离场，放大其场内做空效果，打压股市价格和股价指数，通过期现跨市场价格关联机制带动期指价格下跌，迫使股票投资者做空期指对冲风险。而由于期指市场对股票市场具有价格引领效应，吸引投机者入市做空期指获利，推动期指价格继续下跌，并借助跨市场套利力量将下跌趋势传递至股票市场，推动市场指数继续下跌，如此恶性循环最终酿成资本市场震荡。相比交易型操纵，唱空操纵所需资金规模显著降低，成本更低，隐蔽性更强，监管更为困难，对金融安全的威胁更大。

四、跨境型跨市场操纵模式

跨境型跨市场操纵并非与前述交易型和信息型跨市场操纵并列的抽象概念和实施策略，而是以二者为基础的更为"高级"的跨市场操纵实施模式。资本市场的交易结构形塑市场操纵的实施策略和表现形态，资本市场交易制度的持续演进则不断丰富市场操纵的内涵和外延。在全球经济一体化背景下，以资本全球自由流动、全球金融市场一体化以及金融机构国际化为基本展现的金融全球化是当今金融发展的总趋势。[①] 全球金融市场一体化进程逐渐贯通了资本市场跨境价格联动渠道，在提升金融资源全球配置效率的同时亦为跨市场操纵提供了跨境实施途径。"金融市场全球化和关联度的加剧为市场操纵提供了新机遇，金融衍生产品的发展使跨市场操纵的激励不断强化。操纵证券价格可在衍生品市场获取利润，甚至操纵以本国（地区）基础资产为基础的外国衍生品交易可以控制本国（地区）基础资产的价格，同时，跨市场操纵的监管将越发艰难，操纵衍生品或（及）其基础资产的行为可能发生在特定市场或司法区，而操纵者却在其他国家"[②]，其典型如"巴克莱公司 LIBOR 操纵案"。[③] 当前，外部激烈国际竞争的压力和内部深化改革的动力促使我国通过实施利率市场化、人民币国际化及沪港通、深港通的上线和沪伦通、国际版的酝酿等资本市场开放措施来积极回应金融全球一体化的挑

---

① 黄达编著：《金融学》，中国人民大学出版社 2012 年版，第 669 页。

② Technical Committee of the International Organization of Securities Commissions, *Investigating and Prosecuting Market Manipulation*, May 2000, http://www.iosco.org/library/pubdocs/pdf/IOSCOPD103.pdf.

③ 韩冰洁等：《巴克莱公司 LIBOR 虚报操纵案分析》，载《证券市场导报》2013 年第 3 期。

战,也意味着要应对市场操纵跨境实施的现实威胁。跨境市场操纵随金融全球一体化进程逐渐成为金融风险跨境溢出的重要源头,操纵行为所蕴含的价格波动风险沿资本市场跨境关联渠道传播、积累,最终衍生为全球金融市场风险,其破坏力对资本市场监管法律制度相对落后的新兴市场而言更为惊人。与此同时,市场操纵跨境实施的新动向与传统治理机制的地域化冲突加剧,由于跨境市场操纵超出传统监管的视域和主权管辖界限,单一主权监管者无力预防、发现和处置跨境市场操纵行为,而国际资本市场监管协作体系的薄弱亦为跨境市场操纵创造可能。①

(一)资本市场的国际一体化进程

始于20世纪70年代的全球经济一体化进程已成为不可阻挡的历史潮流。"我们所处的时代,变化速度之快前所未有,其中最惊人的变化也许是全世界正迅速成为一个统一的经济体,现在我们恐怕再也不能谈什么美国的经济了,因为它同其他国家的经济已经密不可分,今后也不会再有什么欧洲的经济、日本的经济或第三世界的经济"。② 全球经济一体化表现为世界范围内的各经济体之间越发紧密地相互依存,商品、服务、技术和资本等经济要素跨境流动逐渐频繁,各经济体逐渐被纳入全球经济体系结构中。其中,资本市场国际一体化是全球经济一体化的重要内容。通过资本市场的跨境交易渠道,较大经济体的货币、汇率、利率等金融政策的跨境溢出效应越发明显,主权国家的金融政策自主性被削弱,金融监管效率被抑制,面临着巨大挑战。

资本市场的国际一体化进程首先表现为资本在全球市场间的自由流动。激烈的国际竞争促使各国不断启动放松监管改革,资本在全球市场流动的制度屏障逐渐消解,发达的现代信息技术则打破了资本全球流动的时空屏障,借助现代信息技术和网络联结,世界资本市场已实现了信息全球实时传播,传统的市场交易方式逐渐被交易成本极低的网络交易取代,全球投资者无论身处何时、何地都可以借助信息网络突破时空限制来完成全球化交易,这不仅扩大了市场交易的规模,更提升了资本的流转速度。据统计,通过国际金

---

① 杨松等:《国际金融新秩序的法律问题》,法律出版社2014年版,第194~195页。

② [美]奈斯比特、阿伯丹:《2000年大趋势》,贾冠颜等译,中国人民大学出版社1991年版,第7页。

融网络游弋于国际资本市场的短期游资(refugee capital)已高达7.2万亿美元。[①] 资本在全球市场的自由流动使各经济体的资本市场联结越发紧密,在主要经济体资本市场之间已然显现出“一损俱损、一荣俱荣”的价格同频联动效应,在提升金融资源全球配置效率的同时亦加剧了资本市场价格的波动性。单一经济体的资本市场风险沿资本跨境价格联动机制迅速突破地域限制,开始跨境传递、释放,最终酿成极具破坏力的全球系统性金融风险。

资本在全球市场的自由流动推进资本市场的国际化进程,发达经济体的资本市场逐渐吸引了大量境外公司上市交易,如纽约证券交易所(New York Stock Exchange,NYSE)和伦敦证券交易所(London Stock Exchange,LSE)的境外上市公司占比均超过20%。[②] 新加坡国际金融交易所(Singapore International Monetary Exchange Ltd.,SIMEX)(以下简称新加坡交易所)的境外上市公司占比甚至超过40%。随着我国逐渐融入国际金融体系,我国公司“走出去”的步伐不断提速,境内公司赴境外上市的情形越发普遍,如中石油、中石化及工商银行等因同时在内地市场和香港联合交易所挂牌而形成独特的“A+H”股权结构,江西铜业、中国国航等因在上海证券交易所和伦敦证券交易所同时挂牌交易而形成“A+L”股权结构,青岛啤酒、上海石化等公司主挂牌在香港联合交易所,同时通过全球存托凭证(Global Depository Receipts,GDR)方式和美国存托凭证(America Depository Receipts,ADR)方式分别在全球各地和美国纽约证券交易所上市交易。[③] 跨境上市公司的股票价格因基础资产的一致性而形成“同涨同跌”的正向联动效应。金融衍生品的诞生为资本市场跨境交易提供了更为便捷的渠道,投资者可通过在境内市场交易跟踪

① 毛艺林:《我国国际游资影响因素的实证研究》,载《上海金融》2015年第2期。

② 2012年,纽约证券交易所和伦敦证券交易所分别有522家与595家境外上市企业挂牌,分别占22.6%与20.7%。

③ 存托凭证(Depository Receipts,DR),或称存券收据或存股证,是指在一国证券市场流通的代表外国公司有价证券的可转让凭证,属公司融资业务范畴的金融衍生工具。以股票为例,某国上市公司为使其股票在外国流通,将一定数额股票委托中介机构(保管银行或受托银行)保管,由保管银行通知外国存托银行在当地发行代表该股份的存托凭证,而凭证的持有人实际上是寄存股票的所有人,其所有的权力与原股票持有人相同,之后存托凭证便开始在外国证券交易所或柜台市场交易。美国存托凭证是面向美国投资者发行并在美国证券市场交易的存托凭证,全球存托凭证是面向两个以上国家(地区)市场发行并交易的存托凭证。参见王睿:《解读存托凭证制度与中国存托凭证问题探究》,载《市场论坛》2013年第2期。

境外市场股票等原生性金融商品的衍生品间接投资境外资本市场。如跟踪日本股市的日经225指数、跟踪中国大陆股市的富时中国A50(以下简称富时A50)指数、跟踪我国台湾地区股市的摩根台指的期货产品均在新加坡交易所交易,投资者可在此通过交易跟踪这三种指数的期指产品跨境间接投资日本股市、中国大陆股市及中国台湾地区股市中的标的指数成份股,分享这些经济体的经济发展成果。

资本市场的国际化进程推动了市场中介机构的国际化。为在激烈的国际竞争中崭露头角,大型金融机构纷纷布局全球化业务经营网络,联通全球主要资本市场的跨境交易通道,这终结了交易受限于地域市场的局面,实现全球资本市场交易链条的一体化。境内投资者借助跨国金融机构提供的跨境市场交易通道可便利地参与境外资本市场交易。同时,现代信息技术使当前资本市场信息的传播速度更快、内容更多、渠道更多元、覆盖面更广,极大提升了信息收集、存储、分析和有效释放的难度,进而突显大型金融机构在信息处理和传播方面所具有的极大优势,并逐渐覆盖全球资本市场。上述因素促成全球系统重要性金融机构的出现,并赋予大型国际金融机构在全球资本市场的话语权,其实质就是全球资本市场的定价权,这一定价权借助全球资本市场的价格关联渠道被无限放大,远超传统主权监管的视阈和边界。

(二)跨境型跨市场操纵的内在机理

世界贸易组织(WTO)多年来致力于扫除国际贸易制度壁垒,构建跨境市场交易的规则体系以扩大国际贸易规模,减少国际贸易摩擦。现代信息技术极大降低了跨境交易成本,实现资本全球范围的自由流动以及金融资源的全球配置,推动资本跨境交易越发便利活跃,促进了国际资本市场的繁荣。制度保障和技术支持极大顺畅了跨境资本市场之间的套利交易,使基于同一资产的资本市场商品价格因“一价定律”而在全球范围内趋于统一,各经济体资本市场之间的价格联动效应越发显现。如在美国量化宽松政策冲击下,美国股市于2018年2月初遭遇“黑色星期一”,道琼斯指数下跌1175.21点,跌幅达4.60%,标准普尔指数下跌113.28点,跌幅达4.10%,纳斯达克指数下跌273.42点,跌幅达3.78%。作为全球股市的风向标,美股暴跌即刻产生“蝴蝶效应”,当日收盘,欧股市场创4个月来的新低,欧洲STOXX600科技股指数下跌1.56%,日本股市下跌5.26%,韩国和新加坡股市均下跌3%,我国香港地区股市下跌近5%，中资银行、中国石油等蓝筹股均出现5%以上的跌幅，我国上证综指、深证成指、创业板指数等亦全面下跌。①

为获得全球资本市场的定价权，各主要经济体积极通过制度变革、技术进步、产品创新等措施促成自身资本市场的国际化，以吸引境外优质公司和投资者参与交易。资本市场的国际化使公司注册地、业务经营地和挂牌上市地相互分离，实现跨境上市和跨境交易，如在香港联合交易所上市的红筹股和H股以及在美国、英国等交易所上市的“中国概念股”，在不同交易所挂牌交易的同一公司股票因基础资产一致而具有同频涨跌的跨境价格联动效应。此外，通过在境外市场挂牌交易跟踪境内原生性商品的衍生品的方式，境外投资者能够以投资相关衍生品的方式参与境内资本市场交易。② 金融衍生品凭借信息透明度差、杠杆高、流动性强等特点成为跨境市场操纵的重要工具和渠道，金融衍生品跨境交易的监管盲区更使问题雪上加霜，大大增加了监管者对跨境市场操纵的认知难度。

日本于20世纪80年代初开始允许境外投资者投资境内股市，但日本当时的证券交易法规定股市投资者禁止从事期货交易，致使股票市场投资者缺乏对冲股价风险的有效工具。为满足投资者，特别是境外大型机构投资者的风险对冲需要，新加坡交易所于1986年抢先推出日经225股指期货。两年后，为夺回本国资本市场定价权，日本大阪证券交易所（Osaka Securities Exchange，OSE）同样推出日经225指数期货产品，美国芝加哥商业交易所于1990年亦推出日经225指数期货交易，由此形成三家跨境交易所共同交易日经225指数期货的局面，所跟踪标的指数的一致性决定了三大跨境期指市场的日经225股指期货价格必然具有正向联动效应。其中，新加坡交易所凭借交易机制灵活、交易时间长、国际投资机构集中等优势拔得头筹，逐渐掌握了日经225指数期货的定价权，其价格对其他市场的日经225指数期货、日经

① 相关数据来源于证券时报网，http://epaper.stcn.com/paper/zqsb/html/2018-02/07/node_2.htm。

② 如2012年，巴西证券期货交易所、俄罗斯莫斯科证券交易所、印度孟买证券交易所、南非约翰内斯堡证券交易所以及香港联合交易所等发布联合声明，将各成员市场的基准股指衍生品在其他成员市场相互挂牌交易，投资者在其中任一交易所就可交易其他交易所的股指期货，以此吸引全球投资者。

225 指数以及指数成份股价格具有明显的引导效应。巴林银行破产事件便是其交易员利用新加坡日经 225 指数期货优势实施跨境市场操纵失败而造成的。①

为控制我国台湾地区资本市场的定价权从而吸引投资者,新加坡交易所于 1997 年推出摩根台湾指数②期货(以下简称摩根台指期货)。为维护地区金融安全,争夺市场定价权和投资者,我国台湾地区随后成立期货交易所并上市交易本土期指产品,但摩根台指期货基于其先发优势一直对我国台湾地区的期指市场价格具有明显的引导作用,而新加坡交易所特有的交易机制亦强化这种引导效果。新加坡交易所的交易时间分日盘和晚盘,日盘交易时间为 8:45 至 13:50,晚盘交易时间为 14:45 至 19:00,其独特的晚盘交易使投资者在我国台湾地区股市收盘后亦能进入新加坡市场交易,也使摩根台指期货市场更能及时充分反映我国台湾地区股市收盘后的信息,其价格对第二天我国台湾地区股市和期指市场的开盘价格具有极强的引导效应,这使我国台湾地区市场逐渐沦为新加坡市场的"影子市场",为跨境市场操纵留下极大的实施空间。

同样基于控制资本市场定价权而吸引投资者的原因,新加坡交易所于 2006 年推出全球首个针对我国 A 股市场的指数期货——富时 A50 指数期货,③引起国内市场的巨大反响。富时 A50 期指市场凭借监管制度宽松、交易机制灵活、保证金低、持仓限额高等优势逐渐活跃,成交量增长迅猛。由于富时 A50 指数与上证综指、沪深 300 等指数的原生(基础)资产均为 A 股市场股票,相互之间形成了正向联动效应,致使指数衍生品(股指期货)之间亦形成明显的价格关联机制,同样为跨境市场操纵提供了可行空间。如 2013

---

① 宁霞:《巴林银行倒闭敲响对金融衍生工具加强监管的警钟》,载《世界经济》1995 年第 5 期。

② 摩根台湾指数是由摩根斯坦利(Morgan Stanley Capital International, MSCI)编制的跟踪我国台湾地区股票市场的证券指数,该指数由 91 只我国台湾地区证券市场上市股票构成,包括大、中、小企业,覆盖了我国台湾地区股市总市值约 65%,与我国台湾地区股市的标尺性指数——台湾加权指数的相关程度高达 98% 左右。

③ 富时 A50 指数由英国富时(Financial Times and Stock Exchange, FTSE)指数公司编制并通过国际资讯商对全球发布,覆盖中国 A 股市场 50 只大盘股,其总市值占 A 股总市值 30% 左右,富时 A50 股指期货通过电子平台"SGXQUEST"进行交易,以美元标价并进行交易结算。

年 12 月 20 日，A 股市场银行股在当日尾盘突遭大单砸盘，中信银行、建设银行和交通银行股票被放量杀跌，股价瞬间跌停，带动了银行板块全线下跌，导致上证综指下跌 2.02%，沪深 300 指数下跌 2.33%。事后，虽然监管机构查明当日尾盘异动为富时 A50 指数成份股调整，部分机构作出相应交易安排所致，排除了市场操纵的可能。[①] 但如果拓展观察的视阈，从跨境交易的角度分析，当日尾盘 A 股市场价格暴跌通过跨境价格关联渠道传递至新加坡市场，致使富时 A50 指数短时暴跌 54.09 点，跌幅达 3.42%，若有机构预先在富时 A50 期指市场建立空头仓位，则每张合约将获利约人民币 300 元，当日全天富时 A50 指数下跌达 246 点，每张预先做空合约将获利近人民币 1500 元，以 25 万手持仓估算，则将获利超过 3.5 亿元人民币，[②]这在展现跨境市场操纵极大获利性的同时亦表明其因传统监管视阈的局限而具有极强的隐蔽性。

(三)跨境型市场操纵的实施策略

依照"单市场操纵—跨市场操纵—跨境市场操纵"的生成逻辑，跨境市场操纵作为"最高级"的市场操纵形式，其实施策略不仅比传统的单市场操纵复杂，也比一般的跨市场操纵更为复杂。跨境市场操纵的实施不仅要求操纵者具备雄厚的资金实力和强大的信息收集、分析和制造、释放能力，还要深刻理解国际资本市场，熟练运用多种跨境交易工具，灵活利用资本市场跨境价格关联渠道。操纵者能够根据不同资本市场的结构特征，抓住有利时机制定复杂的操纵策略，利用不同市场监管制度的差异及跨境监管协同机制的欠缺，借助资本市场跨境价格关联机制实施跨境市场操纵。由于跨境型市场操纵是以交易型和信息型跨市场操纵为基础的"最高级"跨市场操纵模式，故而其具体实施策略可分为跨境市场操纵的交易实施模式和信息实

---

① 2013 年 12 月 20 日为 A50 指数成份股及权重调整生效前最后一个交易日，瑞士联合银行集团、香港上海汇丰银行有限公司、花旗集团和英国马丁可利投资管理有限公司(其境内交易代理证券公司分别为瑞银证券、国泰君安、东方证券和中金公司)四个合格境外投资者账户进行相应调仓，导致了市场异动。其后，证监会及中国金融期货交易所对当日期指市场交易情况进行排查分析，结果显示相关合格境外机构投资者在期指市场未有明显获利头寸，未发现与上述交易相关的沪深 300 期指合约有异常交易，尾盘股指快速下跌时，期指价格基本持平，对 IF1312 合约交割结算价影响只有 0.04 点。参见马婧妤：《证监会查明 20 日尾盘异动缘起新华富时 A50 成份股调整》，载《上海证券报》2013 年 12 月 28 日，第 1 版。

② 邢精平：《跨市场操纵模式与监管》，科学出版社 2014 年版，第 220～221 页。

施模式两种。

第一,跨境市场操纵的交易实施模式。具体而言,通过交易行为实施跨境市场操纵存在两种基本实施策略。

一是利用境内(境外)基础资产(股票)市场与其境外(境内)衍生品(期指)市场之间"成份股价—股价指数—期指合约价格"的跨境价格关联渠道实施。具体策略又可细分为两种:其一,操纵者预先在跟踪境内(境外)股票市场的境外(境内)期指市场建立多头或空头仓位埋伏,而后伺机在境内(境外)股票市场通过交易行为拉升或压低股市指数,借助资本市场跨境价格联动机制间接影响境外(境内)期指市场的价格涨跌,而后通过在境外(境内)期指市场平仓获利;其二,操纵者预先在境内(境外)股票市场建立多头或空头仓位埋伏,而后待时机在跟踪境内(境外)股票市场的境外(境内)期指市场通过交易拉升或压低期指价格,利用资本市场跨境价格联动机制带动境内(境外)股票市场指数和股价的涨跌,而后通过在境内(境外)股票市场平仓获利。

二是利用跟踪同一股票市场价格指数的数个不同国家(地区)期指市场之间的跨境价格关联机制实施。基础资产与其衍生品之间的价格关联机制并不具有排他性,同一基础资产可以对应多种同种类型的衍生品。同一股票市场价格指数可能同时存在数个跟踪该指数的期指合约市场,如大阪证券交易所、新加坡交易所和芝加哥商业交易所三家跨境交易所同时交易日经225指数期货,标的指数的同一性决定了跨境期指市场之间必然具有正向价格关联效应。操纵者预先在一个或多个跟踪同一或近似股价指数的期指市场建立多头或空头仓位埋伏,而后伺机通过交易拉升或压低具有价格牵引作用的期指市场价格,利用期指市场间的跨境价格联动机制带动不同国家(地区)期指市场价格涨跌,而后平仓获利。

跨境市场操纵借助资本市场的跨境价格联动机制将价格控制行为和清仓获利行为分置于不同的监管主权市场,规避了一国(地区)资本市场对境外投资的限制,其极大的风险传染性和危害性逐渐引起各国监管机构的关注。但实际上,国际金融机构可以充分发挥其自身优势,尽量拉长资本市场间的跨境价格关联链条以突破传统监管视阈,从而提升了操纵行为的隐蔽性。基于传统监管主权管辖的地域界限,单一国家(地区)监管机构即便有所怀疑也会因立法差异和执法局限而难以调查取证,客观上放纵了跨境操纵行为。因此,尽管全球资本市场存在种种疑似跨境操纵行为,但目前被查实的案件极其有限,其中,新加坡摩根台指期货操纵案即为典型一例。

于新加坡交易所上市交易的摩根台指期货以最后交易日的我国台湾地区股票市场摩根台指为结算依据,而摩根台指的涨跌由指数成份股价格决定,国际金融机构借助"摩根台指成份股价格—摩根台股指数—摩根台指期货价格"这一跨境价格联动渠道,预先在新加坡期指市场建立多头或空头仓位埋伏。而后于摩根台指期货最后结算日进入我国台湾地区股市,通过尾盘大额交易迅速拉升或压低摩根台指的权重股价格,控制摩根台指涨跌,进而间接影响新加坡交易所的摩根台指期货价格涨跌。最后在新加坡期指市场平仓获利,致使我国台湾地区股市在新加坡摩根台指期货结算日当天尾盘频现因异常交易行为导致的价格剧烈波动。

2003 年 5 月 29 日为摩根台指期货 5 月合约的最后结算日,但尚有高达 2. 6 万余手当月未平仓合约等待结算。当日,外资于我国台湾地区股市尾盘突然入市,迅速爆量拉升摩根台指权重股价格,致使我国台湾地区股市出现交易量"井喷"行情,摩根台指于当日尾盘被拉升 3. 19 点。新加坡交易所摩根台指期货市场随即出现交易量"井喷"情况,以每点 300 美元计,当日平仓的摩根台指期货合约 2. 1 万余手,仅集合竞价阶段的获利便超过 2000 万美元。若预先在摩根台指 180 点位建立多头仓位埋伏,则此次操纵获利总计达 1. 2 亿美元以上。2003 年 7 月 30 日为摩根台指期货 7 月合约的最后结算日,其时尚有 3. 5 万余手当月合约有待结算。当日,外资再次于我国台湾地区股市尾盘入市迅速爆量拉升摩根台指权重股价格,摩根台指于尾盘被从 231. 7 点拉升至 232. 7 点。2003 年 8 月 28 日为摩根台指期货 8 月合约的最后结算日,当日尚有 3. 4 万余手当月合约有待结算,我国台湾地区股市尾盘再度出现多空对决情形,摩根台指权重股纷纷出现当天单笔最大成交量,尾盘最后一笔撮合成交量达到创纪录的 105 亿元新台币,成功拉高摩根台指。2004 年 5 月 28 日为摩根台指期货 5 月合约的最后结算日,联电、台积电、台塑、南亚等摩根台指权重股价格在尾市集合竞价阶段被巨量买单拉升,成交量达 110 亿元新台币,摩根台指被推升 2. 82 点。2004 年 11 月 27 日为摩根台指期货 11 月合约的最后结算日,当日我国台湾地区股市尾市集合竞争阶段抛盘资金达73亿元新台币,致使我国台湾地区股市加权指数在最后5分钟暴跌37点,带动摩根台指随之暴跌,而摩根台指期货空头获利丰厚。①

第二,跨境市场操纵的信息实施模式。资本市场全球一体化进程以及现代信息技术进步使全球资本市场信息实现实时传播,这推动全球资本市场跨境价格关联和牵引效应的纵深发展,不断强化跨境市场的价格联动效应,为信息型跨境市场操纵提供了可行的实施空间。同样借助股票市场与期指市场之间或是跟踪同一、近似股价指数的多个期指市场之间的跨境价格关联机制,利用现代信息技术和多元传播渠道来唱多或唱空资本市场,配合以相应的交易行为,不仅能有效降低操纵的成本,更可放大操纵的冲击效果和获利程度。

如可以先在内地期指市场建立空头仓位埋伏,而后伺机释放和传播香港地区股市的利空传闻,唱空"红筹股"指数权重股,利用香港地区股市无涨跌停板限制以及做空机制便利等优势放大唱空效果,打压"红筹股"指数,借助香港地区股市"红筹股"与A股市场间的价格关联渠道带动A股指数下跌,进而牵引内地期指市场价格下跌,最终通过在内地期指市场空头平仓获利。同样,唱空内地A股市场亦可从香港恒生期指或H股期指市场获利。如2010年,某国际投行向投资群发出建议卖出香港股市H股的投资建议,基于H股与内地A股市场间的价格关联效应,该投资建议造成A股市场当日大跌,深、沪两市股指创出14个月来的最大单日跌幅,A股市场指数暴跌又带动香港地区股市恒生指数开盘大跌,全天跌幅达1.93%,恒生国企指数跌幅高达3.02%。这种情况下,若预先在香港期指市场建立空仓便可获得巨额收益。

虽然当前我国资本市场的对外开放度尚且有限,人民币尚未实现完全自由兑换,资本项目也未完全对外开放,但我国已经启动人民币国际化和金融业双向开放进程,人民币加入国际货币基金组织特别提款权货币篮子;同时我国也逐步放开了金融市场,允许境外金融机构进入我国金融市场,促进金融市场竞争,提升境内金融服务质量和机构经营水平。如在2002年、2007年和2011年,我国分别推出合格境外机构投资者(Qualified Foreign Institutional

① 石启龙:《跨市场操纵:生成、模式与法律监管》,东北大学出版社2017年版,第242~243页。

Investors, QFII)、合格境内机构投资者(Qualified Domestic Institutional Investors, QDII)、人民币合格境外机构投资者(RMB Qualified Foreign Institutional Investors, RQFII)等制度,开启了我国资本市场的国际化进程,[①]取得了丰硕成果。截至 2016 年年末,共 278 家合格境外机构投资者获批共计 873.09 亿美元的境内投资额度,177 家人民币合格境外机构投资者获批共计 5284.75 亿元人民币的境内投资额度,共有 132 家合格境内机构投资者获批共计 899.93 亿美元的境外投资额度。[②] 随着境外投资额度的不断扩大,国际金融机构能通过合格境外机构投资者、人民币合格境外机构投资者制度渠道进入我国股票市场和期指市场等资本市场,具备了实施跨市场操纵的可能。同时,境内金融机构借助合格境内机构投资者制度渠道进入境外资本市场,同样具备了跨市场操纵的可能。此外,国际金融机构在国际资本市场中享有很大的资产定价权,其投资行为在全球范围内具有极强的示范效应,加之其熟稔国际资本市场交易规则、掌握跨境资本市场交易工具、具有强大的市场信息处理能力和传播渠道,具备了极强的信息型跨境操纵实施能力。而传统监管的有限性和跨境协同监管的薄弱导致跨境市场操纵极具隐蔽性和获利性,持续激励大型国际金融机构不断尝试实施信息型跨境操纵行为。

国际金融机构利用资本市场跨境价格关联机制可绕过内地资本市场的外资准入限制,在其境内市场或外资准入限制较低的境外市场(如新加坡市场)建立富时 A50 期指等跟踪内地股市的期指合约多头或空头仓位,而后凭借其在国际资本市场的地位和声誉,通过调整评级、投资建议、研究报告等手

① QFII 即合格境外机构投资者,是指符合《合格境外机构投资者境内证券投资管理办法》规定的相关条件,并经证监会批准投资于中国境内证券市场,并取得国家外汇管理局批准的投资额度的境外金融机构,合格境外机构投资者的投资范围包括证券交易所交易的股票、债券、权证、证券投资基金以及股指期货产品等。QDII 即合格境内机构投资者,是指符合《合格境内机构投资者境外证券投资管理办法》规定的相关条件,并经证监会批准投资于中国境内募集资金,投资于境外证券市场的金融机构,合格境内机构投资者的投资范围包括证券交易所交易的股票、债券、权证、证券投资基金以及股指期货产品等。RQFII 即人民币合格境外机构投资者,是指符合《人民币合格境外机构投资者境内证券投资试点办法》等规定的相关条件,经证监会批准并取得国家外汇管理局批准的投资额度,以境外募集的人民币投资于境内证券市场的境外金融机构,人民币合格境外机构投资者的投资范围包括证券交易所交易的股票、债券、权证、证券投资基金以及股指期货产品等。

② 洪艳蓉:《金融监管治理:关于证券监管独立性的思考》,北京大学出版社 2017 年版,第 344 页。

段唱多或唱空内地 A 股市场的指数权重股价格,并适时配合一定交易量来拉升、打压或锁定股价以影响股指走势,带动其境内或境外跟踪内地股市的股指涨跌,进而间接控制境外新加坡富时 A50 期指等衍生品的价格涨跌,最终通过在其境内或境外期指市场平仓获利。比较而言,由于唱空操纵无须交易型操纵所需的巨额资金推动来频繁实施大单交易,因而操纵成本更低,隐蔽性更强,行为认定的难度更大。而且,国际金融机构作为国际资本市场上的全能交易者,股票、债券、期指、期权以及更复杂的衍生品交易工具均在其选择范围内,操纵工具极其丰富,操纵策略极为复杂,操纵链条极为漫长。如巴林银行破产案中交易员在做多日经 225 期指的同时做空日本政府债券以放大操纵行为的效果,2006 年 5 月境外金融机构大幅拉升韩国 KOSPI 200 期指 5 月合约价格,最终从相应的股指期权合约获利,表明跨境市场操纵具有极强的隐蔽性和巨大的破坏力。

第三章　股票期现跨市场操纵的系统性风险演变

金融自其诞生之日起便与风险相伴,金融学理论将其原因归结为金融系统的脆弱性、金融市场失灵、市场主体的有限理性、金融制度的不完备性等。但从法学角度分析,风险源于金融跨时空权利交换功能所产生的不确定性。金融风险的汇聚和累积会诱发金融危机,这决定了风险治理是金融监管的核心内容,监管制度必须围绕金融风险特质设计安排,以有效监测、防范和处置不必要的金融风险。市场操纵通过主动控制商品价格以获利的内在机理决定了操纵行为蕴含价格波动的风险,且风险在不同资本市场结构中具有不同属性。在金融衍生品时代,资本市场融通和金融综合经营趋势下形成的跨市场价格关联机制不仅将操纵行为分置实施于关联市场,还使行为所蕴含的价格波动风险沿跨市场的价格关联渠道传递、蔓延、汇聚,使风险由局限于单一市场的非系统性向跨市场传递的系统性演化,严重威胁金融系统的安全。

一、单市场操纵所蕴含风险的非系统性:以股票市场为例的分析

1929 年金融危机促使美国启动金融体制改革,转向

更具安全优势的“行业隔离、机构分离、市场隔绝”的金融分业体制，证券市场和期货市场处于“分交易所交易、分市场立法、分机构监管”的隔绝结构。这种“分而治之”的监管理念催生出“市场分割”的监管法律制度安排。美国证券交易委员会(SEC)依据《1933 年证券法》《1934 年证券交易法》等授权监管证券市场，商品期货交易委员会(CFTC)依据《1936 年商品交易法》等授权监管期货市场，证券市场与期货市场因缺乏关联变量而处于“井水不犯河水”的隔绝状态。我国虽然由证监会统一监管证券市场和期货市场，但同样依据《证券法》和《期货交易管理条例》分别治理。[①] 在资本隔绝结构中，不仅操纵行为被局限于单一市场内，行为所蕴含的价格波动风险也被局限于单一市场内，呈现非系统属性。

(一)市场操纵的价格波动风险

商品是价值和价格的统一体，价值是价格的决定基础，价格是价值的外在表现，但价值与价格间并非精确的映射关系，价格在受价值决定的同时亦受市场供求关系影响，表现为价格围绕价值在一定范围内波动，由此形成商品价格的波动性。价格的波动性是市场操纵的现实基础，市场操纵的内在机理就是通过虚构供求关系的方式控制商品价格波动的趋势、幅度、频率和时点，借助虚构的供求力量推动价格尽可能摆脱价值的决定性约束，制造交易(买卖)价差以获利。就此而言，任何商品价格均存在被操纵的可能性，但实践中，市场操纵在可能性的基础上还须具备可行性或获利性，这种可行性与商品价格的波动性成正向关联关系，换言之，市场操纵的可行性与商品价值对价格的决定性约束成负向关联关系，而商品价格的波动性与商品价值对价格的决定性约束亦成负向关联关系，商品价格波动性的极致表现便是价格摆脱价值的决定性约束，产生所谓的虚拟性。

在所有商品中，金融商品的虚拟性最为明显。[②] 因为金融商品交易并非以消耗商品使用价值的实际消费为目的，而是追求商品价值(价格)升值

---

① 2022 年 8 月 1 日生效的《期货和衍生品法》仍然延续市场分割的治理思维。

② 学界目前对虚拟性及虚拟经济尚未达成一致认识，但基本认同虚拟性的本质是资本以脱离实物的价值形态独立运动。参见陈淮:《关于虚拟经济的若干断想》，载《金融研究》2000 年第 2 期；王爱俭:《关于虚拟经济几个重要问题的探讨》，载《财贸经济》2001 年第 5 期。

的"为卖而买",故金融商品的价格更多受供求关系影响而疏离于实物资产价值。而金融商品的供求关系取决于市场对商品未来收益(升值)的心理预期,如投资者决意买入某种股票的原因很可能不是为了获取股票所代表的实物资产价值,而是股票未来高价卖出的升值预期或"幻觉",虽然"幻觉终究要破灭,但不利用幻觉似乎又是愚蠢的"。① 可见,金融虚拟性意指金融商品与实物资产的关联疏远,金融商品的市场价值(价格)超越其自身的实体价值及其作为权益凭证所代表的实体资产价值。② 金融商品的虚拟性根源于金融资源的二元属性,③并借助产权制度,通过借贷等信用工具,在信息技术等现代技术的支持下不断演进放大。

首先,产权制度是金融商品虚拟化的制度基础。产权(所有权)是可分解为占有权、使用权、支配权和处置权的权利束。借助产权制度,可以实现在不对实物资产做物理分割的前提下实施权利分割,在不转移所有权的前提下,分离出金融商品在特定时段的使用权和支配权,以此构筑金融商品的虚拟性基因。如股份制使出资人的产权载体由实物资产转变为有价证券(股票),企业资产就此分离为以使用价值形态表现的实物资产和以价值形态表现的符号化股权凭证。可见,股票交易的标的并非实物资产,而是作为实物资产产权"价值符号"的股票,在此基础上衍生出作为"符号的符号"的期指等金融衍生品。

其次,信用工具是金融商品虚拟化的工具支持。"信用这个范畴是指借贷行为,这种经济行为的形式特征是以收回为条件的付出或以归还为义务的取得。"④金融工具的创设和交易建立在信用的基础之上,如股份制推动公司信用由借贷关系转向证券资本关系,在信用的基础上分离出公司终极所有权(股票持有人股权)和公司法人所有权,将公司资本所有权分解为

① [美]斯坦利·费希尔、鲁迪格·唐布什:《经济学》,庄巨忠、曲林迟等译,中国财政经济出版社 1989 年版,第 698 页。

② 参见白钦先、徐爱田:《金融虚拟性命题及其理论渊源》,载《辽宁大学学报(哲学社会科学版)》2004 年第 4 期。

③ 现代金融理论认为金融的实质是具有二元属性的社会资源索取权,其自然属性表现为一种稀缺资源,而社会属性则表现为对其他资源的激发、推动、扩展、诱导、调节和配置功能,参见白钦先等:《金融可持续发展研究导论》,中国金融出版社 2001 年版,第 77 页。

④ 黄达:《金融学》,中国人民大学出版社 2015 年版,第 59 页。

投资者拥有的公司资产的归属形态和公司法人对实物资产的占有形态。在信用工具的支持下,"证券将抽象意义上的不同质财产转化为具体的、可度量的标准化市场交易对象",①借此实现资产的高效流转交易。而作为"符号的符号"的金融衍生品甚至可以独立于基础证券以更高的效率流转交易。

最后,现代技术是金融商品虚拟性的物质保障。现代技术的发展为金融体系带来根本性变革,不仅使金融交易摆脱时空的束缚和实物交割的制约,更推动了金融理念的更新、金融产品的创新、交易规模的扩大甚至金融格局的重置。当前,科技金融已成为金融发展的基本趋势,②一个无形、虚拟、全时、全球一体的金融交易网络日趋成型。电子货币提升了货币流转的效率,虚拟经营降低了金融资产的持有成本,网络技术使纳斯达克系统等资本市场实现虚拟化运行,计算机技术能够满足需要亿次计算的期权定价模型。信息技术能及时处理资本市场的海量交易数据,在瞬息万变的市场中确保交易决策被顺利执行,有力推动金融商品的虚拟化进入更深层次的发展阶段。

在产权制度、信用工具和现代技术的支持下,"通过资本的价值形态与实物形态的相对分离,以虚拟资本的运动引导实物资产配置,实现全社会范围内的资源聚敛、配置和转移"。③ 金融商品价格疏离其所代表实物资产价值的虚拟性决定了金融商品价格具有更大幅度波动的可能性,而操纵行为则通过制造金融商品价格的高波动可能性而具有可行性(获利性),这便使市场操纵成为资本市场价格波动风险的源头之一。

市场操纵与欺诈客户、内幕交易等其他资本市场违法行为不同。欺诈客户具有相对性,虽然损害了行为直接指向的具体特定投资者的利益,但并不会造成市场价格的剧烈波动;内幕交易同样具有相对性,内幕交易者只是市场价格的接受者和利用者,在损害市场投资者的利益的同时也不会造成市场价格的剧烈波动。相比之下,市场操纵不具有相对性,操纵行为直指市

---

① 祁光华:《证券监管的行政学分析》,中国大地出版社2004年版,第76页。

② 房汉廷:《科技金融本质探析》,载《中国科技论坛》2015年第5期。

③ 祁光华:《证券监管的行政学分析》,中国大地出版社2004年版,第77页。

场价格机制，操纵者不是消极被动的市场价格接受者，而是积极主动的市场价格制造者，操纵行为蕴含着市场价格波动的风险。此外，市场操纵也与市场投机不同，虽然市场投机同样会造成市场价格波动风险，但一是投机者同样只是市场价格的接受者和利用者，其只是消极被动地预测市场价格波动的趋势、幅度和时点；二是市场投机主动承担风险的特质也有助于增强市场的流动性，减缓价格波动幅度，适度投机也有利于市场价格发现功能的实现，因此，适度投机的价格波动风险属于市场可接受的必要风险。相比之下，积极主动地制造市场价格波动的市场操纵不仅蕴含价格波动风险，而且这种风险对投资者权益、市场交易秩序、国家监管调控而言毫无必要，故而其普遍为各国立法所禁止。

（二）单市场操纵风险的表现

股票市场因在金融市场中极具开放性而呈现强烈的公共产品属性，故而股票市场中的操纵行为最为社会公众和监管层关注。股票市场的繁荣肇始于股份制的兴盛，而股份制作为聚集资本并分散风险的联合经营产权制度最早可追溯到几千年前的古希腊罗马时期。[①] 至 15 世纪末，初现端倪的近代法律制度推动股份制成为企业的主要形式，促使股票市场初具雏形。[②] 至 19 世纪末，逐渐完备的现代法律制度推动股份制成为企业的主导形式，股票市场成为金融市场的重要构成部分。至 20 世纪 30 年代，越发完善的法律制度激发股份制加速资本集中和流转的杠杆功效，股票市场成为现代金融体系的重要支柱。历经数百年发展，股票市场融通资金、资产定价和资本配置等功能基本完备，并逐渐派生出企业转换、政府调控和风险管理等辅助功能。[③]

与股票市场历经数百年日趋繁荣相伴而生的是屡禁不止的市场操纵行为，[④]该行为所蕴含的价格波动风险亦随股票市场逐渐显现的公共性而受

---

① ［英］爱德华·钱塞勒：《金融投机史》，姜文波译，机械工业出版社 2013 年版，第 2 页。

② 持有荷兰海外贸易公司股票的投资者早在 17 世纪初就开始在阿姆斯特丹交易股票，参见［美］约翰·S·戈登：《伟大的博弈——华尔街金融帝国的崛起（1653～2011）》，祁斌译，中信出版社 2011 年版，第 19 页。

③ 金融学界一般认为资本市场在应然层面应具有优化资源配置、转移分散金融风险、确定金融资产价格、提供流动性、降低信息和交易成本等基本功能。参见黄达：《金融学》，中国人民大学出版社 2012 年版，第 211～212 页。

④ ［英］爱德华·钱塞勒：《金融投机史》，姜文波译，机械工业出版社 2013 年版，第 3 页。

人关注。就理论而言,股票市场操纵行为的可行性取决于股票价格的高波动性,而股票价格的高波动性则取决于股票价格疏离于所代表实物资产价值的虚拟性,故而,股票市场操纵行为以股票的虚拟性为实施基础。一方面,股票作为标准化的权益凭证,是对实物资产所有权进行分割和转让的虚拟性信用资本,这使股份公司形成在生产过程中实际增值的实物资本和与实物资本分离而无实际价值的虚拟资本这两种资本形态;另一方面,股票持有者既不能退股也难以实际行使所有权,致使股票由所有权凭证转化为剩余索取权和决定权的凭证,促使股票越发疏离于其所代表的实物资产。股票的虚拟性使股票价值分化为内在价值(真实资本价值)、账面价值(会计计算价值)和市场价值(市场交易价格)。由于股票的内在价值难以准确测评度量,所以其计算标准和方法亦存在诸多差异,致使股票内在价值、账面价值和市场价值难以形成精确的映射关系,三者之间的疏离极大恶化了股票市场的信息失灵问题,最终造成股票价格因疏离于所代表的实物资产价值而具有相对独立的波动性。

为对冲股票价格相对独立的波动风险,价值投资者会选择实施跨市场反向交易或构建差异性投资组合等方式以实现资产的长期保值或增值;激进的价格投机者则会通过短线投机,消极利用股价独立波动性所产生的交易价差来实现资产的短期增值。但对价格投机者而言,消极被动地预测股价波动的方向和时机无疑要承担极大的风险,而利用股票价格疏离于所代表实物资产价值的虚拟性所形成的价格相对独立波动性以及市场严重的信息失灵问题,积极通过交易行为或信息行为虚构市场供求关系,主动控制股价波动的方向、幅度、频率和时机则更为可取。可见,股票价格疏离于所代表的实物资产价值的虚拟性为实施股票市场操纵行为提供了可行空间。

我国股票市场最初是伴随近代西学东渐潮流和社会制度改良尝试而出现的,[①]其后几经兴衰,直至改革开放后股票市场再度兴起。但“改革试点”的定位、制度资源的匮乏以及传统路径依赖等因素迫使地方政府全面介入

① 1872年,轮船招商局作为我国第一家公开募股公司开启了我国股份制序幕,其后,江南制造局、上海机器织布局、平泉铜矿、荆门煤铁矿等现代股份公司相继创立,均在上海等通商口岸募集资本,其股票也在市面交易,1880年左右,上海华商股票市场逐渐形成,上海甚至一度成为东亚地区的金融中心。参见黄达:《金融学》,中国人民大学出版社2012年版,第249页。

市场运行，造成市场分割严重、统一监管规则缺失、市场信息渠道闭塞以及政策频繁变更等诸多问题，①使我国股票市场频频出现市场操纵现象。最初，低成本的信息操纵成为首选，随后市场操纵策略有所“提升”，但从总体上来看，市场初期的操纵行为以个人为主体，成本较低，策略简单，时间较短，影响有限。1992 年的深圳“8·10 事件”暴露出股市公共性与监管地方性之间的冲突，促使中央政府通过组建专门的监管机构、设置垂直的监管体系、制定《证券法》等统一的监管规则等措施迅速将市场由分散混乱的无序状态扭转为集中“规范”的有序状态，但中央政府的全面干预也产生了“重管制、轻监管”和“强政府、弱市场”的倾向。

2005 年的股权分置改革扩大了股市容量，加之监管法规逐步完善、监管技术日益提升等，促使市场操纵进化到技术操纵时代。以汪某中案为代表的“抢帽子”操纵是通过“看多做空”或“看空做多”的反向操作实现价格控制的，②以周某明案为代表的虚假申报操纵则通过频繁申报和撤单，伪装成内幕信息者诱使其他投资者入市追涨杀跌以实现价格控制。③ 此时的操

① 参见李勇、哈学胜主编：《冰与火——中国股市记忆》，红旗出版社 2010 年版，第 89 ~ 92 页。

② 汪某中系北京首放投资顾问有限公司（以下简称北京首放）法定代表人、执行董事、经理，因长期从事股票市场投资咨询业务并屡有斩获而被誉为“股市名嘴”。2007 年至 2008 年 5 月，汪某中先是利用其实际控制的交易账户预先买入其股市投资咨询报告推荐的股票，而后向社会公众发布推荐买入该股票的股市投资报告，待股价上涨到预期目标后卖出该股获利。通过这种“先行买入—公众推荐—涨价卖出”的方式操纵包括“工商银行”“中国联通”“中国石化”等 15 只 A 股大盘股。其中，买入金额累计 52.6 亿元，卖出金额累计 53.86 亿元，买卖证券行为合计 55 次，其中 45 次合计获利 1.51 亿元，10 次合计亏损 0.25 亿元，累计获利超过 1.25 亿元。证监会经调查决定没收汪某中非法所得 1.25 亿元，并处罚款 1.25 亿元，同时撤销北京首放的证券投资咨询业务资格，对汪某中采取终身证券市场禁入措施，并将案件移送司法机关追究刑事责任，后经法院审理，汪某中以操纵证券市场罪被判处有期徒刑 7 年。参见周侃：《“股市黑嘴”汪建中一审被判处七年有期徒刑》，载《人民法院报》2011 年 8 月 8 日，第 6 版；黎旸：《操纵证券市场罪的认定——汪建中案为中心》，载《法学杂志》2012 年第 4 期。

③ 周某明案是证监会查处的首例虚假申报案。2006 年 6 月 26 日，周某明通过徐某账户在 10:41 至 11:02 连续挂出 61 笔买单，申报买入“大同煤业”400 万股，占该期间申报买入总量 81.71%。申报价从第一笔的 10.22 元逐步提升至第 61 笔的 10.59 元，在 10:42 至 11:04 全部撤单，最短驻单时间仅 31 秒。撤单 8 秒后便以 10.36 元卖出 99 万股，10 秒后又以 10.29 ~ 10.31 元申报买单 90 万股，11:08 前全部撤单，最短驻单时间仅 25 秒。在 11:05 ~ 11:08 以 10.36 元卖出 333 万余股。此外，2006 年 1 月至 11 月，周某明以同样方法先后操纵“四川路桥”“G 同科”“嘉宝集团”等 14 只股票价格，获利 176 万余元。参见周翀：《证监会查处首个虚假申报操纵市场案》，载《上海证券报》2008 年 1 月 7 日，第 1 版。

纵以个人或私募为主体,操纵策略短线化,操纵技巧显著提升,显得越发专业了。

当前,外部激烈的国际竞争压力和内部全面深化改革的动力推动我国股票市场逐渐由依赖政府行政控制转变为依靠市场发挥主导作用,以期实现股市的市场化、国际化、法治化,在守住防范系统性金融风险底线的同时也鼓励创新,融券业务重现、①股指期货推出等改革推动股市由单边市场时代跨入多空并存的双边市场时代,但同时市场操纵的实施策略也越发复杂,涉案金额越发庞大,以至于监管机构的"天价"罚单频现,②市场操纵所制造的股市价格剧烈波动风险对监管法律制度提出严峻的挑战。

(三)单市场操纵风险的特质

资本市场数百年的演进历程已使学术界、监管层、投资者和社会公众一致认同市场操纵的危害性,但对操纵行为危害结果的具体表现存在争议,或是从直观的个体视角认为市场操纵侵害了投资者的合法权益,③或是从市场整体的视角认为市场操纵侵害了有序竞争或正常交易的市场秩序,④或是从国家监管的视角认为市场操纵侵害了市场管理秩序。⑤ 其实,上述争议只论及操纵行为危害结果的具体表现,未能深入探究操纵行为危害的实质。如前文所述,市场操纵的内在机理在于主动虚构市场供求关系,驱动价格波动,通过制造交易价差以获利,故而市场操纵危害性的根源在于积极主动地制造市场价格波动风险,损害投资者利益、破坏市场交易秩序、抑制国家监管和调控功能是价格波动风险所制造的直接结果。

---

① 部分证券公司早在20世纪90年代便为客户提供融券信用业务,但随后1999年《证券法》第36条规定:"证券公司不得从事向客户融资或者融券的证券交易活动。"我国股票市场由此进入单边时代。2005年,《证券法》修订时删除1999年《证券法》第36条,并在第42条规定:"证券交易以现货和国务院规定的其他方式进行交易。"第142条进一步规定,"证券公司为客户买卖证券提供融资融券服务,应当按照国务院的规定并经国务院证券监督管理机构批准",为融券业务清除法律障碍。

② 具体内容参见许志峰:《34亿巨额罚单,释放什么信号》,载《人民日报》2017年3月31日,第10版。

③ 曲新久:《金融与金融犯罪》,中信出版社2003年版,第196页。

④ 强力、王志诚:《中国金融法》,中国政法大学出版社2010年版,345页。

⑤ 肖扬:《中国刑法学》,中国人民公安大学出版社1997年版,第406页。

市场操纵所蕴含的价格波动风险首先侵害了投资者的合法权益。[1] 投资者作为资本市场的融资源泉是资本市场最主要的参与者，而基于资本高虚拟性所产生的市场信息失灵问题又使投资者因信息劣势而极易受损，因此，保护投资者的权益是维系和发展资本市场的关键和根本，也是资本市场立法的首要目标。美国在大萧条危机后终结了传统“买者自负”的市场风险分担原则，转而以“充分信息披露”原则为基础构建证券市场监管法律体系，并明确将投资者保护列为证券交易委员会的监管目标之一，[2]这推动了美国资本市场迅速恢复并在全球独占鳌头。汲取美国经验，各主要国家（地区）纷纷在监管立法中确定投资者保护原则，国际证券监督管理委员会组织于 1998 年制定的《证券监管的目标与原则》更是将“保护投资者”列为证券监管的首要目标。[3] 2008 年金融危机促使学界反思，并“提出成立新机构的设想，以改善制定、解释、执行、调整监管政策的体系”[4]。各国纷纷启动金融监管改革，加强对包括投资者在内的金融消费者保护。[5] 截至目前，“可以说，保护证券投资者的重要性已经在世界范围内达成共识，并普遍地成为一国证券监管的目标或要求”。[6] 我国股票市场在建立伊始便借鉴域外成熟经验和良性实践，反复表明保护投资者权益的立场，[7]《证券法》更是

---

① 学界对市场操纵行为所损害的投资者范围界定尚存在争议。一是将范围限定于与操纵者实施了对向交易者的投资者，便于认定操纵行为与损害的因果关系，降低执法和司法成本；二是基于“市场信赖”的理由将投资者范围扩展为操纵实施期间所有交易过被操纵商品的投资者；三是基于资本市场交易的关联性将范围扩展至操纵期间交易了与被操纵商品同类的投资者。

② See The Investor's Advocate, *How the SEC protects Investors*, https://www.sec.gov/about.shtml.

③ International Organization of Securities Commissions, *Objectives and Principles of Securities Regulation*, www.csrc.gov.cn/pub/newsite/gjb/gjzjhzz/ioscojgmbyyz/200507/P020150520676286718542.pdf.

④ ［美］詹姆斯·R. 巴斯等：《金融守护人》，杨农等译，三联书店 2014 年版，第 258 ~ 259 页。

⑤ 如美国于 2010 年通过《多德 - 弗兰克华尔街改革与消费者保护法》（Dodd-Frank Wall Street Reform and Consumer Protection Act，以下简称《多德 - 弗兰克法》）设立金融消费者保护局（CFPA），英国通过《2012 年金融服务法》（Financial Services Act 2012）分拆了金融服务管理局（FSA），设置金融行为监管局（FCA）专司金融服务行为和金融工具，保护金融消费者，其他主要经济体亦已启动类似改革。

⑥ 洪艳蓉：《金融监管治理：关于证券监管独立性的思考》，北京大学出版社 2017 年版，第 127 页。

⑦ 如《上海市证券交易管理办法》（1990 年）第 1 条规定：“为了使证券的发行和流通能够公正和顺利地进行，以保护投资者的合法权益……制定本办法。”《股票发行与交易管理暂行条例》（1993 年）第 1 条规定：“为了……保护投资者的合法权益和社会公共利益……制定本条例。”《禁止证券欺诈行为暂行办法》（1993 年）第 1 条规定：“为禁止证券欺诈行为……保护投资者的合法权益和社会公共利益，制定本办法。”

明确了保护投资者的立法目的。[①] 资本市场投资者的目的是利用直接投资相对间接投资(存款)的优势,通过理性、谨慎的交易决策克服通货膨胀风险,实现资产的保值和增值。但操纵者的目的是利用资本市场因高度虚拟性所产生的信息失灵问题,凭借资金、信息、技术等市场优势虚构供求关系,控制价格涨跌的趋势、节奏和时点,释放虚假市场信息,诱使处于信息劣势的投资者根据虚假信息作出交易决策,转嫁给投资者远超普通交易且违背其真实原意的投资风险。操纵行为所造成的供求关系失衡导致的价格剧烈波动,以及操纵目标实现、操纵者离场后供求关系恢复平衡对价格纠正所导致的价格反向剧烈波动,均会造成投资者的巨大损失。因此,虽然资本市场"面对面"的交易特质使操纵行为与投资者损失之间的因果关系比"点对点"的普通欺诈(诈骗)更为复杂,[②]但学术界和实务界人士数百年来不断地提出、丰富和完善的种种理论学说已经阐明了操纵行为与投资者损失之间的因果关系,[③]其实就是操纵行为制造的价格剧烈波动严重危害了投资者利益。

市场操纵所蕴含的价格波动风险还会破坏有序竞争的市场交易秩序。现代信息技术推动资本市场逐渐由地域性的分割市场融合为整体性的统一市场。资本市场作为直接投融资渠道在一国经济体系中的溢出效应越发明显,其凭借逐渐显现出的"系统性"而被纳入金融安全、经济安全甚至国家安全的范畴。我国资本市场在改革开放的背景下,经历了"以计划经济为起点,以特定的社会政治制度禀赋和强有力的政府行政控制为基础,由政府主导的自上而下的渐进过程"[④],更侧重于实现市场筹集社会闲散资金扶持国有企业以及服务经济建设的融资功能。不同于以机构投资者为主体的成熟市场,我国资本市场形成了个体、小额、分散的以中小投资者为主的结构,市场因而更具"公共性",显现出"牵一发而动全身"的溢出和辐射效应。规范、透明、开放、有活力、有韧性的资本市场必然以公开、公平、公正的交易秩

---

① 《证券法》第 1 条规定:"为了规范证券发行和交易行为,保护投资者的合法权益,维护社会经济秩序和社会公共利益,促进社会主义市场经济的发展,制定本法。"

② 二者具体差异详见本书第五章内容。

③ 参见谢杰:《市场操纵犯罪的机理与规制:法律与金融分析》,华东政法大学 2014 年博士学位论文,第 11 ~ 14 页。

④ 胡汝银:《中国资本市场的发展与变迁》,格致出版社、上海人民出版社 2008 年版,第 15 页。

序为根基，能形成“一个能够配合投资人的合理投资判断，由市场经济的供给与需求所能形成的自由市场”。[①] 基于此，国际证监会组织在《证券监管的目标与原则》中将“确保市场公平、有效和透明”列为证券监管的第二个目标并被各国立法所效仿，[②]我国更是基于资本市场的“公共性”，在市场建立之初便以“保护公共利益”的方式明确了维护市场秩序的基本立场，[③]《证券法》也再次重申了这一立场。[④] 操纵者凭借资金、信息、技术等市场优势虚构供求关系控制价格涨跌，释放虚假的交易信息，破坏市场信息的顺畅流通机制，致使价格偏离价值轨道，所造成的价格剧烈波动不仅无法反映商品的内在价值和真实的供求关系，更会误导投资者的交易决策。最终，有序竞争机制被破坏，公平交易秩序被扭曲，市场优化资源配置的功能也被抑制。

市场操纵所蕴含的价格波动风险也抑制了国家对资本市场的监管和调控功效。数百年来的自下而上“诱致性”制度变迁路径使成熟市场国家高度认同自发形成的市场自律监管，极其警惕权力介入。但资本市场在社会经济体系中的溢出效应不断增强，其不仅决定了个体的投资者利益，更关涉整体的国家安全，因此逐渐进入公共管理领域。而今，虽然阐释监管必要性的理论仍有纷争，如市场失灵理论、[⑤]金融脆弱性理论、[⑥]法律不完备理论、[⑦]时间非一致性理论[⑧]等，但已无人质疑资本市场监管的必要性，争议只

---

① 陈建旭：《关于操纵证券市场罪的比较研究——以日本与中国台湾地区为比较对象》，载《北方论丛》2006 年第 3 期。

② International Organization of Securities Commissions, *Objectives and Principles of Securities Regulation*, www. csrc. gov. cn/pub/newsite/gjb/gjzjhzz/ioscojgmbyyz/200507/P020150520676286718542. pdf.

③ 《股票发行与交易管理暂行条例》(1993 年)第 1 条规定：“为了……保护投资者的合法权益和社会公共利益……制定本条例。”《禁止证券欺诈行为暂行办法》(1993 年)第 1 条规定：“为禁止证券欺诈行为……保护投资者的合法权益和社会公共利益，制定本办法。”

④ 参见我国《证券法》第 1 条规定。

⑤ 洪伟力：《证券监管》，上海财经大学出版社 2000 年版，第 35 ~ 47 页。

⑥ 周子衡：《金融管制的确立及其变革》，上海三联书店、上海人民出版社 2005 年版，第 296 ~ 314 页。

⑦ 许成钢：《法律、执法与金融监管——介绍“法律的不完备性”理论》，载《经济社会体制比较》2001 年第 5 期。

⑧ 洪艳蓉：《金融监管治理：关于证券监管独立性的思考》，北京大学出版社 2017 年版，第 81 ~ 84 页。

在于监管的界限问题。随着资本市场的辐射功能加强,市场监管关涉投资者保护和市场秩序的维系,故而逐渐被纳入国家宏观调控体制之中。资本市场作为经济发展的晴雨表,能够灵敏反映经济发展的动向。政府不仅可通过资本市场行情变化判断经济运行状况及预测发展前景,还可利用资本市场的辐射功能实施宏观调控。如通过调整资本市场准入商品数量来调节社会货币流通量,或通过调整金融监管信用规模控制社会投资规模,抑制投资紧缩导致的经济下行或投资膨胀造成的经济过热。市场操纵所造成的价格剧烈波动不仅违反了资本市场的交易监管规则,严重破坏了市场监管效用,更会误导政府对经济运行状况的判断和预测,严重抑制国家宏观调控的实效性。

综上所述,损害投资者利益、破坏市场交易秩序、抑制国家监管和调控功能是市场操纵所蕴含的价格波动风险逐渐延展所产生的具体结果,然而单市场操纵是市场操纵在金融分业经营和资本市场隔绝结构下的具体展现,操纵行为及其所制造的价格波动风险被局限于单一市场。虽然股票市场操纵行为所蕴含的价格波动风险随我国A股市场的系统性不断增强而越发显现溢出效应,①但近年来A股市场涉案金额动辄以亿元计算的操纵案件所造成的股市震荡并未诱发资本市场乃至金融体系的整体性危机。可见我国资本市场的融通进程尚处于浅层阶段,在资本市场尚未完全融通的情况下,单市场操纵所蕴含的价格波动风险还未显现出常态的系统性特质,总体上仍呈现为非系统性。

二、衍生品市场操纵蕴含风险的系统性端倪:以期指市场为例的分析

至20世纪70年代,外部激烈的金融全球化竞争和内部严重的经济滞涨压力促使西方国家新自由主义思潮兴起,监管放松改革启动所释放的巨大金融创新力量催生出一系列具有跨行业、跨机构、跨市场属性的金融衍生品,金融衍生品时代开启。期指等金融衍生品的出现促使市场操纵行为发生演化,其不仅借助自身的"双重虚拟性"特质放大了市场操纵的价格波动风险,更是利用自身的跨市场属性赋予价格波动风险以关联市场外溢释放的渠道,致使金融衍生品市场中的操纵行为显现出系统性风险的端倪。

---

① 肖敬红等:《A股市场系统性风险研究》,载《西部金融》2013年第3期。

(一)期指市场的诞生

20 世纪 70 年代,布雷顿森林体系的瓦解导致国际汇率市场和利率市场的大幅波动,为对冲由此产生的系统性金融风险,芝加哥商业交易所在"原生性金融商品"(underlying financial instruments)的基础上创新出与实物资产价值更加疏离的"衍生性金融商品"(financial derivatives),并于 1972 年推出外汇期货,就此开启了金融衍生品大幕,迎来金融衍生品时代。迄今,全球金融市场在远期合约(forwards contract)、金融期货(financial futures)、金融期权(financial option)和互换(swaps)四大衍生品基本类型的基础上演化组合出种类繁多的金融衍生产品。其中,由于过往对冲股市的非系统性风险的投资组合方式无力应对市场的系统性风险,美国堪萨斯期货交易所于 1982 年推出股指期货以有效管理股票市场的系统性风险。① 经过数十年发展,期指市场已经具备了避险、②套利、③投机④等微观层面功能以及

---

① 美国堪萨斯期货交易所于 1982 年 2 月 24 日推出世界首份股指期货——价值线指数期货(Value Line Index Futures),芝加哥商业交易所于同年 4 月 21 日推出标准普尔 500 指数(S&P500)期货,芝加哥期货交易所于 1997 年 10 月推出道琼斯工业平均指数(Dow Jones Industrial Average,DJIA)期货,纽约证券交易所的子公司纽约期货交易所(New York Board of Trade,NYBOT)于 1982 年 5 月 6 日推出了 NYSE 综指期货,2004 年代之以 Revised NYSE 综指期货,上述期货已成为美国指数期货市场的旗舰产品。

② 即套期保值功能,投资者利用股指期货市场和股票现货市场间的价格关联关系在期指市场建立与股票市场反向的持仓头寸来对冲股价现货的价格波动风险。基本操纵方式有二:一是空头套期保值,投资者在持有股票现货情况下为防范股价下跌风险而卖出股指期货,若股价下跌,投资者便在期货市场上卖出股指期货合约获利以弥补股票现货市场损失,这不仅可以继续保持股东权利,还可就此锁定股票资产价值;二是多头套期保值,即投资者尚未持有股票现货,但担心未来股价上涨导致购买成本上涨,由此买入股指期货,若股价上涨,投资者提前买入股指期货的盈利就可以弥补购买股票现货成本上升的损失。

③ 股票市场与期指市场的相对独立性所产生的股价指数与股指期货点位间的差价会吸引大量投资者通过跨市场交易获取低风险的差价收益,使期指市场与股票市场间维系紧密的价格关联关系。套利有两种基本方式:一是正向套利,即当股指期货价格高于股价指数点位产生一定正价差时,在期货市场上做空股指期货合约,在股票现货市场上做多与股指期货接近的资产,这样无论未来市场价格涨跌,通过股指期货与股票现货的对冲就能获得稳定的价差收益;二是反向套利,即当股价指数点位高于股指期货价格产生负价差时,可以在期货市场做多股指期货合约,在股票现货市场融券做空与股指期货接近的资产,这样无论未来市场涨跌都能获得稳定的价差收益。

④ 期指市场的保证金杠杆使投机者能用更少资金撬动更大交易,双向交易机制赋予投机者便利交易渠道,"T+0"交易制度为投机者提供充分的流动性。

价格发现、①价格平缓、②优化资源配置③等宏观层面功能。如今,期指市场凭借其自身的功能优势备受投资者青睐,已经跻身于全球主流金融衍生品市场行列。

我国期指市场最初是沿自下而上的市场创新路径发展的,海南证券交易中心于1993年推出了以深圳综合指数和深圳A股指数为标的的期指合约。然而,由于期指作为金融衍生品的复杂性超出了当时市场投资者的认知能力,市场的疑虑观望致使交易冷清,其未能发挥风险对冲和价格发现等功能。此外,期指市场更高的可操纵性及获利性立刻被发现并利用。当年9月,深圳平安保险公司福田交易部在收市前15分钟出现了大户联合打压期指合约价格的操纵行为,这随即引起监管部门的关注。最终,当时的国务院证券委员会认为期指交易因未经监管部门批准,属于违法行为,故而责令海南证券交易中心于当年9月底全部平仓期指合约并停止交易,自下而上的市场创新路径自此夭折。但金融衍生品特有的功能优势使监管层无法将其全盘否决,国务院证券委员会在关停期指交易的同时批准上海证券交易所向个人投资者开放国债期货交易,这表明期指发展转向自上而下的政府推动路径。而1995年的"327国债期货操纵事件"④和

---

① 期指市场的低成本、高透明和强流动优势使其近似完全竞争市场,价格可以更迅速真实地反映市场供求和预期,激励投资者先在期指市场调整交易,使期指价格具有领先股票价格的指示效应。参见薛宏刚等:《股票指数期货——投资、套利与套期保值》,科学出版社2008年版,第33页。

② 期指市场的零和效应促使做多或做空的对手方(需要承担损失交易方)会全力抑制期指价格的大幅涨跌,具有直接对期指价格波动、间接对股票价格的平缓功能。

③ 参见陈斌彬、张晓凌:《股指期货和股票现货跨市场交易监管研究》,厦门大学出版社2015年版,第14~17页。

④ "327"是对应1992年发行1995年6月到期兑付的3年期国库券的国债期货合约代号,国库券总量为240亿元人民币。为对应当时居高不下的通货膨胀率,财政部决定参照中国人民银行的保值贴补率给予部分国债以保值补贴,致使国债收益率不确定。此外,当时的国务院证券委决定自1995年1月1日起取消"T+0"交易,实行"T+1"交易制度,促使投资者转向国债市场。上述因素引发国债市场行情瞬间火爆。当时万国证券预测327国债最终兑付价为132元,而当时"327"国债期货在147~148元波动,因此联合辽宁国发集团成为空头主力,而隶属财政部的中国经济开发信托投资公司成为多头主力。1995年2月23日,财政部告称"327"国债将按148.50元兑付,中国经济开发信托投资公司随后借利好将价格推至151.98元,辽宁国发集团迅速空翻多倍,致使万国证券面临60亿元的巨额亏损。为维护自身利益,万国证券于当日收盘前8分钟在没有足够保证金的情况下砸出1056万口卖单,面值高达2112亿元,远超"327"国债240亿元的发行总量。卖单迅速将价格打压至147.40元,致使多方全部爆仓。上海证券交易所当日晚在紧急会议后宣布收盘前8分钟内所有交易异常无效,"327"国债期货最终兑付价由会员协议确定,致使万国证券因亏损56亿元而濒临破产。

“巴林银行破产事件”①促使监管层决定暂停国债期货交易，我国金融衍生品的发展陷入沉寂。十年后，金融衍生品的发展迎来转机。一个转机是期指等风险管理市场的缺失使A股投资者缺乏必要的风险对冲工具，新加坡交易所为满足A股市场合格境外投资者的风险对冲需要于2006年推出新华富时A50期指，②成为全球首个跟踪A股市场价格指数的期指产品，意图夺取我国资本市场定价权。另一个转机是与内地的文化背景近似的我国香港地区相继推出红筹股的股指期货和H股的股指期货且运行良好，提供了有益的借鉴经验。

重压之下，内地市场于2005年开始着手编制沪深300等股价指数，同年，《证券法》修订时扩大了证券的涵盖范围，纳入了证券衍生品，为股指期货的重生预留了合法空间。2006年，国务院成立中国金融期货交易所并启动股指期货仿真交易，2007年的《期货交易管理条例》将适用范围拓展至金融期货，证监会也相继出台《期货公司金融期货结算业务办法》《关于建立股指期货投资者适当性制度的规定》等规章，中国金融期货交易所亦制定了《中国金融期货交易所交易规则》《中国金融期货交易所结算细则》等准则文件，为期指交易提供制度性保障。2007年8月，在证监会协调下，上海证券交易所、深证证券交易所、中国金融期货交易所、中国证券登记结算有限公司和中国期货保证金监控中心有限责任公司等五方签署了股票期现跨市场监管协作“1+3”协议，③构建了跨市场监管协作制度框架。在上述工作的基础上，国务院于2010年批准沪深300期指合约上市交易，其后又于

---

① 1994年下半年，巴林银行驻新加坡国际交易所交易员里森预测日本经济股市将出现上涨趋势，大量买入日经225期指合约，但1995年年初的日本关西地震致使股市暴跌，里森遭受重创。为挽回损失，里森在继续大量补仓日经225期指合约的同时大量卖空日本政府债券期货，意图通过打压债市价格，利用债市与股市之间的反向价格关联效应推升股价，然而并未奏效。1995年2月23日，日经225指数暴跌350点，而债市价格则一路上扬，期指的巨大杠杆效应使里森的交易损失达14亿美元，为巴林银行全部资本储备金的1.2倍，致使巴林银行倒闭。

② 香港新华富时指数有限公司于2004年编制跟踪我国A股市场的新华富时中国A50指数（FTSE Xinhua China A50 Index），该指数覆盖中国A股市场50只大盘股，约占A股市场总市值33%，基本能代表A股市场的总体水平。

③ 具体包括《股票市场与股指期货市场跨市场监管备忘录》《股票市场与股指期货市场跨市场监管信息交换操作规程》《股票市场与股指期货市场跨市场监管反操纵操作规程》《股票市场与股指期货市场跨市场监管突发事件应急预案》。

2015年批准上证50和中证500期指合约上市交易,期指市场的交易规模逐渐扩大,日趋繁荣。

(二)期指市场的特有属性

期指是以股票为原生资产的金融衍生品,期指本身不具有独立的价格机制,而是以期指合约规定的结算日当天股票市场收盘后确定的合约标的股价指数为结算依据,通过股价指数与股票市场关联。相比股票价格疏离于所代表实物资产价值的虚拟性,以股票为原生资产的期指是"在虚拟基础上的虚拟",即所谓的"双重虚拟性"。故而相比股票价格,期指价格具有更大的波动幅度和更剧烈的波动频率。同时,投资者交易股票等原生资产更多是为了实现资产的保值增值,交易期指等金融衍生品更多是为了对冲原生资产市场的价格波动风险。前者属于原生资产市场中的证券市场,后者属于衍生资产市场中的金融期货市场,这也决定了股票市场和期指市场具有不同的交易制度和监管规则。

首先,二者交易的对象不同。期指市场交易的是期限性的期指合约,投资者或是在结算日之前平仓,或是在结算日现金交割,总之,对期指合约头寸的持有均具有期限性。如沪深300期指合约有当月、次月及随后两个季月共四种合约,即便是季月合约的存续期也仅为6个月。股票市场交易的是代表上市公司所有权凭证的股票,其并不存在持有期限问题,只要上市公司不退市便可被长期持有。

其次,二者交易的杠杆度不同。期指市场适用保证金交易制度,投资者借助保证金杠杆,仅需动用少量资金便可撬动数倍的交易规模,成倍放大交易的盈利和风险。为控制风险,投资者的保证金账户一旦减损就必须于当日结算后追加保证金以消除保证金账户负债,否则将被强行平仓,此即所谓"当日无负债"结算制度。股票市场原则上适用全额交易制度,除融资融券标的股外,投资者须具有足够的资金方能完成交易,否则交易指令将无法被执行,全额交易制度在限制交易收益的同时也锁定了风险,投资者在买入股票后无须结算账面盈亏或追加资金,故而股票市场的交易风险小于期指市场。

再次,二者交易的机制不同。期指市场实行双向交易机制,投资者通过做多或做空交易,无论股指价格涨跌均可获利,而期指市场的零和效应促使做多或做空的对手方会全力抑制期指价格的大幅涨跌,平缓市场波动。股票市场虽然有融券机制为市场提供做空途径，但当前融券做空存在严格的准入门槛、较高的成本、有限的标的股票以及融券券商较少等诸多限制，在很大程度上限制了股票市场交易机制的均衡，[①]投资者倾向于利用市场涨势做多获利，而在市场跌势下则迅速抛售离场，致使股市仍延续“追涨杀跌”的局面，加剧股市价格的波动性。

复次，二者交易的结算方式不同。期指市场交易以现金交割结算，交割时只计算盈亏而不转移股票，投资者建仓期指合约后只能凭借价格涨跌赚取交易价差。股票市场交易结算则要完成股票所有权的转移，投资者买入股票后，除可凭借股价涨跌获得交易价差外，还能获得股票分红、送股收益、参与股东大会等一系列股东权利。

最后，二者交易的结算时间不同。期指市场实行“T+0”交易结算规则，无论做空或做多，所得现金或期指合约均会在交易当日转入投资者账户，投资者在一天内可实施数次交易，赋予期指市场以极高的流动性。股票市场交易结算实行卖出的“T+0”规则和买入的“T+1”规则，即卖出股票所获现金在交易当日便转入投资者的现金账户备用，而买入股票则需在交易次日才转入投资者的证券账户，致使投资者至少要到买入次日才能处置账户内的股票，因此，股票市场的流动性总体上低于期指市场。

综上所述，期指合约高度的标准化赋予期指市场以极强的流动性，为操纵者的吸筹和出货提供极大便利。期指交易的高杠杆化使交易者可“以小博大”撬动数倍交易量，[②]这不仅降低了市场的交易成本，还成倍放大了跨市场套期保值、套利和投机的收益。而期指交易的现金交割不仅使操纵者避免巨大的持股成本和风险，[③]同样增强了市场的流动性，便于交易者迅速

---

① 郑少华、齐萌：《融券卖空监管的法律思考——兼析金融危机前后的美国卖空监管》，载《中国法学》2010年第4期。

② 在2015年6月我国A股市场爆发股市震荡之前，中证500股指期货交易的保证金比例为10%，而沪深300股指期货交易的最低保证金比例仅为8%。

③ 如此的原因在于：一是股价指数是由众多指数成份股价格加权得出的高度虚拟金融资产，若实物交割则势必涉及繁琐的计算以及股票转让等繁杂手续，极大增加股指期货的交易成本；二是股指期货交易的本意是对冲风险、市场套利等，绝非是为转让指数成份股；三是可以避免合约到期时因股票现货流通量有限而出现迫使股指期货空头抢购股票、多头倾销股票的投机乱象。

平仓变现。最终，相比股票市场，期指市场凭借其“低成本、高杠杆、强流动”的特质，以将金融市场风险转移给有意愿和能力承担风险的投资者的方式将市场的集中性波动风险分解为经常性波动风险，将难以控制的瞬间风险释放消解为可控的经常性风险，使整个资本市场更灵活、更稳定、更高效。

但股票期现市场之间的结构性差异也造成两市场的价格波动幅度不同，波动时点亦有差异。具体而言，期指市场价格波动的幅度更大，时点更为提前。之所以如此，是因为期指市场对新信息的反映更为剧烈、更为超前：一是期指的“双重虚拟性”使价格具有更高的信息敏感性；二是期指标的指数成份股中的小盘股流动性较差，成交量较小，其价格走势难以实时反映市场基本面的变化，往往造成因股价指数难以及时充分反映市场行情而出现“stale 现象”；三是期指市场的低成本、高杠杆、强流动优势不仅吸引投资者优先在期指市场调整交易策略，也便于其快速调整持仓以应对新信息的冲击。实证研究表明，期指价格会在应对新信息的过程中迅速形成新的均衡价格，而后再传达至股票市场，具有引领股市价格变化的“价格发现功能”。①

（三）期指市场操纵风险的特质

期指是以特定股价指数为标的的金融衍生合约，而股价指数是综合反映股市价格总体水平及变动情况的指标。借助股价指数关联，期指可成为以股票为基础资产的虚拟性衍生商品。首先，期指以表现为一组数字的股价指数为标的，而股价指数随成份股价格的波动而波动，致使期指合约因其后果对交易双方的不确定而具有强烈的“射幸性”；②其次，期指合约在结算日以确定的合约乘数（每一指数点的对应价格）来计算每份合约的结算价格，③在结算之前，期指合约交易的实质是未来预测的可能结果，具有明显的“诺成性”，④其价格受供求影响而疏离于标的指数成份股价格，具有更为明显的波动性。换言之，期指既非所有权或债权凭证，也不表征任何股票，

---

① Pizzi A. & H. M. O'Nell, *An Examination of the Relationship between Stock Index Cash and Futures Markets: A Co-integration Approach*, The Journal of Futures Markets, 1998(3), p. 297 – 305.

② 丁凤楚：《我国股指期货风险防范的法律机制探讨》，载《江西财经大学学报》2011 年第 1 期。

③ 如美国标普 500 期指合约的乘数为每点 250 美元，若结算日标普 500 指数为 1600 点，则一份标普 500 期指合约的结算价为 400, 000 美元。

④ 徐冬根主编：《国际金融法律与实务研究》，上海财经大学出版社 2000 年版，第 392 页。

而是通过“期指合约—股价指数—指数成份股—股票代表的实物资产”这一绵长的关联链条与实物资产关联，在股票价格疏离于其所代表实物资产价值的虚拟性基础上，期指价格更是具有疏离于标的指数成份股价格的虚拟性，即所谓的“双重虚拟性”。

此外，期指市场“低成本、高杠杆、强流动”的特质同样赋予期指市场操纵行为以更大的获利以及更高的价格波动风险。其一方面使期指市场价格具有更强的信息敏感度，各种宏观、中观、微观信息甚至传闻都会造成金融衍生品价格剧烈波动；另一方面又增强了期指市场操纵行为所蕴含的价格波动风险，而市场的低成本则降低了操纵行为的实施门槛，市场的高杠杆又成倍放大了操纵行为对市场价格的冲击效果，市场的强流动性为操纵者的吸筹和出货提供极大便利，便于操纵者全身而退。综合来看，期指市场凭借“双重虚拟性”和“低成本、高杠杆、强流动”的特质成为市场操纵的“放大器”和“加速器”，使期指市场操纵行为蕴含更为剧烈的价格波动风险，诱发更为严重的市场危机。

“巴林银行破产事件”已经显现出金融衍生品市场操纵的巨大威力。1994 年，巴林银行驻新加坡交易所交易员里森预测日本股市的上涨趋势，大量买入日经 225 期指合约，但 1995 年年初的日本关西地震致使日本股市暴跌。为挽回损失，里森在继续大量补仓日经 225 期指合约的同时大量做空日本政府债券期货，意图利用债券期货市场与债券市场之间的正向跨市场价格关联机制压低债券市场价格，再借助债券市场与股票市场之间的反向跨市场价格关联机制推升股价，最终凭借股票市场与期指市场之间的正向跨市场价格关联机制拉升日经 225 期指合约价格。然而这一系列复杂的跨市场操纵策略并未奏效，当年 2 月 23 日，日经 225 指数暴跌 350 点，期指市场的高杠杆效应使里森损失 14 亿美元，为巴林银行全部资本储备金的 1.2 倍，致使巴林银行倒闭。我国 1995 年“327 国债期货操纵事件”同样显现出金融衍生品市场操纵的巨大威力。① 其时，作为基础资产的“327”国债

① “327 国债期货操纵事件”爆发于国债期货市场，但由于国债期货与股指期货同属金融衍生中的金融期货类，二者市场均具有“低成本、高杠杆、强流动”特质，故而通过对“327 国债期货操纵事件”的分析可以说明期指等金融衍生品市场的操纵行为蕴含更大的价格波动风险以及更严重的危害结果。

总量为240亿元人民币，为控制该国债的最终兑付价格，在对应的“327”国债期货市场中，多空双方在结算日当天的交易额高达数千亿元，其中，持有巨额空仓的万国证券最后竟然砸出面值高达2112亿元的卖单，瞬间将价格压至多方全部爆仓，迫使上海证券交易所宣布收盘前8分钟的所有交易无效，万国证券因亏损56亿元而濒临破产，更造成了我国金融衍生品市场的长期停滞。2015年，“伊世顿操纵案”再次显示了金融衍生品市场操纵的巨大威力。伊世顿公司利用高频程序化交易软件，通过技术伪装绕过柜台检查直连交易所的服务器，凭借其高达30毫秒/笔的下单速度试探500毫秒内的场内交易对手情况，掌握交易对手的交易数据，从而判断超短时间差内的市场交易方向，即时修正操纵策略，委托申报明显偏离市场最新价格的报单，在两年半的时间内非法获利逾20余亿元，仅在2015年6月初至7月初，该公司在期指市场的获利就高达5亿余元。①

如果说期指的高虚拟性在量的层面放大了操纵行为所蕴含的价格波动风险，期指的跨市场属性则在质的层面赋予行为价格波动风险以系统性特质。金融衍生品具有明显的跨行业、跨机构、跨市场属性，以期指为例，其以合约标的股价指数为结算依据的特质贯通了期指市场和股票市场之间的价格关联渠道，因此，期指的跨市场属性决定了涉及期指的操纵行为必然具有跨市场的特征。② 期指市场操纵行为的跨市场属性使其蕴含的价格剧烈波动风险不再局限于单一市场，而是显现出向基础资产（股票）市场外溢的系统性，尤其跨市场监管制度的不健全将激励跨市场操纵行为的实施，造成金融风险跨市场传递。③ 在“伊世顿操纵案”中，伊世顿公司操纵期指市场的行为不仅造成投资者的损失，也重创市场投资者的信心，致使三大期指合约买盘急剧萎缩，带动股市指数下跌，助推市场恐慌情绪蔓延，股票期现市场

---

① 李娜：《境外期货操纵案发 伊世顿高频交易解密》，载《财会信报》2015年11月9日，第E2版；董铮铮：《伊世顿暴利案背后的“幌骗交易”》，载《上海证券报》2015年11月24日，第F1版。

② 张维等：《从波动性和流动性判别股指期货跨市场价格操纵行为》，载《管理评论》2011年第7期；浙江财经学院、上海中大经济研究院：《股指期货跨市场监管——基于投资者跨市场交易行为的理论及实证研究》，上证联合研究计划研究报告，2011年第21期。

③ 陈虹等：《我国股指期货市场与股票现货市场的价格关系——来自中国资本市场的经验证据》，载《中南财经政法大学学报》2012年第6期。

之间出现市场价格“负反馈循环下跌”的现象，最终引发股市震荡。由此可见，期指市场操纵行为所蕴含的价格波动风险不仅在量的层面远大于单一股票市场操纵，在质的层面也开始显现出跨市场传播的系统性。

三、跨市场操纵风险的系统性演变

具有安全优势的金融分业经营体制和资本市场隔绝结构使单市场操纵的价格波动风险呈现出微观的非系统属性。金融衍生品打通资本市场之间的价格关联渠道，在重新配置、分散、化解风险的同时亦潜伏新的风险。[①]风险既可能来自股票市场的转移，也可能源于跨市场交易的衍生；既可能源于投资者、经纪公司、交易所或结算机构，也可能源于国家的宏观政策或决策层的监管措施；既可能内生于境内市场，也可能外源于海外市场；既可能是跨市场交易被动的转移，也可能是跨市场操纵主动的制造。在资本市场融通趋势下，市场操纵的价格波动风险沿跨市场价格关联渠道传递、蔓延并最终衍生为威胁金融安全的系统性风险。近年来，随着我国逐步融入国际金融体系而逐渐加大的国际金融竞争的压力强化了西方国家金融衍生品交易实践对我国的影响，在内部深化改革的助力下，我国重启金融衍生品市场，开启资本市场融通变革，在催生跨市场操纵的新动向、新策略、新形态的同时亦使操纵行为的价格波动风险呈现系统性演变的新趋势。

（一）资本市场的融通变革

“不同金融市场关联性的存在使金融风险能在相关联的市场间传导，若将各金融市场完全分割开来，则金融风险是无法在缺乏互动性的金融市场间传导的，由此可得出金融市场的关联性和互动性是金融风险传导的基础。”[②]就资本市场而言，其在不同金融体制下具有不同的结构以及关联度。长期在自由经济思想主导下的西方各国具有根深蒂固的市场自治理念，高度认同“诱致性”金融制度演进路径，尊重市场“自生自发”的自律监管，以致对

---

① 巴塞尔委员会（BCBS）和国际证券监督管理委员会组织联合发布的《衍生产品风险管理指引》将金融衍生品交易风险概括为市场风险、信用风险、流动性风险、操作风险和法律风险等类型。

② 卓娜、昌忠泽：《金融风险的成因、传导与防范：国内外研究述评》，载《技术经济》2015年第3期。

作为政府干预具体方式的金融监管的合宪性争论和质疑延续至今,①金融监管的合法性和正当性备受质疑。在“最大市场最小政府”的时代,金融机构遵循“法无禁止即自由”的原则自由自愿地参与包括银行、证券、保险在内的所有金融交易,无所谓混业或分业的经营限制,而混业经营凭借效率优势成为普遍选择。资本市场“在市场出现到政府全面介入前的历史演变中,自我管理成为市场管理的主要形式”,②但限于当时金融产品的单一,股票、债券、期货等市场基本处于隔绝状态。

越发严重的金融危机凸显了“看不见的手”的无能为力和“看得见的手”的相对优势。1929 年金融危机促使美国决心遏制金融风险跨行业、跨机构、跨市场的系统性传递,制定《格拉斯 – 斯蒂格尔法》(Glass-Steagall Act),确立了具有相对安全优势的金融分业经营制度:一是金融机构与实体机构分离,银行等不得向非金融机构投资;二是经营不同业务的金融机构分别设立并独立经营;三是银行、证券、保险等业务分别由不同金融机构经营。随着美国金融业独占鳌头,其分行业、分机构、分市场的监管模式也被其他国家奉为圭臬,推动世界进入金融分业经营时代。③ 在金融分业经营体制下,资本市场的各子市场处于分交易所交易、分市场立法、分机构监管的隔绝状态,各子市场风险因被局限于各自市场内而不具有系统性,由此确立了聚焦于单市场行为和风险的微观监管体制。

以牺牲效率为代价维护稳定的分业经营制度自始便备受质疑。20 世纪 70 年代,外部激烈的国际竞争和内部严重的经济滞涨压力催生金融自由化思潮,促使西方各国启动放松监管改革,鼓励金融创新,倾向金融效率,积极发展跨机构、跨行业、跨市场的金融衍生品。原本泾渭分明的银行、证券、保险、信托等行业界限逐步消解,分业经营限制不断被冲击。为适应越发明显的金融综合化经营趋势,各国纷纷通过监管改革逐步废除分业经营限制

---

① Aulana L. Peters, *Independent Agencies: Government's Courage or Salvation*, Duke Law Journal, April 1988, p. 286.

② 洪伟力:《证券监管》,上海财经大学出版社 2000 年版,第 13 页。

③ 虽然当时多数国家均效仿美国设立金融分业经营规则,但也有个别国家仍然坚持金融混业经营,如德国、瑞士等,始终实行全能银行式的混业经营模式。参见于永宁:《后危机时代的金融监管变革之道》,法律出版社 2013 年版,第 50 页。

并调整监管体制。英国通过《1986 年金融服务法》(Financial Service Act of 1986)启动“金融大爆炸”改革,确立金融集团式的综合经营模式,又通过《2000 年金融服务和市场法》(Financial Service and Markets Act of 2000),授权金融服务管理局统合金融监管权,构建集中统一的监管体制,①确立了“混业经营、统一监管”的金融体制,随后被日本、韩国等效仿。美国通过《1999 年金融服务现代化法》(The Financial Service Modernization Act of 1999),正式取消分业经营限制,选择了金融控股公司式的综合化经营模式,在原来碎片化的多头监管基础上构建伞形功能监管体制,确立了“综合经营、功能监管”的金融体制。② 综合经营成为全球金融业发展的基本趋势。③

金融监管立法的变革加速了资本市场一体化的融通进程,而长期的金融分业经营实践和资本市场风险隔绝经验使人们认为系统性金融风险只是源于银行业而非资本市场,故而在资本市场的监管制度安排中忽视了宏观审慎的监管设计以及不同市场间的监管协调机制。但随着金融衍生品的兴起和金融体制的变革,各子市场的风险逐渐随着资本市场一体化融通进程而不断加大和外溢,美国 1987 年“股灾”的爆发就显现出股票期现市场之间价格循环下跌的“瀑布效应”。④ 一般而言,持股投资者会在期指市场反向做空以对冲持股风险,一旦股价下跌,投资者便涌入流动性更好的期指市场做空,压低期指价格,而期指市场的高流动性又使期指合约价格往往低于所对应的股票价格,因而出现价格基差,吸引套利者在期指市场买进合约,在股票市场卖出对应股票,将期指市场卖压传递到股票市场,引发股票市场新一轮下跌,迫使投资者再次进入期指市场做空抛售……如此循环往复,股

① 宋海鹰:《〈金融服务与市场法〉对英国金融监管的变革》,载《国际金融研究》2001 年第 5 期。

② 罗培新:《美国金融监管的法律与政策困局之反思——兼及对我国金融监管之启示》,载《中国法学》2009 年第 3 期。

③ 詹向阳、郑艳文:《综合经营的历史和前瞻》,载《中国金融》2015 年第 17 期。

④ 1987 年 10 月 19 日,美国纽约证券交易所道琼斯 30 工业股指数在开盘后的几小时内突然暴跌 508.32 点,跌幅达 22.62%,为 1929 年金融危机崩盘时的 2 倍,市值蒸发高达 5000 余亿美元,相对于美国当年国内生产总值的 12.5%。同日,美国芝加哥商业交易所的 S&P 500 期指合约价格同样暴跌,跌幅高达 28.6%。参见陈斌彬、张晓凌:《股指期货和股票现货跨市场交易监管研究》,厦门大学出版社 2015 年版,第 59 页。

票期现市场价格就会犹如倾泻直下的瀑布般相互牵引并迅速崩盘。1987年"股灾"展现出子市场风险随着资本市场一体化融通而系统性溢出的新演变,迫使美国启动资本市场的跨市场监管改革。[①] 国际证券监督管理委员会组织也在《证券监管的目标与原则》中将"减少系统性风险"列为证券监管的目标之一。[②]

但激烈的国际竞争迫使各国不断退让监管底线,在"华盛顿共识"之下纷纷采取更彻底的放松监管措施,使全球范围内的金融自由化浪潮达到巅峰。[③] 金融综合经营和资本市场融通变革使金融风险沿着跨行业、跨机构、跨市场甚至跨境的价格关联渠道传播、蔓延,不断放大资本市场在社会经济体系中的系统重要性:一是各种金融业务相互渗透,各大金融机构彼此关联,各个资本市场紧密联动,加之金融衍生品的复杂结构和监管盲区,使资本市场的风险具有极强的隐蔽性;二是金融衍生品的高杠杆使资本市场交易严重背离基础资产和实体经济,其风险具有极高的乘数效应;三是金融综合经营的交叉业务、金融衍生品的放大效应以及资本市场的相互融通使资本市场风险不断汇聚、积累,极易衍生为系统性风险。监管的宽松促使资本市场深度融合,并与货币、外汇等其他金融市场以及工商业、房地产等实体经济密切关联,系统性风险被进一步放大。"更放松的金融监管带来短期的繁荣,却不可避免地导向长期的危机"。[④] 2008年金融危机充分展现了在金融综合经营和资本市场融通时代中资本市场系统性风险的巨大威力,这促使西方国家反思其监管模式,"使人们形成证券市场发生系统性危机的认识,开始重视这种系统性风险",[⑤]对系统性金融风险的认识也由传统的

---

① 美国政府于1987年"股灾"后指定布雷迪小组调查分析原因。1988年,布雷迪小组发布《布雷迪报告》,建议政府设置跨市场监管机制。参见王小丽:《股票和股指期货跨市场监管法律制度研究》,安徽大学2012年博士学位论文,第24页。

② International Organization of Securities Commissions, *Objectives and Principles of Securities Regulation*, www. csrc. gov. cn/pub/newsite/gjb/gjzjhzz/ioscojgmbyyz/200507/P020150520676286718542. pdf.

③ 常云昆:《新自由主义的兴起与华盛顿共识的终结》,载《人文杂志》2004年第5期。

④ Adam Levitin, *The Politics of Financial Regulation and the Regulation of Financial Politics: A Review Essay*, Harvard Law Review, Vol. 127, p. 2045 (2013).

⑤ Steven Schwarce, *Systemic Risk*, Georgment Law Journal, Vol. 97, p. 145 (2008).

“太大而不能倒”原则向“太关联而不能倒”的新理念转变。[①] 因资本市场一体化融合而出现的系统性风险演变开始得到关注。

我国金融业在改革开放初期因计划经济的路径依赖而处于浅层次的混业状态，银行除经营存贷业务外还涉及证券承销、投资及信托等金融业务，随着业务之间的利益冲突加剧，特别是银行存款大量流入证券市场造成资产泡沫并积累系统性风险等问题日益突出，金融混业经营开始危及金融安全和社会稳定。“327 国债期货操纵事件”最终促使中央决心整顿金融体系，将金融体系转向侧重安全的金融分业经营制度。制定于 1995 年的《商业银行法》首次确定了金融分业经营的原则，[②]其后的《保险法》和《证券法》也分别重申了这一原则，[③]确立了“分业经营、分业监管”的金融体制。然而日益激烈的全球金融竞争凸显分业经营的效率弊端，现代信息技术的进步又成倍放大了综合经营在资金、信息、技术、资源、管理等方面的规模优势。发达国家的良性实践使综合经营作为增强国际金融竞争力的有效方式成为共识，随着我国逐渐融入国际金融体系，综合经营不断强化对我国的影响，促使决策层考虑金融综合经营的可能。《商业银行法》《保险法》《证券法》在修订时均以“国家另有规定”的例外条款赋予综合经营以合法的尝试空间。[④] 各金融监管机构纷纷制定规章推动金融综合经营尝试。[⑤] 各金融机构则通过银信、银证、银信证、银信保等合作方式迅速形成“通道”式混业

---

① 杨子晖、周颖刚：《全球系统性金融风险溢出与外部冲击》，载《中国社会科学》2018 年第 12 期。

② 1995 年《商业银行法》第 43 条规定：“商业银行在中华人民共和国境内不得从事信托投资和股票业务，不得投资于非自用不动产。商业银行在中华人民共和国境内不得向非银行金融机构和企业投资……”

③ 1995 年《保险法》第 5 条规定：“经营商业保险业务，必须是依照本法设立的保险公司。其他单位和个人不得经营商业保险业务。”1998 年《证券法》第 6 条规定：“证券业和银行业、信托业、保险业分业经营、分业管理。证券公司和银行、信托、保险业务机构分别设立。”

④ 2003 年修订的《商业银行法》在第 43 条增加“但国家另有规定的除外”；2005 年修订的《证券法》在第 6 条增加“国家另有规定的除外”；2009 年修订的《保险法》在第 8 条增加“国家另有规定的除外”。

⑤ 如中国人民银行、银监会、证监会于 2005 年联合制定《商业银行设立基金管理公司试点管理办法》，银监会于 2008 年制定《银行与信托公司业务合作指引》和 2009 年发布《关于进一步规范银行代理保险业务管理的通知》等。

模式,以及高层次的金融集团式混业模式。[①] 同时,金融衍生品的创新层出不穷,资本市场之间的关联越发密切,市场风险也随着市场的融通趋势而呈现出系统性演变,而蕴含价格波动风险的市场操纵正是资本市场系统性风险的重要源头。

（二）跨市场操纵风险系统性演变的机理:跨市场信息传导机制

金融市场的联动是系统性风险的重要因素,有效辨识和防范系统性金融风险很重要的一个方面就是分析金融风险作用的机制。[②] 市场操纵的违法性源于其主动制造商品价格的波动以获利的内在机理,其蕴含着不必要的市场风险,这种风险在资本市场的融通结构中会沿跨市场价格关联渠道外溢、蔓延至关联市场。可见,跨市场价格关联机制是跨市场操纵行为风险系统化演变的物质基础。同时,如前所述,金融商品所具有的价格疏离于实物资产价值的虚拟性决定了金融商品价格具有极高的信息依赖度和敏感性,市场交易的盈亏更多取决于市场信息的占有与否以及占有的早晚。因此,资本跨市场价格关联与否以及程度取决于跨市场信息传导机制的顺畅与否及其程度。自我国推出期指市场以来,股票期现市场之间的跨市场信息传导机制一直是学界关注的焦点,现有研究一致肯定股票期现市场之间存在明显的跨市场信息传递渠道,[③]而不同的信息类型具有不同的跨市场信息传导机制。

市场信息依其来源可分为外源性信息和内生性信息。就外源性信息而言,依据信息的波及范围又可进一步细分为具有个体或局部影响的非系统性信息和具有全局影响的系统性信息。资本市场在多数情况下充斥着上市公司的经营、财务、管理等针对个股的非系统性信息,并反映为个股价格的波动,而后个股的价格波动再通过加权计算反映为股价指数的波动,难以实现超前计算。[④] 可见,非系统性信息对个股价格波动的影响是

---

① 如以中信、光大为代表的老牌金融集团,以工行、中行为代表的银行金融集团,以中国人寿为代表的保险金融集团,以华融、长城为代表的资管金融集团,以泰达、鲁信为代表的地方金融集团,以泛海、复星为代表的民营金融集团,以阿里、腾讯为代表的互联网金融集团,等等。

② 陈志刚:《金融市场联动与系统性风险》,载《中国金融》2018 年第 3 期。

③ 唐海仕:《我国股指期货与股票市场的互动影响及跨市场监管研究》,中南大学 2012 年博士学位论文,第 117 页。

④ 谢杰:《跨市场操纵行为监管研究》,载《上海金融》2015 年第 10 期。

直接的，对股价指数波动的影响是间接的，对期指合约价格波动的影响则更为有限。因此，期指市场对非系统信息反映的准确性较差，其更依赖于股票市场的反映。

系统性信息是由政治、经济、社会等宏观因素诱发的政策变动、规则修订、法律变更等影响金融市场全局的信息，股票市场和期指市场均被其覆盖。但二者对系统性信息的反映方式不同，股票市场对系统性信息先是直接反映为个股价格的涨跌，而后再通过加权计算反映为股价指数的涨跌，而期指市场则直接将系统性信息反映为期指合约价格的涨跌，也就是说，股价指数对系统性信息是通过个股价格波动来间接反映的，而期指合约价格对系统性信息则是直接反映的。加之股票市场的中小盘股因流动性较差，其价格难以及时反映市场信息，导致两大市场对系统性信息的反映存在一定的时间差，期指市场的价格反应速度要领先于股票市场，并形成对股市价格波动的引领效应。

就市场的内生性信息而言，传统理论认为期货市场具有分担现货市场信息冲击的缓冲功能，但传统理论仅将期货市场限定为消极反映信息的被动角色，忽视了期货市场交易也承担着积极释放新信息的主动角色。[①] 就期指市场而言，市场交易所释放的信息传递至股票市场，对股市投资者的交易决策形成引导功效，而且这种引导功效具有明显的“棘轮效应”，[②]即股市投资者越是关注期指市场的交易行情，其对股市投资者交易决策的引导作用越大，越能吸引股市投资者关注期指市场的交易行情，由此形成跨市场信息传导机制的正反馈循环效应。尤其是当股市行情处于混沌不清的敏感时期，期指市场交易行情的引导作用尤为明显，在极端情况下，期指市场的交易行情甚至会引发“瀑布效应”式的跨市场循环崩盘危机。

在美国 1987 年“股灾”之前，美国投资基金为对冲股市投资风险而在期指市场做空“保险”，以便在股市投资出现损失时能够通过期指市场的

---

① 王小丽：《股票和股指期货跨市场监管法律制度研究》，安徽大学 2012 年博士学位论文，第 43 页。

② “棘轮效应”一词最初来自对苏联式计划经济制度的研究。在计划体制下，企业的年度生产指标根据上年的实际生产不断调整，因此好的表现反而由此受到惩罚。这种期望或考核标准随业绩而上升的趋向被称为“棘轮效应”。

空头仓位补偿。这种股票期现跨市场的反向风险对冲操作通常有利于市场的稳定运行。但当股市处于信息混沌不清的敏感期,在利空系统性信息的冲击下爆发市场普遍恐慌时,期指市场的低成本、高杠杆、强流动优势会带来消极影响:一是会迫使股市投资者进入期指市场做空止损,压低期指价格;二是会吸引市场投机者迅速进入期指市场做空获利,再次压低期指价格;三是期指市场价格领先下跌优势所形成的基差又会吸引套利者入场,套利者通过买进期指合约并卖出对应成份股实施跨市场套利,推低股市价格,又迫使股市投资者进入期指市场做空以对冲持股风险,再一次压低期指价格。如此循环反复,最终会造成股票期现市场价格呈现相互引领的直线暴跌,即所谓的"瀑布效应",吸引更多的跨市场套利者再次入场做多期指合约,做空股票现货,由此形成跨市场交易信息负反馈的恶性循环。在高频程序化交易技术的助力下,最终使股票期现市场在短时内爆发"瀑布效应"式循环下跌的崩盘危机,我国2015年的股市震荡就是典型的股票期现跨市场信息负反馈恶性循环的展现。①

(三)跨市场操纵风险系统性演变的渠道:跨市场价格关联机制

基础资产(股票)市场与衍生品(期指)市场之间存在风险溢出和双向价格波动的关联关系已经被域外学者研究证实,②其最为典型的表现就是股票期现市场存在的所谓"到期日效应",③即随着期指合约临近到期结算日,股票市场的交易价格就会逐渐出现异常波动,交易量也会逐渐放大。在结算日当天的尾盘,交易价格的异常波动和交易量的放大更为明显,尤其是

---

① 对我国2015年股市震荡中股票期现市场之间的信息传导分析,参见杨松、石启龙:《"恶意做空"的生成逻辑与法律规制》,载《经济法研究》2017年第1期。

② Kawaller I. G., Koch P. D. & Koch T. W., *The Temporal Price Relationship between S&P 500 Futures and the S&P 500 Index*, Journal of Finance, 1987(42), p. 1309 – 1329; Chan K. A., *Further Analysis of the Lead-lag Relationship between the Cash Market and Stock Index Futures Market*, Review of Financial Studies, 1991(5), p. 123 – 152; Koutmos G. & Tucker M., *Temporal Relationships and Dynamic Interactions between Spot and Futures Stock Markets*, Journal of Futures Markets, 1996(16), p. 55 – 69; Miller M. J. & Galloway T. M., *Index Futures Trading and Stock Return Volatility: Evidence from the Introduction of Mid Cap 400 Index Futures*, The Financial Review, 1997(32), p. 845 – 866; Tse Y., *Price Discovery and Volatility Spillovers in the DJIA Index and the Futures Market*, Journal of Futures Markets, 1999(19), p. 911 – 930.

③ Stoll Hans & Robert Whaley, *Program Trading and Expiration-Day Effects*, Financial Analysts Journal, 1987(3), p. 16 – 28.

在指数期货、期权和股票期权“结算日”叠加的“三倍魔法时间”，跨市场交易价量异常的“到期日效应”最为明显。学者在加拿大、德国、澳大利亚、日本等国的资本市场均发现了“到期日效应”的存在。[①] 我国在推出期指市场后，学界亦发现股票期现市场的价格形成过程具有显著的相关性，存在双向价格引导关系和风险关联关系，[②]并认为跨市场交易者会利用这一跨市场价格关联机理实施市场操纵以牟利。[③]

期指合约以股价指数为依据计算结算价，借助股价指数的串联，股票期现市场之间出现了“期指合约价格—股价指数—成份股价格”这一跨市场价格关联渠道，并呈现出明显的正向价格关联效应。由于期指市场不具有独立的定价机制，期指合约价格通过跨市场价格关联渠道联结至标的股价指数成份股价格，决定了可将期指市场与股票市场视为近似的同一市场，遵循“一价定律”。然而期指具有相对股票更高的虚拟性，这决定了期指套利是有别于股票内在价值套利的相对价值套利，即股票期现跨市场套利，一旦市场出现期指合约价格低于以股价指数当前点位表征股价的“期现负差价”，就出现正向的溢价套利机会，跨市场套利者可借机在做空期指合约的同时做多合约标的股指所涵盖的成份股，期指合约价格因抛压而下跌，股票价格因买压而上涨，最终使期指市场与股票市场间的价差回到套利区间内。反之，一旦市场出现期指合约价格高于以股价指数当前点位表征股价的“期现正差价”，反向折价套利机会就出现了，跨市场套利者可借机在做多期指合约的同时做空合约标的股指所涵盖的成份股，期指合约价格因买压

---

① Chamberlain T. W., Cheung S. C. & Kwan C. Y., *Expiration Day Effects of Index Futures and Options: Some Canadian Evidence*, Financial Analysts Journal, 1989 (5), p. 67 - 71; Schlag C., *Expiration Day Effects of Stock Index Derivatives in Germany*, European Financial Management, 1996(1), p. 69 - 95; Stoll H. R. & Whaley R. E., *Expiration-day Effects of the All Ordinaries Share Price Index Futures: Empirical Evidence and Alternative Settlement Procedures*, Australian Journal of Management, 1997 (22), p. 39 - 174; Karolyi A. G., *Stock Market Volatility around Expiration Days in Japan*, Journal of Derivatives, 1996(2), p. 23 - 43.

② 刘庆富、华仁海：《中国股指期货与股票现货市场之间的风险传递效应研究》，载《统计研究》2011 年第 11 期；唐海仕、罗新星：《中国股指期货与股票市场风险互动的实证分析》，载《湖南社会科学》2014 年第 3 期；章永哲、钱敏：《基于 5 分钟高频数据的沪深 300 股指期货与现货市场间波动溢出效应实证研究》，载《上海金融》2015 年第 11 期。

③ 上海证券交易所、招商证券联合课题组：《股票与股指期货跨市场交易监管研究》，上证联合研究计划研究报告，2011 年第 21 期。

而上涨,股票价格因抛压而下跌,最终使期指市场与股票市场间的价差回到套利区间内。①

通过期指市场与股票市场之间的信息传递机制,借助股票期现跨市场的套利交易力量,股票期现市场之间形成了明显且稳定的"期指合约价格—股价指数—成份股价格"这一跨市场价格关联机制,为金融风险的跨市场传递、蔓延提供了顺畅渠道,在显现股票期现跨市场价格正向关联效应使两大市场之间出现一致价格波动趋势的同时,股票市场和期指市场中原本被局限于本市场的风险开始借助股票期现跨市场价格关联渠道双向传递、蔓延。在股指期货联通了证券市场和期货市场的基础上,国债期货联通了资本市场和货币市场,汇率期货联通了资本市场和外汇市场……不断创新的金融衍生品推动资本市场进入深度互联、互通、互动的融通时代,单一市场风险借助跨市场价格关联渠道演变为危及整个金融体系安全的系统性风险。

(四)跨市场操纵风险的系统性展现

金融跨时空交换权利的功能所产生的不确定性使金融必然伴生风险,风险在微观层面涉及投资的收益和损失,在宏观层面则关乎金融的秩序与安全。美国学者威廉·夏普早在20世纪60年代便提出了"证券市场总体价格变动所引致的某种特定金融资产的价格变动"的系统性风险概念。②随着金融危机理论研究的深入,学界将系统性风险概念由微观层面向宏观层面推进。至20世纪90年代末,学界对系统性风险存在两种定义:一是将系统性风险理解为扰乱一国金融市场功能的突发事件发生可能性,体现为对整个经济产生负面的宏观冲击,其"系统"是指对银行、金融乃至整个经济体系而非对某个或某类机构产生影响的因素;二是将系统性风险理解为

---

① 由于股票市场的做空机制存在诸多限制条件,往往操作难度较大,导致期指价格可能会短暂低于无套利均衡价格区间,详细分析参见邢精平:《跨市场操纵模式与监管》,科学出版社2014年版,第71~75页。

② 威廉·夏普将哈里·科维茨资产选择理论中的资产风险分解为"仅引致某种特定金融资产价格变动"的非系统性风险和"证券市场总体价格变动所引致的某种特定金融资产的价格变动"的系统性风险,认为在金融投资中,资产组合至多只能消解组合范畴内的金融产品的非系统性风险,不可能消解这些金融产品的系统性风险,投资者必然要承担系统性风险。参见王国刚:《防控系统性金融风险:新内涵、新机制和新对策》,载《金融评论》2017年第3期。

大规模金融系统崩溃的可能性,其强调不当金融交易的连环反应,重点在于风险的溢出效应。[①] 其后,有学者认为系统性风险是“金融资产价格的异常波动或大量金融机构背负巨债导致的资产负债结构恶化,使金融资产和金融机构在面临经济冲击时变得极为脆弱,并可能严重影响宏观经济正常运行”。[②] 虽然系统性风险显示出爆发金融危机的可能性,但目前学界对系统性风险界定仍处于“难以定义却一目了然”的阶段,[③]不过其相对于单一或个体风险所具有的复杂性、突发性、传染性、波及广、危害大等特征却已然得到学界的普遍认同。[④]

有研究认为系统性金融风险分为爆发货币危机、资产泡沫形成与破灭以及银行危机的可能性。其中,资产泡沫指资产价格在短时期内快速上升,达到某一高点后又急剧下降的现象,其典型如股票市场价格暴跌引发的崩溃。[⑤] 此外,也有研究将金融风险的成因归结为金融脆弱性、金融市场信息失灵、市场流动性短缺、系统重要性金融机构以及金融资产价格波动等,而所有因素中均暗藏资产价格波动因素,由此可以肯定金融资产价格稳定与金融体系稳定之间的强相关性,“金融资产价格波动引发金融风险,进而影响金融体系的稳定”。[⑥] 市场操纵通过虚构供求关系主动制造价格波动以获利的内在机理使其蕴含价格波动风险,在金融分业经营和资本市场隔绝的时代,市场操纵的价格波动风险被局限在单一市场,更多表现为微观层面的个体性和局部性。而在金融综合经营和资本市场联通的时代,市场操纵的价格波动风险不仅会将市场原有风险集中引爆,更会使风险沿跨市场价格关联渠道溢出,展现出宏观层面的整体性和系统性。

首先,与单市场操纵的价格波动风险被局限于单一市场不同,跨市场操

---

① 黄孝武、唐毅:《宏观审慎监管理论研究新进展》,载《财经问题研究》2012 年第 5 期。

② Crockett A. ,*The Theory and Practice of Financial Stability*. 转引自李心丹、傅浩:《国外金融体系风险理论综述》,载《经济学动态》1998 年第 1 期。

③ Benoit S. ,J. Colliard,C. Hurlin &C. Pérignon,*Where the Risk Lie*: *A Survey on Systemic Risk*,HEC Paris Research Paper,No. FIN – 2015 – 1088.

④ 张晓朴:《系统性金融风险研究:演进、成因与监管》,载《国际金融研究》2010 年第 7 期。

⑤ 潘英丽:《对中国金融系统性风险的追问——制度成因、历史差异与化解之策》,载《探索与争鸣》2014 年第 7 期。

⑥ 卓娜、昌忠泽:《金融风险的成因、传导与防范:国内外研究述评》,载《技术经济》2015 年第 3 期。

纵借助股票期现跨市场价格关联渠道将操纵行为分置于股票市场和期指市场,综合运用复杂的操纵策略,只要撬动股票期现任一市场的价格,关联市场的价格便会应声涨跌,同时造成两市成交量异常放大,所制造的价格波动风险不仅诱发市场原本潜伏的风险,更使风险沿跨市场价格关联渠道释放、蔓延,最终汇集为呈几何倍数增长的系统性风险,显现出跨市场操纵行为所蕴含价格波动风险的复杂性。

其次,市场操纵是积极主动制造价格波动的行为,虽然操纵者可能会将宏观经济局势和资本市场的资产泡沫程度纳入考量,但从总体上说,操纵行为不具有顺周期性。为降低操纵成本,提升操纵行为的隐蔽性,操纵者会最大限度地追求操纵行为的时效性:一是期指市场的高杠杆、强流动、低成本等优势会放大操纵行为对市场价格的冲击力;二是现代高频程序化交易技术会为操纵行为的价格冲击速率提供技术支持;三是以机构投资者为主的期指市场更依赖程序化自动交易系统,也更易出现因自动交易系统故障而造成的操作失误或交易堵塞,这将瞬时放大操纵的价格波动风险,致使跨市场操纵行为所蕴含的价格波动风险显现出突发性特征。

再次,股票期现市场间的信息传递机制和跨市场套利力量造就了稳定的跨市场价格关联机制,为操纵行为价格波动风险的跨市场传递、蔓延提供了稳定、顺畅的渠道。原本被局限于单一市场的风险,借助跨市场价格关联渠道开始向关联市场传递、蔓延、汇聚。此外,资本市场在金融综合经营格局下逐渐与货币、外汇、信贷、保险等其他金融市场形成明显的价格关联效应和风险传播渠道,并随着金融作为现代经济核心和国家核心竞争地位的显现而与工商业、房地产等实体经济形成明显的价格关联效应和风险传播渠道,以及随着国际金融一体化进程与境外金融市场和实体经济形成明显的价格关联效应和风险传播渠道。这为跨市场操纵行为价格波动风险的跨市场、跨机构、跨行业甚至跨境传递、蔓延提供了便利,展现出风险的传染性、波及广等特质。

最后,跨市场操纵价格波动风险的复杂性、突发性、传染性以及波及广等特质必然会引发市场恐慌。例如,操纵者只要控制期指市场价格下跌,由于股市做空机制的高门槛和高成本而难以抛空股票现货对冲风险,期指市场做多者的持仓风险就会完全暴露,只能抛售止损,通过股票期现跨市场价格关联渠道带动股价下跌，这将迫使股票投资者抛售止损，从而进一步推低股价，引起股市动荡和恐慌性抛售，二者会反向牵引期指市场价格下跌，最终在程序化交易的推动下，股票市场与期指市场的价格将在负反馈作用下形成“瀑布效应”式的螺旋下跌。这种下跌会引发更大范围内的市场恐慌，促使投资者集中入市抛售挤兑，海量涌入的交易指令在造成市场供需失衡的同时也极易造成程序化交易系统严重堵单，进一步放大市场恐慌情绪。如此反复的冲击将引发相关金融市场成交量的负反馈螺旋式的下跌，将跨市场操纵的价格波动风险外溢至整个资本市场、金融系统甚至实体经济，诱发系统性的金融危机。

第四章　市场操纵监管法律制度的失灵

2008年金融危机充分展现了系统性金融危机的巨大危害性，促使各主要经济体国家启动新一轮以防控系统性风险为主旨的金融监管改革。2015年股市震荡表明，在金融综合经营和资本市场的融通趋势下，市场操纵可能演变为系统性金融风险的重要源头。相比之下，我国的市场操纵监管法律制度体系构建于金融分业经营和资本市场隔绝时代，制度设计为应对市场操纵的非系统性风险，呈现市场分割、个案治理和事后惩治的微观治理属性，因难以应对跨市场操纵的系统性风险演变趋势而显现出“失灵”迹象，极易汇聚系统性金融风险。通过梳理我国现有市场操纵监管法律制度，分析现有制度的弊端，可以确定制度改进的方向，从而着力完善金融监管框架和金融安全防线，健全金融法治，保障金融安全。

一、监管权配置的失衡

监管权的配置是监管法律制度的核心问题之一，而契合市场操纵的机理和趋势是市场操纵监管权由“必要”跃升为“有效”的基本前提。在当前跨市场操纵行为的系统性风险演变趋势下，资本市场监管权的配置出现明显的失衡问题：一是监管权集中于投资者保护、个案治理和事后惩治等微观行为监管层面，缺失防范系统性风险的宏观审慎的监管内容；二是在微观行为监管层面，监管权集中于证监会，形成资本市场的“倒金字塔”型监管结构，严重抑制资本市场的监管效率。

（一）市场操纵监管主体的梳理

资本市场监管具有所谓的“危机引致性”，“简而言之是崩溃，所有英国18世纪的监管，甚至是所有18世纪被提议的监管，都是在持续的价格下跌之后马上推出的”。[①] 1929年金融危机促使美国在资本市场既有的自律监管基础上建立了“监管机关—行业协会—交易所”三级“金字塔”型监管框架，继而被各国效仿。我国作为后发国家，在借鉴域外成熟经验的同时也显现出“新兴＋转轨”的特征，如我国集中统一的市场监管体制亦具有“危机引致性”，但不是市场危机而是社会危机。[②] 而计划经济的路径依赖和管制思维传统造就了证监会独大的“倒金字塔”型三级监管主体框架。

我国是以间接授权方式将证券和期货市场的监管权统一授予证监会的，[③]先是《证券法》和《期货交易管理条例》授权国务院证券（期货）监督管理机构对全国证券和期货市场实行集中统一的监督管理，[④]再由国务院以

---

① Stuart Banner, *What Cause New Securities Regulation? 300 Years of Evidence*, Washington University Law Quarterly, Vol. 75, p. 85(1997).

② 即深圳“810事件”，具体参见胡汝银主笔：《中国资本市场的发展与变迁》，格致出版社、上海人民出版社2008年版，第59页。

③ 一般而言，法律对监管权的授权方式有直接和间接之分。直接授权是由立法机关通过立法将监管权直接授予特定的政府机构或组织，其在英美法系国家较为普遍，如美国国会通过的《1934年证券交易法》赋予证券交易委员会以全美证券市场的监管权，英国国会通过的《2000年金融服务与市场法》授予金融服务管理局以整个资本市场的监管权；间接授权就是不将监管权全部通过一部法律直接集中授予特定的行政机构或组织，而是由政府的组成机构根据自身职能的需要由多部法律、法规来确定某一机构所应承担的监管职权，其在大陆法系国家较为普遍，如日本2003年通过的《金融商品交易法》设立了证券和交易所监督委员会，但该委员会的具体职能和授权则由财务省依据《财务省法》和《国家行政组织法》分别赋予。参见李东方：《证券监管机构及其监管权的独立性研究——兼论中国证券监管机构的法律变革》，载《政法论坛》2017年第1期；王建文：《中国证监会的主体属性与职能定位：解读与反思》，载《法学杂志》2009年第12期。

④ 《证券法》第7条规定，国务院证券监督管理机构依法对全国证券市场实行集中统一监督管理。国务院证券监督管理机构根据需要可以设立派出机构，按照授权履行监督管理职责。《期货交易管理条例》第5条规定，国务院期货监督管理机构对期货市场实行集中统一的监督管理。国务院期货监督管理机构派出机构依照本条例的有关规定和国务院期货监督管理机构的授权，履行监督管理职责。

“三定方案”的方式授权证监会承担此责，①由证监会负责稽查市场操纵等违法行为。市场操纵随着资本市场的纵深发展越发复杂多变，促使证监会不断探索改革监管体制，整合执法资源，加大稽查力度。2001年，为贯彻国务院相关决定，②证监会将稽查局更名为稽查一局，新设稽查二局，确立了“明确分工、系统交办、适度交叉、协调配合”的稽查执法体制。③ 2002年，证监会建立“查审分离”制度，设立专门的行政处罚委员会。④ 2007年，证监会将稽查一局和二局合并为稽查局（首席稽查办公室），由其负责拟订证券和期货市场的监管执法规范，统一处理违规违法线索，组织非正式调查，协调跨境案件办理，组织协调处罚执行等工作。另设稽查总队承办证券和期货市场中重大、紧急、跨区域市场操纵等案件。2010年，证监会尝试由地方派出机构查处辖区内案情简单、规则明确、影响较小、能快速审结的自立案件，⑤探索建立主动、高效、制约、紧密的稽查执法机制。⑥ 迄今，由稽查局、稽查总队、派出机构稽查部门构成的三级稽查体系和专司审理的行政处罚委员会组成的“查审分离”监管执法体系基本形成，有力打击了市场操纵等违法行为。

《证券法》和《期货交易管理条例》分别授权证券交易所和期货交易所承担市场一线监管职责。交易所是资本市场的信息汇聚地和交易撮合

---

① 国务院办公厅于1998年印发《中国证券监督管理委员会职能配置、内设机构和人员编制规定》（国办发〔1998〕131号），简称“证监会三定方案”，其规定证监会为国务院直属事业单位，是全国证券期货市场的主管部门，负有制定证券期货市场规章、统一管理证券期货市场活动，查处证券和期货市场违法违规行为等多项职权。

② 国务院《关于整顿和规范市场经济秩序的决定》（国发〔2001〕11号）“二、整顿和规范市场经济秩序的主要内容和当前工作重点”中规定了“打击和制止金融欺诈、操纵证券市场和内幕交易、恶意逃废债务等行为”。

③ “明确分工”是指稽查一局负责上市公司虚假陈述等案件，稽查二局负责市场操纵、内幕交易等案件；“系统交办”是指除大要案由稽查一局直接负责外，其他案件由一局交派出机构办理；“适度交叉”是指案件调查由稽查一局协调指导，派出机构稽查部门交叉办案；“协调配合”是指各稽查部门相互协同，形成稽查合力。参见中国证券监督管理委员会：《中国资本市场二十年》，中信出版社2012年版，第461页。

④ 《关于进一步完善中国证券监督管理委员会行政处罚体制的通知》（证监发〔2002〕31号）。

⑤ 《中国证券监督管理委员会派出机构行政处罚试点工作规定》，载 http://www.csrc.gov.cn/pub/newsite/zjhxwfb/xwdd/201011/t20101101_186099.html。

⑥ 肖刚：《加强资本市场监管执法》，载《求是》2013年第15期。

地,是防范市场风险的首道防线,是防范、识别、发现市场操纵行为的前沿阵地。交易所凭借处于市场交易最前沿的优势,借助强大的市场交易监察系统实时监测市场交易信息,能够及时发现涉嫌操纵的异常交易行为,通过限制账户交易等临时措施及时干预和阻遏异常交易,以定期报告、紧急报告、专项报告等形式上报证监会异常交易的具体信息,并积极协助证监会及司法机关的稽查和追责工作。2014 年,为缓解证券市场违法案件激增和稽查力量有限的冲突,证监会委托上海证券交易所和深圳证券交易所负责部分案件的调查取证工作,①取得了良好的执法效果。此外,证券和期货业协会、中国证券登记结算有限责任公司、中国期货保证金监控中心有限责任公司等机构对其会员(或上市公司)的证券或期货交易活动也各自承担相应的监管职责。

我国股票期现市场间的跨市场交易实行"交易所分别交易和证监会统一监管"的模式,由证监会期指市场监管协调小组负责具体的跨市场监管工作。② 2007 年,监管小组协调上海证券交易所等五家机构签署了"1 + 3"监管协议框架,为股票期现跨市场监管提供规则支撑:其一,在监管主体职责方面,上海证券交易所和深圳证券交易所负责提供证券市场信息并预警证券市场的跨市场风险;中国金融期货交易所负责提供期指市场信息并预警期指市场的跨市场风险;中国证券登记结算有限责任公司负责向上海证券交易所、深圳证券交易所和中国金融期货交易所提供证券登记、存管和结算中开户、持仓及违约等信息并预警证券登记结算中可能出现的跨市场风险;中国期货保证金监控中心有限责任公司负责提供交易所会员的保证金及违约信息并预警期货结算中可能出现的跨市场风险。其二,在监管协作上涉及四方面内容,一是信息共享制度,协议机构通过实时信息共享、定期信息交换及不定期信息交流等方

---

① 《中国证监会委托上海、深圳证券交易所实施案件调查试点工作规定》(证监会令第 111 号)。

② 证监会股指期货市场监管协调领导小组上海办公室已接入了中国金融期货交易所、上海期货交易所的实时监控系统,也接入了中国证券登记结算有限责任公司的查询功能,初步实现了对期货、现货市场的监控功能,分析期货、现货市场交易行为的能力也得到了显著提升。

式实现跨市场交易的信息共享与交换;①二是监管协作制度,协议机构发现涉嫌违规的异常交易行为时通过监管协作程序开启实时保密数据共享,开通多边热线电话,同步监控最新交易动态;三是联合调查制度,协议机构发现疑似操纵等违法行为时启动联合调查程序,组成联合调查小组,协同分析疑似交易账户,初步确定嫌疑后上报证监会;四是危机处理机制,协议机构成立跨市场危机处理小组,共同研讨跨市场危机并协调实施必要的应急措施,并将危机处理的初步情况上报证监会。

(二)宏观审慎监管主体缺位

2008 年金融危机和 2015 年股市震荡已然表明,在金融综合经营和资本市场融通的趋势下,资本市场的系统性风险已不容忽视,系统性风险爆发所造成的巨大破坏力决定了积极主动的事前防范是治理系统性风险的首要和最佳选择,故而要把防范系统性风险放在更重要的地位。引入宏观审慎监管理念和制度,首先应明确监测、识别、发现以及化解系统性风险的宏观审慎监管主体。但市场分割的监管体制会造成资本市场宏观审慎监管主体的缺位,难以应对在跨机构、跨行业、跨市场的金融综合经营趋势推动下不断增强的资本市场系统性金融风险。

基于制度变迁成本的考量,我国曾经试图通过建立金融监管协调机制以解决资本市场宏观审慎监管主体缺位问题,然而过程却几经波折,实效有限。早在 2000 年,中国人民银行、证监会、原保监会便探索建立金融监管联席会议制度,②2003 年修订的《中国人民银行法》为金融监管协调机制提供

① “实时信息共享”是指“五方”将如证券市场的即时价格、成交量排名,大宗交易以及重大价格敏感信息等和期指市场各合约价格、开仓量、成交量,大宗交易以及重大价格敏感性信息等非保密数据实时共享;“定期信息交换”是指“五方”相互提供各自市场限仓汇报、大户报告、市场交易报告等保密信息;“不定期信息交流”包括非常规信息请求、违规违约通报制度,非常规信息请求是指“五方”中任一方在实时监控或盘后分析中发现异常情况时可以向其他方提出提供非公开信息的非常规信息请求,如特定证券的交易数据和现货、期货持仓数据,涉嫌违规投资者的交易数据和现货、期货持仓数据,特定券商、期货公司、投资者的交易数据和现货、期货持仓数据;累计未平仓头寸数量较大的期货商、投资者的资料,到期日前几日平仓数量较大的期货公司及投资者的资料;等等。

② 中国证券监督管理委员会:《中国资本市场二十年》,中信出版社 2012 年版,第 456 页。

了法律层面的支持。[①] 然而新制度尚未完全落地，2003 年刚从中国人民银行分离的原银监会与证监会、原保监会三方却另外签署了《在金融监管方面分工合作的备忘录》，排除具有宏观审慎监管优势和职能的中国人民银行，另行建立新的监管联席会议制度。至 2005 年，认识到资本市场在跨市场金融综合经营趋势中不断增强的溢出效应以及与场外因素的关联性开始挑战市场分割的监管体制，《证券法》于修订时新增了金融监管机构间的信息共享机制规定，[②]然而未见有具体制度落实。至 2008 年，国务院在中国人民银行的"三定方案"中重启金融监管协调机制，规定由中国人民银行会同其他金融监管机构成立金融监管协调部际联席会议，[③]其后，国务院于 2013 年再次决定建立由中国人民银行牵头成立的金融监管协调部际联席会议制度。[④]

上述金融监管协调机制建立过程的几经反复已然说明了其屡屡未能实现预期效果，以至于长期困扰我国资本市场的货币增发效应、印花税效应等现象屡见不鲜。在 2015 年股市震荡中，"一行三会"在事前风险监测时各自为政，在事中处置时混乱无序，已充分暴露出资本市场的监管协调机制并未取得预期效果。具体而言，一是监管信息共享机制因缺乏明确的授权和可操作细则支撑而失去实际意义，使证监会未能及时掌握场外配资信息，未能准确估计原银监会即将采取治理场外配资的监管措施对资本市场的冲击力度，未能及时监测到因大量场外配资存在而使资本市场隐含的系统性风险。二是虽然中国人民银行在金融监管协调机制中历经"缺位—会同—牵头"的地位提升，但协调机制的整体失效使人民银行缺乏直接、顺畅进入资本市场的制度渠道，致使应对资本市场系统性风

① 《中国人民银行法》于 2003 年修订时增加第 9 条规定，即"国务院建立金融监督管理协调机制，具体办法由国务院规定"。

② 2005 年修订后的《证券法》第 185 条第 1 款规定，国务院证券监督管理机构应当与国务院其他金融监督管理机构建立监督管理信息共享机制。

③ 国务院办公厅《关于印发中国人民银行主要职责内设机构和人员编制的通知》（国办发〔2008〕83 号）中规定："在国务院领导下，中国人民银行会同中国银行业监督管理委员会、中国证券监督管理委员会、中国保险监督管理委员会建立金融监管协调机制，以部际联席会议制度的形式，加强货币政策与监管政策之间以及监管政策、法规之间的协调，建立金融信息共享制度，防范、化解金融风险，维护国家金融安全，重大问题提交国务院决定。"

④ 国务院《关于同意建立金融监管协调部际联席会议制度的批复》（国函〔2013〕91 号）。

险的宏观审慎监管一直缺位。而只具微观审慎监管职能的证监会既无渠道亦无资源来处置资本市场的系统性危机,只能选择由中国人民银行向中国证券金融股份有限公司提供流动性支持,证券公司在中国证券金融股份有限公司的支持下再联合出资救市的"迂回"渠道,以至于错过最佳处置时机而使局面恶化。此后,在2016年的"宝万之争"中,就险资投资范围和上市公司治理等问题再次显现出金融监管协调机制的失灵。监管协调机制的失灵造成资本市场监管权由证监会行使,但证监会的监管限于微观层面的行为监管和微观审慎监管,中国人民银行的宏观审慎监管则难以覆盖资本市场。

(三)监管协作机制有待完善

我国资本市场实行"分别交易,统一监管"的模式,股票现货与期指合约分别在沪深证券交易所和中国金融期货交易所交易。各交易所之间不仅存在竞争关系,不同市场的结构差异使交易所对股票期现跨市场交易的认识亦存在偏差,且各交易所既无意也无力及时监测关联市场的交易信息,其在特定市场的一线监管优势难以延伸至跨市场领域,故而难免出现跨市场操纵监管盲区。为解决这一困境,上海证券交易所等五家机构签署"1+3"跨市场监管协作协议,但所构建的跨市场监管框架并不完善:一是协议在法律效力层面不具备硬性约束和强制执行力,其履行完全凭自愿,违约责任付之阙如,致使协议执行的随意性较大;二是协议的制度框架失于粗泛,相关制度基本为原则性规定,缺乏操作性规则支撑;三是协议的监管协作时滞性难以应对市场操纵的发展趋势,市场交易者通过计算机高频交易程序可在几秒钟甚至几微秒内完成短线操纵,借助互联网信息技术可对市场实施全方位的信息侵袭,但各交易所只是在交易日后跟踪、评估交易者的交易和持仓信息及影响,借此分析疑似操纵的异常交易行为;四是协议的主体结构存在致命缺陷,并未纳入享有资本市场绝对监管权威的证监会,这注定"1+3"跨市场监管协作协议不可能从根本上解决跨市场监管协作问题。在光大证券"乌龙指"事件中,当日上午11时左右上海证券交易所的市场监察系统就发出预警并于4分钟后紧急沟通中国金融期货交易所,启动跨市场异常交易联合监管程序,然而未能阻止光大证券在上午收市前和下午开市后实施内幕交易操作，[①]这足以证明“1+3”跨市场监管协作机制缺乏应有的应变速度和处置力度。

随着我国逐渐融入全球金融体系，资本市场的国际化进程稳步推进，期指等金融衍生品所具有的极高的交易关联性和信息敏感度使其价格在受境内因素影响的同时也受境外因素的影响，加之我国期指市场还面临诸多境外市场跟踪A股市场衍生品的竞争，一旦境内期指市场在竞争中被边缘化，境内投资者将被迫只能选择境外期指市场对冲风险，这将造成资金大量外流以及股票现货市场与股指期货市场因过度疏离而导致资本市场支离破碎的结果。同时，如新加坡交易所的富时A50期指市场等境外衍生品市场凭借先发优势和强大金融体系争夺我国资本市场定价权，其所形成的跨境价格关联渠道不仅成为操纵者规避境内法律监管、跨境操纵我国资本市场的有利工具，也是境外金融风险跨境传递的主要渠道。跨境操纵行为的极大隐蔽性、获益性以及系统危害性决定了其迫切需要行之有效的跨境监管协作机制，虽然我国资本市场的跨境监管协作已取得相当成绩，但相关协作机制的法律化滞后，在法律层面只停留在原则性的总括条款阶段，[②]并无国际监管合作协调的具体规定，致使监管协作机制缺乏必要的权威性、可操作性和稳定性，抑制了跨境市场操纵监管协作的有效性。

（四）监管体制存在“倒金字塔”型结构的弊端

我国虽然借鉴了域外成熟、有效的“监管机关—行业协会—交易所”三级监管架构，但与成熟市场沿漫长“诱致性”制度变迁路径所形成的“正金字塔”型监管结构不同，我国短期自上而下的“强制性”制度变迁路径形成了证监会享有绝对监管权威的“倒金字塔”型监管结构。[③] 证监会凭借《证券法》和《期货交易管理条例》授予的规则制定权对法律、行政法规等上位

---

① 张忠安：《回应不作为：怎一个“难”字了得》，载《广州日报》2013年8月26日，第2版。

② 2019年修订前，《证券法》第179条规定，国务院证券监督管理机构可以和其他国家或者地区的证券监督管理机构建立监督管理合作机制，实施跨境监督管理。修订后的《证券法》第177条延续这一规定。

③ 洪艳蓉：《金融监管治理：关于证券监管独立性的思考》，北京大学出版社2017年版，第200页。

法作出必要补充,[①]通过制定规则不断拓展监管的广度和深度。资本市场的发展方向和风险估量主要依赖于证监会的认识判断,其他监管主体被边缘化,而市场参与者则只能被动地接受。目前,证监会的监管对象涵盖交易所、经营机构、结算会员、保证金存管机构、交割仓库等所有市场参与者,监管范围统摄发行、上市、交易、结算、交割等全部交易流程,监管程度深入到市场从业人员的资格标准等具体层面,监管方式以"命令—服从"的单方管制为基本方式,监管目标政策化、监管方式行政化在一定程度上造成了监管措施的短视化。高指数、高股价、高市盈率、低业绩的"三高一低"政策性市场降低了监管行为的可预期性,加剧了市场投机氛围和价格波动幅度,为市场操纵提供了可能。与此同时,证监会在囊括"全覆盖"的监管权后却缺乏足够的执行资源,虽然《证券法》修订后增加了证监会的执法权,但在一些情况下仍难以满足资本市场迅猛发展后证监会承担繁多职责的要求,表现之一便是对跨市场操纵风险的监测不足、认定不清、防范不力,对疑似跨市场操纵案件的反应被动,案件查证效率低、耗时长,因漏网之鱼过多而产生负激励效应。

虽然交易所被立法赋予了独立经营核算的自律管理法人地位,[②]但我国的制度变迁路径也使交易所严重缺失自律精神:一是交易所会员制或公司制的法人治理结构并未真实确立,[③]会员大会和理事会徒有其名,董事会成员和总经理等高级管理人的任免直接由证监会掌控。二是交易所的监管范围由证监会直接划定,其逐渐沦为简单的合规审查以及为政府监管提供协助的服务者,丧失一线监管的优势。模糊的法律定位抑制了交易所自律监管的权威性和有效性,使其弱化为政府监管的附属和陪衬。同样的生成路径使行业协会存在同样的问题,虽然行业协会章程规定其职能包括自律监管,但所制定的自律规则、执业标准以及业务规范等须经证监会授权方有效,

---

① 《证券法》第169条赋予证监会"依法制定有关证券市场监督管理的规章、规则"职权,《期货交易管理条例》第46条赋予证监会"制定有关期货市场监督管理的规章、规则"职权。

② 《证券法》第96条规定,证券交易所是为证券集中交易提供场所和设施,组织和监督证券交易,实行自律管理,依法登记的法人;《期货交易管理条例》第7条规定"期货交易所不以营利为目的,按照其章程的规定实行自律管理"。

③ 依据我国法律规定,上海证券交易所和深圳证券交易所实行会员制治理结构,中国金融期货交易所实行公司制治理结构。

对会员纠纷的调解亦因调解机构和调解程序的缺位而形同虚设,对从业人员的自律管理因缺乏具体的处分措施而欠缺威慑性和约束力,协会主席等高层人员通常由证监会提名,甚至由证监会的退任领导担任。对证监会的过度依赖使行业协会沦为证监会的信息传导中介,混淆了自律监管和行政监管的界限,抑制其自律监管的优势。

总之,在"倒金字塔"型监管架构下,证监会过度集中的"家长式"监管覆盖了诸多交易所和行业协会的自律监管优势范围,交易所和行业协会的自律监管因被压抑而难以发挥良性互补和互动功效;但证监会在囊括了主导监管职权后又因缺乏足够的监管资源而力不从心,纵向监管的结构性失衡制约了其对跨市场操纵监管的有效性。

二、监管权运行的失范之一:操纵禁止规范滞后

我国现有的市场操纵禁止规范体系脱胎于金融严格管制时代,"分业经营、分业监管"的金融分业体制造就了"分市场立法"的资本市场隔绝结构,市场操纵的行为和风险被局限于单一市场,故而规制证券市场的《证券法》和规制期货市场的《期货交易管理条例》分别设置了相互独立的市场操纵禁止规范。然而,跨行业、跨机构、跨市场的金融衍生品的出现开启了金融综合经营时代,资本市场开始一体化融通,催生出跨市场操纵的新动向,市场操纵的行为和风险开始突破单市场的限制,不仅赋予操纵行为以极大的隐蔽性,更促使操纵行为所蕴含的价格波动风险出现系统性演变,显现出既有的"市场分割"式操纵禁止规范体系的弊端。

(一)市场操纵禁止规范的梳理

在证券市场,最早禁止市场操纵的立法是国务院于1993年颁布的《股票发行与交易管理暂行条例》,其禁止实施合谋和集中资金交易、蛊惑操纵、约定交易和做空操纵等操纵类型。① 同年,国务院证券委员会制定的《禁止证券欺诈行为暂行办法》(现已失效)在上述操纵类型的基础上新增

① 《股票发行与交易管理暂行条例》第74条规定:"……(三)通过合谋或者集中资金操纵股票市场价格,或者以散布谣言等手段影响股票发行、交易的;(四)为制造股票的虚假价格与他人串通,不转移股票的所有权或者实际控制,虚买虚卖的;(五)出售或者要约出售其并不持有的股票,扰乱股票市场秩序的……"

连续交易操纵和职务操纵。[①] 1996 年，证监会发布《关于严禁操纵证券市场行为的通知》（现已失效），再次增加自我交易、抢帽子操纵以及上市公司买卖或他人串通买卖本公司的股票等特殊交易操纵类型。[②]

1997 年《刑法》整合上述规定，设置了"操纵证券交易价格罪"，简化操纵类型及行为表述，首次在法律层面确定了连续交易、约定交易、自我交易等操纵类型，体现立法者对市场操纵问题更为深入的认识及立法技术的进步。制定于 1998 年的《证券法》吸纳《刑法》规制市场操纵的内容和方式，[③]将蛊惑操纵分置。但与《刑法》禁止一般蛊惑操纵和特殊蛊惑操纵不同，《证券法》只禁止特殊主体的蛊惑操纵，并扩大了特殊主体的范围。[④] 此后，《证券法》在 2005 年修订时对交易操纵作出了一定修改：一是基于当时证券交易制度严禁做空交易以及严格的第三方结算登记制度，取消了"裸卖空"操纵规定；二是由于在证券市场实行电脑撮合的无纸化交易中无法辨认证券所有权是否发生了变化，故而将"对倒"的表述变更为"在自己实际

---

① 《禁止证券欺诈行为暂行办法》（现已失效）第 8 条规定："前条所称操纵市场行为包括：（一）通过合谋或者集中资金操纵证券市场价格；（二）以散布谣言等手段影响证券发行、交易；（三）为制造证券的虚假价格，与他人串通，进行不转移证券所有权的虚买虚卖；（四）出售或者要约出售其并不持有的证券，扰乱证券市场秩序；（五）以抬高或者压低证券交易价格为目的，连续交易某种证券；（六）利用职务便利，人为地压低或者抬高证券价格；（七）其他操纵市场的行为。"

② 《关于严禁操纵证券市场行为的通知》（现已失效）第 1 条规定："……操纵市场行为包括：1. 通过合谋或者集中资金操纵证券市场价格；2. 以散布谣言、传播虚假信息等手段影响证券发行、交易；3. 以制造证券的虚假价格，与他人串通，进行不转移证券所有权的虚买虚卖；4. 以自己的不同帐户在相同的时间内进行价格和数量相近、方向相反的交易；5. 出售或者要约出售其并不持有的证券，扰乱证券市场秩序；6. 以抬高或者压低证券交易价格为目的，连续交易某种证券；7. 利用职务便利，人为地压低或者抬高证券价格；8. 证券投资咨询机构及股评人士利用媒介及其他传播手段制造和传播虚假信息，扰乱市场正常运行；9. 上市公司买卖或他人串通买卖本公司的股票；10. 中国证监会认定的其他操纵市场的行为。"

③ 1998 年《证券法》第 71 条规定："……（一）通过单独或者合谋，集中资金优势、持股优势或者利用信息优势联合或者连续买卖，操纵证券交易价格；（二）与他人串通，以事先约定的时间、价格和方式相互进行证券交易或者相互买卖并不持有的证券，影响证券交易价格或者证券交易量；（三）以自己为交易对象，进行不转移所有权的自买自卖，影响证券交易价格或者证券交易量；（四）以其他方法操纵证券交易价格。"

④ 1998 年《证券法》第 72 条规定："禁止国家工作人员、新闻传播媒介从业人员和有关人员编造并传播虚假信息，严重影响证券交易。禁止证券交易所、证券公司、证券登记结算机构、证券交易服务机构、社会中介机构及其从业人员，证券业协会、证券监督管理机构及其工作人员，在证券交易活动中作出虚假陈述或者信息误导。各种传播媒介传播证券交易信息必须真实、客观，禁止误导。"

控制的账户之间进行证券交易”。[①] 2006 年的《刑法修正案(六)》吸收了《证券法》的修订内容,确保《刑法》与《证券法》至少对交易型操纵和真实信息型操纵的规定一致。

此后,市场操纵的方式随证券市场的迅猛发展而不断演变,更凸显了立法的滞后性问题。为此,证监会于 2007 年发布《证券市场操纵行为认定指引(试行)》(现已失效),在《证券法》的基础上增加规定了蛊惑交易操纵、抢帽子交易操纵、虚假申报操纵、特定时间的价格或价值操纵、尾市交易操纵等五种新型操纵类型,[②]丰富了市场操纵的类型体系,及时回应了市场操纵的最新演进。同时,《证券市场操纵行为认定指引(试行)》(现已失效)还首次设置了市场操纵的“安全港”条款,并以“中国证监会许可的其他市场操纵行为”为兜底条款,优化了市场操纵监管规范体系。最高人民检察院和公安部于 2010 年联合发布《关于公安机关管辖的刑事案件立案追诉标准的规定(二)》(现已失效,以下简称《追诉规定(二)》),拓展了《刑法》和《证券法》规定的市场操纵类型,将连续交易分解为真实交易操纵和利用信息优势操纵,并增加了虚假申报和抢帽子交易操纵类型。由于立法修订未能及时跟进,上述新增的市场操纵类型在实践中只能借助于《证券法》和《刑法》的兜底条款适用,屡屡受到质疑。[③]

在期货市场,《期货交易管理条例》基本仿照《证券法》的模式来设置期货市场的操纵禁止条款,将虚假信息(蛊惑)操纵分置规定。在交易型操纵中,《期货交易管理条例》规定了连续交易、约定交易和自我交易三种操纵类型。但期货交易制度的特殊性决定了其市场操纵类型的特殊性,故而《期货交易管理条例》特别规定了适用于期货市场的囤积操纵。此外,《期货交易管理条例》以“国务院期货监督管理机构规定的其他操纵期货交易价格的行为”为兜底条款,直接授权证监会认定市场新出现的操纵类型,相比《证券法》更为进步。

---

① 汤欣:《操纵市场行为的界定与〈证券法〉的修改建议》,载《中国金融》2004 年第 19 期。

② 详见《证券市场操纵行为认定指引(试行)》(现已失效)第 31 条、第 35 条、第 38 条、第 41 条、第 45 条规定。

③ 何荣功:《刑法“兜底条款”的适用与“抢帽子交易”的定性》,载《法学》2011 年第 6 期;刘宪权:《操纵证券、期货市场罪“兜底条款”解释规则的建构与应用——抢帽子交易刑法属性辨正》,载《中外法学》2013 年第 6 期。

(二)缺失的金融衍生品交易基本规则

外部激烈国际竞争的压力和内部深化金融改革的动力激发我国金融市场的创新力,为规避金融分业经营的效率桎梏,跨行业、跨机构、跨市场的金融衍生品不断被推出,在释放、对冲资本市场风险的同时亦汇聚、衍生新的风险。以期指为例,如前所述,期指的"双重虚拟性"和期指市场低成本、高杠杆、强流动的特质对市场操纵具有"放大器"和"加速器"的功效,加剧了操纵行为对市场价格的冲击力,放大了操纵行为所蕴含的价格波动风险。同时,期指特有的跨市场属性为操纵行为的跨市场实施提供了顺畅、稳定的渠道,促使操纵行为的价格波动风险沿跨市场价格关联渠道释放、蔓延,最终衍生为系统性金融风险。股指期货推出后,国债期货、股票期权、指数期权等有望破茧,利率、汇率期货期权亦被提上日程,资本市场之间的藩篱在期指等金融衍生品的剧烈冲击下逐渐消亡,利用基础资产与其衍生品市场之间的跨市场价格关联机制实施的跨市场套期保值、套利和投机等跨市场交易量迅猛提升,交易策略越发复杂,交易风险越发隐蔽,亟待制定金融衍生品交易基本法来规制跨市场交易行为,防范、治理交易行为所蕴含的系统性金融风险。

监管缺失稳定的规则约束便只能依赖于监管机构的政策,但这些政策也可能随时变化。为应对金融衍生品交易基本规则缺失的问题,我国目前将期指等金融期货交由原本规制商品期货市场的《期货交易管理条例》治理,虽可暂时缓解市场交易基本规则缺失问题,但这种方式同样存疑。

其一,金融期货与商品期货存在交易标的差异,这决定了金融期货市场与商品期货市场在基本原则、交易规则、具体制度等诸多方面不同,进而决定了市场操纵的策略亦有区别。如商品期货市场操纵中的囤积是以商品现货供应的有限性和实物交割结算制度为实施前提的,由于股票等金融商品在理论上具有供应的无限性,加之金融期货市场实行现金交割制度,致使囤积在期指等市场不具有实施的可能,故而有学者建议应以分别立法的方式治理商品期货市场的操纵行为和金融期货市场的操纵行为。①

其二,即便认可在我国金融衍生品发展的初级阶段,金融期货市场创立未久,与商品期货市场在基本原则、交易制度、交易技术等方面的差异尚且

---

① 杨振能:《股指期货市场操纵的法律界定》,载《河北法学》2009年第6期。

有限,市场操纵行为也更具共性,归入《期货交易管理条例》一并治理有助于节约立法资源和法律执行成本,但商品期货市场同样存在交易基本法缺失的问题。早在1994年第八届全国人大常委会便将《期货交易法》列入立法规划,但期货市场的复杂性以及改革的持续推进致使期货市场的基本法至今仍付之阙如。[①] 为缓解因期货市场公共性不断提升与法律规制阙如的冲突所造成的市场风险累积等问题,国务院颁布了《期货交易管理条例》,配之以证监会的部门规章及期货交易所和期货业协会的自律规则,基本构建了期货市场的交易规则体系。但《期货交易管理条例》因效力位阶过低而欠缺权威性,实难作为基本法来治理商品期货市场,更遑论治理金融期货市场,致使我国期指市场监管过于依赖证监会的直接干预,[②]抑制了市场的预期性、稳定性和抗操纵性。

(三)市场分割的规范体系

在严格的金融分业经营体制下,我国虽然由证监会统一监管证券和期货市场,但却分别依靠《证券法》和《期货交易管理条例》的授权。证券市场与期货市场因缺乏关联变量而处于"井水不犯河水"的隔绝状态,形成了"市场分割"式的监管法律体系。"市场分割"式的监管法律体系对市场操纵监管的研究和实践是以市场分割的微观思维展开,它试图将操纵行为纳入二元并行、自给自足的封闭监管规范体系内,以市场为界各自规制、评价本市场的交易行为,防范、治理各自市场内的操纵行为及其风险。

金融衍生品的出现极大改变了我国的金融生态环境,如具有跨市场属性的期指打通了股票市场和期指市场间的价格关联渠道,推动资本市场由"隔绝时代"转向"融通时代",为市场操纵提供了全新的跨市场实施策略,催生跨市场操纵的新策略、新趋势、新动向,市场操纵的实施策略越发复杂,表现形态日趋多元。借助股票期现跨市场价格关联机制,原本被局限于单一市场内的操纵行为可以被分置于价格关联的股票市场和期指市场,然而相应的监管法律规范却因"市场分割"而无法涵盖跨市场操纵行为的全貌,

---

① 《期货和衍生品法》已于2022年4月20日由第十三届全国人大常委会第三十四次会议表决通过,自2022年8月1日起实行。

② 丁凤楚:《我国股指期货风险防范的法律机制探讨》,载《江西财经大学学报》2011年第1期。

产生跨市场监管的盲区和空白,赋予跨市场操纵以极大的隐蔽性。

更为重要的是,这种“市场分割”式的监管规范体系难以应对跨市场操纵所蕴含的系统性金融风险。资本市场的隔绝结构将市场操纵蕴含的价格波动风险禁锢于单一市场,故而不具有系统性;资本市场的融通结构则使操纵行为的价格波动风险沿跨市场价格关联渠道蔓延至关联市场,并汇聚、累积、衍生为跨市场的系统性金融风险,危及整个金融体系甚至实体经济的安全。申言之,虽然证监会统一监管股票期现跨市场交易,但监管信息限于所辖证券市场和期货市场,而期指作为金融衍生品具有极高的信息敏感性,货币政策、银行利率、财政税率等政策变动以及银保监会的配资政策和险资投资政策调整等诸多场外信息甚至不实传闻均可能引发期指价格的剧烈波动,牵引股票市场震荡。而基于监管职权和执法资源的有限性,证监会对市场操纵的查处存在方式上的被动性和时间上的滞后性,不仅难以阻却操纵行为的实施,更难以监测和防范跨市场操纵诱发的系统性风险。总之,基于微观监管思维构建的“市场分割”式的监管规范体系无力应对跨市场操纵所蕴含的系统性金融风险,2015 年的股市震荡充分显现出市场分割的监管法律制度因防范系统性风险的“失灵”而成为系统性风险爆发的重要推手。

(四)逻辑混乱的规范结构

我国资本市场最初“先发展,后规范”的试验路径致使《证券法》等资本市场立法长期缺位,随后资本市场的民主化促进了市场的开放性和公共性,催生了“边发展,边规范”的治理路径,出现了本应“兜底”的《刑法》率先设置市场操纵禁止规范的“本末倒置”情形。且《刑法》将虚假信息操纵分出另设,并分解为“编造并传播证券交易虚假信息罪”和“诱骗投资者买卖证券罪”,①割裂了市场操纵禁止规范的内在逻辑,致使“操纵证券交易价格罪”只涵盖交易型操纵和部分(真实)信息型操纵,造成市场操纵理论认知

① 1997 年修订的《刑法》第 181 条规定:“编造并且传播影响证券交易的虚假信息,扰乱证券交易市场,造成严重后果的,处五年以下有期徒刑或者拘役,并处或者单处一万元以上十万元以下罚金。证券交易所、证券公司的从业人员,证券业协会或者证券管理部门的工作人员,故意提供虚假信息或者伪造、变造、销毁交易记录,诱骗投资者买卖证券,造成严重后果的,处五年以下有期徒刑或者拘役,并处或者单处一万元以上十万元以下罚金;情节特别恶劣的,处五年以上十年以下有期徒刑,并处二万元以上二十万元以下罚金。单位犯前两款罪的,对单位判处罚金,并对其直接负责的主管人员和其他直接责任人员,处五年以下有期徒刑或者拘役。”

的混乱和法律理解的困难。1998 年《证券法》基本继承《刑法》的规定,但在吸纳特殊主体蛊惑操纵的同时却排除了普通主体蛊惑操纵,割裂了《证券法》与《刑法》之间的衔接,致使《刑法》中"编造并传播证券交易虚假信息罪"欠缺必要的《证券法》基础,出现普通主体蛊惑操纵不成立违法行为却可能构成犯罪的不合理现象。证监会于2007 年发布的《证券市场操纵行为认定指引(试行)》(现已失效)所增加的新型操纵类型同样存逻辑混乱问题,如特定时间的价格或价值操纵与尾市交易操纵因界限不明而混淆不清,且《证券市场操纵行为认定指引(试行)》(现已失效)作为证监会内部文件并无直接适用的法律效力,致使执法和司法实践中只能间接适用《证券法》和《刑法》的相关兜底条款,监管效力一再受到质疑。

代行期货市场基本法职能的《期货交易管理条例》受《证券法》的影响亦将虚假信息(蛊惑)操纵分出另置,[①]期指等金融期货市场的出现对《期货交易管理条例》提出了巨大挑战:一是《期货交易管理条例》因立法层级偏低而欠缺足够的权威性,难以统领包括商品期货和金融期货的庞大市场;二是证券的长期性与期货的期限性决定了二者交易制度的不同以及操纵策略的差异,如囤积作为期货市场操纵策略无法在证券市场实施,但自期货市场操纵被纳入《刑法》后一直与证券市场操纵"捆绑"规定,致使囤积无论情节如何严重也只成立违法而不构成犯罪;三是《期货交易管理条例》将商品期货市场操纵禁止规范直接适用于金融期货市场,忽视商品期货市场和金融期货市场的结构性差异导致两市场操纵行为的实施策略和行为类型存在不同;四是因欠缺针对金融期货的市场操纵禁止规范,监管机构和司法机关只能适用兜底条款,而兜底条款的模糊性与法律确定性的冲突造成法律适用的困难,给操纵者心生侥幸之机,绕开既定操纵类型,采用账户关联隐蔽化实施跨市场、跨行业甚至跨境操纵行

---

① 《期货交易管理条例》第 39 条规定:"任何单位或者个人不得编造、传播有关期货交易的虚假信息,不得恶意串通、联手买卖或者以其他方式操纵期货交易价格。"第 70 条规定:"……(一)单独或者合谋,集中资金优势、持仓优势或者利用信息优势联合或者连续买卖合约,操纵期货交易价格的;(二)蓄意串通,按事先约定的时间、价格和方式相互进行期货交易,影响期货交易价格或者期货交易量的;(三)以自己为交易对象,自买自卖,影响期货交易价格或者期货交易量的;(四)为影响期货市场行情囤积现货的;(五)国务院期货监督管理机构规定的其他操纵期货交易价格的行为……"

为，利用新技术的漏洞实施操纵以攫取非法利益，通过翻新花样进而规避法律。① 在“伊世顿操纵案”中，伊世顿国际贸易公司通过借来的 31 个期货账户隐瞒实际控制的期货账户数量，自行设计出高频程序化交易软件，并远程植入伊世顿国际贸易公司托管在中国金融期货交易所的服务器来实施操纵行为，获利甚丰，危害极大。②

三、监管权运行失范之二：操纵行为实质认知失当

资本市场的逐利性决定了市场操纵的客观性，而资本市场交易机制的复杂性则决定了市场操纵实质内涵的模糊性和变动性。然而市场操纵的实质界定不仅是事后确立操纵行为与投资者损失之间因果链条的关键和追究行为人责任的基础，更是事前积极主动防范市场操纵的前提，故而精确界定市场操纵的实质内涵始终是各国治理市场操纵的首要问题。当前，激烈的全球经济竞争推动金融综合经营和资本市场融通变革，市场操纵的跨市场实施使其所蕴含的价格波动风险呈现系统性演变，但现有对市场操纵的实质界定却囿于单市场操纵的传统认知而无法有效监管权力行使的方向和范围。

（一）市场操纵实质界定的梳理

我国资本市场立法初创之时，本土资源付之阙如，只能利用后发优势借鉴移植成熟市场国家的理论成果和制度实践。最初，国务院证券委员会于 1993 年颁布的《禁止证券欺诈行为暂行办法》（现已失效）将操纵市场与内幕交易、欺诈客户、虚假陈述等违法行为归入“证券欺诈”范畴，③并抽象出市场操纵的概念。④ 但由于初创时期对市场操纵的理解和认识相对肤浅，故而概念中“操纵市场”“影响证券市场价格”“制造证券市场假象”“诱导或者致使投资者在不了解事实真相的情况下作出证券投资决定”等界定要

---

① 胡光志、张美玲：《我国期货市场操纵立法之完善——基于英美的经验》，载《法学》2016 年第 1 期。

② 刘子阳：《上海警方破获一起特大操纵期货市场犯罪案》，载《法制日报》2015 年 11 月 2 日，第 1、4 版。

③ 《禁止证券欺诈行为暂行办法》（现已失效），其第 2 条规定：“本办法所称证券欺诈行为包括证券发行、交易及相关活动中的内幕交易、操纵市场、欺诈客户、虚假陈述等行为。”

④ 《禁止证券欺诈行为暂行办法》（现已失效）第 7 条规定：“禁止任何单位或者个人以获取利益或者减少损失为目的，利用其资金、信息等优势或者滥用职权操纵市场，影响证券市场价格，制造证券市场假象，诱导或者致使投资者在不了解事实真相的情况下作出证券投资决定，扰乱证券市场程序。”

素内涵模糊，在定义位置也不甚清晰，且存在以“操纵”解释“操纵”的循环定义之嫌，①概念外延也仅涵盖真实交易型操纵，排除了虚假交易型和信息型操纵。证监会于1996年发布的《关于严禁操纵证券市场行为的通知》（现已失效）延续了《禁止证券欺诈行为暂行办法》（现已失效）第7条之规定。②

然而当时市场操纵行为屡禁不止甚至愈演愈烈之势迫使监管层选择借助严厉的刑事制裁以实现立竿见影的治理效果，在资本市场基本法缺位的情况下，1997年《刑法》首次在法律层面设置了“操纵证券交易价格罪”，③同时剔除了大量在监管实践中难以把握的界定要素：一是删除“以获取利益或者减少损失”的主观目的要素，④二是将客观行为表述简化为“操纵证券交易价格”，三是增加“获取不正当利益或者转嫁风险”的结果要素，四是扩大概念外延以覆盖所有的交易型操纵，五是对部分操纵类型增加规定“影响证券交易量”。自此，独具中国特色的“价量控制理论”崭露头角。但《刑法》对操纵实质的界定也存在弊端：一是删除市场操纵的主观目的性要素，使操纵行为认定，特别是对连续交易操纵与合法交易的辨别十分困难，以至于有观点认

① 汤欣、高海涛：《证券市场操纵行为认定研究——行政处罚案例的视角》，载《当代法学》2016年第4期。

② 《关于严禁操纵证券市场行为的通知》（现已失效）第1条将“操纵市场”界定为“以获取利益或者减少损失为目的，利用其资金、信息等优势操纵市场，影响证券市场价格，诱导投资者在不了解事实真相的情况下作出证券投资决定，扰乱证券市场秩序”。

③ 1997年《刑法》第182条规定：“有下列情形之一，操纵证券交易价格，获取不正当利益或者转嫁风险，情节严重的，处五年以下有期徒刑或者拘役，并处或者单处违法所得一倍以上五倍以下罚金：（一）单独或者合谋，集中资金优势、持股优势或者利用信息优势联合或者连续买卖，操纵证券交易价格的；（二）与他人串通，以事先约定的时间、价格和方式相互进行证券交易或者相互买卖并不持有的证券，影响证券交易价格或者证券交易量的；（三）以自己为交易对象，进行不转移证券所有权的自买自卖，影响证券交易价格或者证券交易量的；（四）以其他方法操纵证券交易价格的。单位犯前款罪的，对单位判处罚金，并对其直接负责的主管人员和其他直接责任人员，处五年以下有期徒刑或者拘役。”

④ 学界对此存在争议，焦点在于新增规定的“获取不正当利益或者转嫁风险”在行为构成中的层次位置，有观点认为该规定实乃取代“以获取利益或者减少损失”，仍属于主观目的层面，参见刘宪权：《操纵证券、期货交易价格犯罪行为的刑法分析》，载《华东政法大学学报》2000年第6期；张惠芳：《浅析操纵证券、期货交易价格罪的有关问题》，载《政法论坛》2000年第3期。也有观点认为该规定属于客观层面的结果要件，参见王作富主编：《刑法》，中国人民大学出版社2004年版，第332页。其实，就文本分析，“获取不正当利益或者转嫁风险”并不等同于“为了获取不正当利益或者转嫁风险”，在语序逻辑中，“获取不正当利益或者转嫁风险”在“操纵证券交易价格”之后，二者具有因果逻辑，由此可以断定“获取不正当利益或者转嫁风险”并非该罪主观目的要素而是客观结果要素。

为"获取不正当利益或者转嫁风险"属于主观目的要素；二是操纵的客观行为被界定为"操纵证券交易价格"，但在具体操纵行为类型的表述中却出现"影响证券交易价格或者证券交易量"，且未说明"操纵"与"影响"、"交易价格"与"交易量"之间的关系，致使对市场操纵的实质界定难以统领具体的操纵行为类型；三是未能解释为何部分操纵类型（连续交易）只需"操纵证券交易价格"，而部分操纵类型（约定交易、洗售）却需要"影响证券交易价格或者证券交易量"。

1998年出台的《证券法》第5条将市场操纵与内幕交易、欺诈行为并列表述，①但并未说明市场操纵与欺诈行为的界限何在，故而欺诈可能是作为兜底概念以涵盖除市场操纵、内幕交易之外的其他市场违法行为。除此之外，《证券法》基本延续《刑法》"操纵证券交易价格罪"的规定。② 2005年《证券法》修订时对1998年《证券法》的市场操纵禁止条款作出较大修改：③一是由于对以"获取不正当利益或者转嫁风险"究竟是主观目的性要素还是客观结果性要素争论不休，若属主观目的性要素则难以证明，若是客观结果性要素又常常不能被明确认定，④故而被取消；二是删除"操纵证券交易价格"规定，将"以其他方法操纵证券交易价格"的兜底条款修改为"以其他手段操纵证券市场"以囊括"证券交易量"要素，在确保市场操纵实质界定与具体操纵类型统一的同时，也借助交易量要素简化市场操纵行为的证明标准，降低法律执行成本。至此，《证券法》对市场操纵的实质界定简化为

---

① 1998年《证券法》第5条规定："证券发行、交易活动，必须遵守法律、行政法规；禁止欺诈、内幕交易和操纵证券交易市场的行为。"

② 1998年《证券法》第71条规定："禁止任何人以下列手段获取不正当利益或者转嫁风险：（一）通过单独或者合谋，集中资金优势、持股优势或者利用信息优势联合或者连续买卖，操纵证券交易价格；（二）与他人串通，以事先约定的时间、价格和方式相互进行证券交易或者相互买卖并不持有的证券，影响证券交易价格或者证券交易量；（三）以自己为交易对象，进行不转移所有权的自买自卖，影响证券交易价格或者证券交易量；（四）以其他方法操纵证券交易价格。"

③ 2005年《证券法》第77条规定："禁止任何人以下列手段操纵证券市场：（一）单独或者通过合谋，集中资金优势、持股优势或者利用信息优势联合或者连续买卖，操纵证券交易价格或者证券交易量；（二）与他人串通，以事先约定的时间、价格和方式相互进行证券交易，影响证券交易价格或者证券交易量；（三）在自己实际控制的账户之间进行证券交易，影响证券交易价格或者证券交易量；（四）以其他手段操纵证券市场。操纵证券市场行为给投资者造成损失的，行为人应当依法承担赔偿责任。"

④ 周道鸾、张军主编：《刑法罪名精释》，人民法院出版社2007年版，第284页。

"操纵或影响证券交易价格或交易量",为独具我国特色的"价量控制理论"奠定了法律文本基础。

价量控制理论随即被立法机关和监管机构接受。2006 年颁布的《刑法修正案(六)》纳入了交易量要素,[①]这被认为是重要的立法优化。[②] 证监会于 2007 年发布的《证券市场操纵行为认定指引(试行)》(现已失效)以价量控制为核心将市场操纵界定为"行为人以不正当手段,影响证券交易价格或者证券交易量,扰乱证券市场秩序的行为",并将"操纵或影响价量"简化为"影响价量"以解决循环定义的问题,同时具体阐释了"影响证券交易价格或者证券交易量"的具体含义。[③]

《证券法》在其后的 2013 年和 2014 年两次修正中均延续了"操纵或影响价量"的实质解释。针对在金融综合经营和资本市场融通趋势下跨市场操纵的新动向,2019 年修订的《证券法》仍然延续价量控制理论路径,将市

---

① 2006 年《刑法修正案(六)》第 11 条规定将《刑法》第 182 条修改为:有下列情形之一,操纵证券、期货市场,情节严重的,处五年以下有期徒刑或者拘役,并处或者单处罚金;情节特别严重的,处五年以上十年以下有期徒刑,并处罚金:(一)单独或者合谋,集中资金优势、持股或者持仓优势或者利用信息优势联合或者连续买卖,操纵证券、期货交易价格或者证券、期货交易量的;(二)与他人串通,以事先约定的时间、价格和方式相互进行证券、期货交易,影响证券、期货交易价格或者证券、期货交易量的;(三)在自己实际控制的账户之间进行证券交易,或者以自己为交易对象,自买自卖期货合约,影响证券、期货交易价格或者证券、期货交易量的;(四)以其他方法操纵证券、期货市场的……

② 刘树德、喻海松:《从法治的立场解读〈刑法修正案(六)〉》,载《中国审判》2006 年第 6 期。

③ 《证券市场操纵行为认定指引(试行)》(现已失效)第 14 条规定:"本指引所称影响证券交易价格或者证券交易量,是指行为人的行为致使证券交易价格异常或形成虚拟的价格水平,或者行为人的行为致使证券交易量异常或形成虚拟的交易量水平。前款所称致使,是指行为人的行为是证券交易价格异常或形成虚拟的价格水平,或者证券交易量异常或形成虚拟的交易量水平的重要原因。行为人的行为致使证券交易出现下列情形之一的,可认定为影响证券交易价格或者证券交易量:(一)致使新股或其他证券上市首日出现交易异常的;(二)致使相关证券当日价格达涨幅限制价位或跌幅限制价位或形成虚拟的价格水平,或者致使相关证券当日交易量异常放大或萎缩或形成虚拟的交易量水平的;(三)致使相关证券的价格走势明显偏离可比指数的;(四)致使相关证券的价格走势明显偏离发行人基本面情况的;(五)证券交易所交易规则规定的影响证券交易价格或者证券交易量的情形;(六)中国证监会认定的影响证券交易价格或者证券交易量的其他情形。前款第(一)项至第(四)项所称异常、虚拟的价格水平、虚拟的交易量水平和明显偏离等,可以结合专家委员会或证券交易所的意见认定。"第 15 条规定:"证券执法人员可以根据证券市场有关状况或证券市场发展规律,依据普遍的经验法则和证券市场常识,对行为人的行为是否是证券交易价格或者证券交易量变动的重要原因进行判断,并说明判断的依据和结果。"

场操纵界定为"影响或者意图影响证券交易价格或者证券交易量",①并进一步完善了价量控制理论:一是显现出由"价量控制理论"向"价量影响理论"迁移的迹象。操纵与影响均意指行为对交易价量施加控制,只是影响的控制程度弱于操纵,以价量影响替代价量控制,根据跨市场操纵的复杂性和隐蔽性来降低操纵的认定标准,扩大操纵的监管范围,同时解决"操纵或影响价量"表述中的循环定义问题。二是增加"意图影响"规定,扩大市场操纵的涵盖范围,使其涵盖影响价量的结果犯和意图影响价量的目的犯,从而将未遂的市场操纵行为也纳入监管范围,加大对市场操纵的打击力度,更好地应对跨市场操纵所蕴含的系统性风险。

就期货市场而言,《期货交易管理条例》借鉴《证券法》的经验,将操纵期货交易价格与内幕交易、欺诈并列规定为市场禁止行为,②并将市场操纵界定为"操纵期货交易价格",但也未明确市场操纵、内幕交易和欺诈这三者间的区别。有学者认为"法条本意似乎并不意在指出三者的区别,而只是表明立法者对违法行为秉持的一种反对立场"。③ 此外,基于期货交易机制复杂等特点,《期货交易管理条例》特别通过第2条解释了商品期货合约等专业术语,但其中却不包括"市场操纵"概念。《期货交易管理条例》明确禁止市场操纵行为后,为加强对期货市场操纵行为的打击力度,立法者通过《刑法修正案(六)》将情节严重的"操纵期货交易价格"入罪,将"操纵证券交易价格罪"修订为"操纵证券、期货交易价格罪",④虽然有学者认为这一立法规定"无论是立法内容、立法技巧,还是罪名归纳方式均经不起推敲",⑤但此后《刑法》一直将证券市场操纵和期货市场操纵"捆绑"规定,期货市场操纵行为的实质界定也相应历经了由"操纵价格"到"操纵或影响价量"的发展历程,在此不再赘述。

---

① 2019年修订的《证券法》第55条中规定了"禁止任何人以下列手段操纵证券市场,影响或者意图影响证券交易价格或者证券交易量"。

② 《期货交易管理条例》第3条规定:"从事期货交易活动,应当遵循公开、公平、公正和诚实信用的原则。禁止欺诈、内幕交易和操纵期货交易价格等违法行为。"

③ 胡光志、张美玲:《我国期货市场操纵立法之完善——基于英美的经验》,载《法学》2016年第1期。

④ 其后《刑法修正案(六)》将该罪修订为"操纵证券、期货市场罪"。

⑤ 郭文龙:《操纵证券、期货市场犯罪罪名探析——从中观的规制对象和微观的判断要素切入》,载《政法论坛》2010年第6期。

(二)立法中价量控制界定的“似是而非”

三十余年的理论探索和制度实践不断深化我国理论界和实务界对市场操纵的内在机理、实施策略、外在形态等问题的理解和认知,并在此基础上形成了独具本土特色的价量控制理论。价量控制理论认识到资本市场价格形成机制的复杂性,市场价格波动的原因究竟是自由竞争的结果还是人为施加的控制往往混淆不清,这造成了实践中存在“价格异常波动—操纵行为”这一因果关系倒推认定的困境以及繁复的“操纵或影响”量化标准等诸多难题。相比之下,“交易量”是更为简单、明确且可量化的界定要素。在市场操纵的实质界定中增加交易量要素,形成了“交易价格或交易量异常波动—操纵行为”的价量控制理论。价量控制理论的贡献在于创设出与交易价格操纵并列的交易量操纵类型,在“交易量异常波动—操纵行为”的认定路径中,交易量证明标准的确定性和检测的简易性极大降低了监管成本。

但市场操纵的实质界定理应遵循“操纵策略—操纵机理—行为类型—实质内涵”的认定路径,对市场操纵的实质认知理应涵盖操纵的行为类型,反映操纵的内在机理,契合操纵的实施策略。资本市场的核心要素是价格,市场操纵始终围绕着控制价格波动展开,通过虚构市场供求主动控制价格波动,制造交易(买卖)价差以获利。可见,价格异常波动是市场操纵的目的和结果,操纵的危害性和违法性源自行为积极主动地制造价格波动风险,因此,操纵行为必须具有可归咎于行为的“价格异常波动”意图或结果,或者说,只有产生或意图产生引起“价格异常波动”的行为方能构成市场操纵。

价量控制理论将操纵行为的实质认知聚焦于作为市场表象的交易价格和交易量,虽然提升了操纵行为实质认知的确定性和行为证明的简易性,却无法契合市场操纵的内在机理。具体而言,虽然操纵行为以控制价格波动为核心,但价格属于“结果”范畴,①而交易量则属于“行为”范畴,申报量、持有量、成交量等交易量数据只是交易行为的外在表现,其与交易行为之间是“表”与“里”的关系,“交易量异常波动—操纵行为”的认定路径可以被转换为“交易行为异常(表现为交易量异常)—操纵行为”的逻辑关系。然而操纵行为就是异化的交易行为,这就使交易量操纵陷入循环论证的陷阱。总之,分属结果范畴的交易

① 谢杰:《市场操纵犯罪的机理与规制:法律与金融分析》,华东政法大学2014年博士学位论文,第54页。

价格和行为范畴的交易量使价量控制理论产生内在的逻辑混乱问题。①

市场操纵行为的正确认定逻辑是"交易行为异常(表现为交易量异常)—价格异常波动",但这一简洁明了的认定链条却随着金融综合经营和资本市场融通趋势而越发显现出适用的障碍和困境。金融综合经营趋势推动金融交易逐渐开始跨行业、跨机构、跨市场实施,资本市场融通进程使跨市场的交易行为日趋兴盛,市场价格波动在或内生或外联的因素影响下频繁波动,诱因纷繁复杂。同时,市场交易量不仅海量增加,还借助跨市场联动机制产生跨机构、跨行业和跨市场关联效应,仅凭单一市场的交易量要素已然不足以判断行为的操纵性。总之,价量控制理论已难以涵盖和解释市场操纵在金融新趋势下的新动向、新形态和新变化。

(三)实践中交易量控制界定的"舍本逐末"

交易价格操纵的绵长认定链条和繁复证明标准催生出二元的价量控制理论,但在价量控制理论框架内,本应并行的交易价格操纵和交易量操纵却因交易量操纵的证明便利性而在监管实践中呈现"一边倒"的局面,价格要素、交易行为与价格波动的因果关系及其是否达到"控制或影响"的程度均被弱化甚至被忽视。最高人民检察院、公安部于2010年联合颁布的《追诉规定(二)》所规定的操纵证券、期货市场罪中的刑事处罚起点均以交易行为在特定证券、期货合约的特定交易时间段内所占的持有量、成交量为标准,②对交易价格要素的忽视致使立法层面二元并行的价量控制理论在实践层面被简化为单一的交易量控制。

---

① 刘宪权、谢杰:《市场操纵犯罪的实质解构:法律与经济分析》,载《现代法学》2014年第6期。

② 《追诉规定(二)》第39条[操纵证券、期货市场案(《刑法》第182条)]规定,操纵证券、期货市场,涉嫌下列情形之一的,应予立案追诉:(1)单独或者合谋,持有或者实际控制证券的流通股份数达到该证券的实际流通股份总量30%以上,且在该证券连续20个交易日内联合或者连续买卖股份数累计达到该证券同期总成交量30%以上的;(2)单独或者合谋,持有或者实际控制期货合约的数量超过期货交易所业务规则限定的持仓量50%以上,且在该期货合约连续20个交易日内联合或者连续买卖期货合约数累计达到该期货合约同期总成交量30%以上的;(3)与他人串通,以事先约定的时间、价格和方式相互进行证券或者期货合约交易,且在该证券或者期货合约连续20个交易日内成交量累计达到该证券或者期货合约同期总成交量20%以上的;(4)在自己实际控制的账户之间进行证券交易,或者以自己为交易对象,自买自卖期货合约,且在该证券或者期货合约连续20个交易日内成交量累计达到该证券或者期货合约同期总成交量20%以上的;(5)单独或者合谋,当日连续申报买入或者卖出同一证券、期货合约并在成交前撤回申报,撤回申报量占当日该种证券总申报量或者该种期货合约总申报量50%以上的……

然而价格是资本市场的核心要素，市场操纵以人为控制商品价格波动以制造交易价差获利为内在机理，操纵行为的核心在于控制价格波动，价格异常波动是操纵行为的直接结果，行为与价格异常波动的直接因果关联是市场操纵证明的核心要素。因此，交易行为必须具备“价格异常波动”的结果方能构成市场操纵，即便在立法中将洗售、对敲等虚假交易操纵设定为所谓的“行为犯”，也并不意味着其不具有造成“价格异常波动”的结果，而是其虚假交易行为已充分显露出行为的操纵性和违法性，无须再借助结果要素证明行为的操纵性和违法性，这只是证明技术和策略的选择，所有的市场操纵行为必须具有“价格异常波动”的结果。

但交易量控制理论迫于监管的压力，摆脱价格要素，直接将“交易量异常波动”视为独立的操纵行为的结果要件和认定标准，如《追诉规定（二）》对连续交易操纵规定了相对交易量①和绝对交易量两种认定标准，②然而交易量操纵却并不契合市场操纵的内在机理。

其一，市场操纵以人为控制价格波动为核心，价格波动是通过虚构市场供求来实现的，而虚构市场供求是通过各种交易行为完成的，直观表现为申报量、持有量、成交量等交易量数据。可见，交易量是交易行为的外在表现，属于交易行为范畴，与交易行为是“表里”关系，呈现“交易行为（表现为交易量）—价格异常波动”这样的逻辑关系，因此，交易量不应作为结果要件和认定标准。

其二，资本市场交易机制的复杂性决定了交易量对交易价格的冲击不能一概而论，其程度取决于市场的深度、广度和弹性，交易量的大小与交易价格的波动并不存在必然的因果关联。也就是说，即便达到优势、支配甚至垄断程度的交易量也无法推定必然产生“价格异常波动”的操纵结果。与价格控制相比，单纯的交易量数额和比例与操纵行为的违法性之间的关联

---

① 单独或者合谋，持有或者实际控制证券的流通股份数达到该证券的实际流通股份总量30%以上，且在该证券连续20个交易日内联合或者连续买卖股份数累计达到该证券同期总成交量30%以上；单独或者合谋，持有或者实际控制期货合约的数量超过期货交易所业务规则限定的持仓量50%以上，且在该期货合约连续20个交易日内联合或者连续买卖期货合约数累计达到该期货合约同期总成交量30%以上。

② 单独或者合谋，当日连续申报买入或者卖出同一证券、期货合约并在成交前撤回申报，撤回申报量占当日该种证券总申报量或者该种期货合约总申报量50%以上。

度更为间接、偶然和薄弱,难以成为市场操纵行为的证明标准。

其三,实践中,无论是优势、支配还是垄断程度的交易量(行为),都存在投资、投机、操纵等多种可能,如控制持有特定的金融商品、建构数量优势的交易仓位、集中交易大量金融商品、分仓分散交易以降低成本等交易策略并不必然构成市场操纵,仅依据申报量、持有量、成交量等交易量要素直接认定市场操纵并不合理。故有研究认为巨量交易实际上只有在逼仓、挤仓、制造价格趋势后反向操作、基于价格关联同步从事衍生工具交易等极少数条件下才有可能构成市场操纵。① 这并非表明此刻的交易量具有独立意义,而是只有在上述极端情况下才能仅凭单纯的交易量要素推断出行为具有价格控制的操纵属性。因此,单纯的交易量数额或比例巨大并不必然构成市场操纵,仅依据申报量、持有量、成交量等交易量规模而直接认定为市场操纵并不稳妥,这无法展现交易行为的操纵性和违法性,实难成为市场操纵的实质解释。

① Gary L. Gastineau & Robert A. Jarrow, *Large-Trader Impact and Market Regulation*, Financial Analysts Journal, 1991(47), p. 40.

第五章　市场操纵本质的新认知及监管创新

市场操纵的本质认知不仅涉及“何为市场操纵”的本体论问题，还因其具有引导监管权行使方向和范围的规制功能而关乎资本市场监管的限度和效率，故而精确界定市场操纵的本质始终是各国治理市场操纵行为所要解决的首要问题。但资本市场的复杂交易机制使市场操纵呈现出“确实存在，可以列举，但难以表述”的特质，以致目前对市场操纵本质的认知仍处于“见仁见智”的状况。当前，外部全球竞争的压力和内部深化改革的动力推动我国金融业转向具有效率优势的综合经营方向，资本市场启动一体化融通进程，市场操纵出现跨市场实施的新趋势。这为探究市场操纵的本质提供了全新的视角，在反思既有理论研究和立法实践的基础上，应及时跟进操纵行为的最新演进，探寻契合操纵行为内在机理，涵盖操纵行为实施策略，反映操纵行为发展趋势的市场操纵本质认知。

一、对域外市场操纵本质认知的考察

西方国家因其资本市场领先发展的优势而更早探索市场操纵的本质问题，理论探索和制度实践迄今已历经数百年。美国虽然在立法中“务实”地回避了市场操纵的界定问题,[①]但普通法的路径依赖使其立法仍显露出明显的“欺诈”色彩。英国则彻底抛弃了普通法传统,将市场操纵归入“市场滥用”(market abuse)的范畴。[②] 欧盟则创造性地设置了双层的界定结构,借助立法的开放结构来提升市场操纵的本质界定在金融体系快速发展环境中的适应性和包容性。[③] 而在理论层面,解释市场操纵本质内涵的欺诈理论、市场欺诈理论、价格操纵理论等也次第兴起,各领风骚。

(一)欺诈理论

欺诈理论是最早出现的对市场操纵本质内涵的解释理论。资本市场的领先发展优势使英国更早面对市场操纵的监管治理问题,也更早面对“何为市场操纵”问题的挑战。对此,英国延续其普通法个案审查的路径,认为市场操纵是实施于股票、债券等资本市场特定空间的欺诈行为,从而将市场操纵纳入普通法的欺诈范畴。[④] 最早在 Rex. v. De Berenger 案中,[⑤]英国王座法院认为被告的操纵行为侵犯了公众享受的“自然而不受不当影响市场”的权利,[⑥]国家有权在这一权利被操纵行为破坏时介入干预,[⑦]由此开启了以法院个案审理来治理市场操纵的普通法时代。在随后的 Scott v. Brown 案中,法院认为证券市场中虚假交易的唯一目的是通过虚构市场供求来诱导公众入市交易,是以投资者损失为代价而获利的欺诈行为,明确将

---

① 参见美国《1933 年证券法》第 17 条 a 款;《1934 年证券交易法》第 10 条 b 款,第 15 条 c 款 1 项、2 项。

② Deboran A. Sabalot, *Farhaz Khan Financial Services Law and Regulation*, Lexis Nexis Butter-worth, 2010, p. 25.

③ The European Parliament and the Council of the European Union, Directive 2003/6/EC of the European Parliament and of the Council on insider dealing and market manipulation.

④ 普通法系的欺诈(fraud)概念与大陆法系的诈骗相比,尽管存有一定差异,但二者在主观上均要求行为人具有非法占有他人财物的目的,在客观上均要求具备被害人基于行为人虚构事实、隐瞒真相行为而陷入错误认识,进而主动交付财物,转移财物占有的行为,基于此,二者可构成对应性概念。

⑤ 英法战争期间,普鲁士人德·贝朗热(De Berenger)于 1814 年谣传拿破仑死亡的消息,造成伦敦证券市场股价暴涨,其借机高位卖出所持有的股票,获取巨额收益,随后其操纵行为被揭发,致使伦敦证券市场股价大跌。

⑥ [美]路易斯·罗思、乔尔·赛里格曼:《美国证券监管法基础》,张路等译,法律出版社 2008 年版,第 810 页。

⑦ 马江河:《美国证券市场操纵认定标准研究》,载《证券市场导报》2005 年第 8 期。

虚假交易操纵归入欺诈范畴。[①] 其后,美国延续英国的普通法路径,通过大量判例将资本市场中拉升、稳定、压制市场价格的行为归入欺诈范畴。[②]

就市场操纵的具体类型而言,虚假交易操纵通过自买自卖或约定买卖来虚构市场供求,释放误导性虚假交易信息以控制价格波动,此类行为的欺诈性显而易见。真实交易操纵虽然实质性转移所有权,具有合法的市场交易外观,但其交易的目的并非转移标的所有权,而同样是为虚构市场供求,释放误导性虚假信息以控制价格波动,行为同样显现虚构事实、隐瞒真相的欺诈性;信息型操纵亦是如此。在大量判例的基础上,欺诈理论认为市场操纵就是通过虚构市场供求、价格等信息,诱使投资者陷于错误认识,并基于该错误认识而作出交易决策,最终遭受损失,而操纵者则借此获利的欺诈行为。欺诈理论借此闭合了操纵行为与投资者损失之间的因果链条,奠定了追究操纵者法律责任的基础。

但欺诈理论自产生始便受质疑,[③]有人认为欺诈难以显现市场操纵与虚报注册资本、伪造货币、集资诈骗等违法行为之间的实质差异,[④]无法揭示市场操纵的违法性根源。[⑤] 最为主要的是,欺诈理论难以契合资本市场交易的特殊性。欺诈的客观要件要求具备"欺诈行为—被害人陷入错误认识—基于错误认识主动转移财产—被害人因此受损—加害人因而获益"这一因果链条,其脱胎并适用于具有直接、个别、封闭属性的简单"点对点"交易机制,欺诈行为直接指向特定、具体的交易对象。但资本市场以集合竞价的"撮合"交易方式为基础,交易者之间并不直接面对,而是借助市场"撮合"交易机制完成复杂的"面对面"交易,具有间接、整体、开放的属性,操纵行为并未指向特定、具体的交易对象,操纵者与投资者也未发生直接接触,这并不符合欺诈的行为要件。因此,美国联邦最高法院的判例认为市场操

---

① Scott v. Brown, Doering, McNab & Co., (1892) 2 Q. B. 724, 734.

② Harris v. U. S., 48 F. 2d 771, 774 (9th Cir. 1931).

③ 谢杰:《市场操纵犯罪的机理与规制:法律与金融分析》,华东政法大学2014年博士学位论文,第45页。

④ 田宏杰:《操纵证券市场罪:行为本质及其司法认定》,载《中国人民大学学报》2014年第4期。

⑤ 欺诈作为"自然犯",其违法性源于道德层面的可谴责性,而市场操纵则属于典型的"行政犯",其违法性源于因破坏资本市场自由竞争的价格机制所造成的市场失效损害。

纵的归责原则应当契合资本市场的交易特点,[1]而早在 1888 年,美国纽约法院的判例就认为洗售至多是对股票价值的判断而非对事实的虚假陈述,[2]学界亦有观点认为市场操纵虽具有欺诈性,但有别于对客观事实"隐瞒"或"虚构"的事实欺诈,而是对事实背后的价值判断进行虚假陈述的意见欺诈。[3] 基于此,美国《1934 年证券交易法》意图摆脱普通法的"欺诈"烙印,将第 9 条 a 款表述为"操纵证券价格"(manipulation of security price),但普通法的路径依赖又使该法第 10 条 a 款将操纵与欺诈并列表述,且未能界分二者的差异,致使《1934 年证券交易法》的操纵条款仍然带有欺诈的痕迹。此外,美国《1936 年商品交易法》同样继承普通法的传统,以欺诈(defraud)来界定期货市场操纵行为。[4] 学界亦有观点坚持认为在美国法中,操纵行为的核心就是误导和欺诈。[5]

(二)市场欺诈理论

欺诈理论因难以契合资本市场"面对面"的交易特质而备受质疑,由此催生出试图将欺诈概念和资本市场"撮合"交易机制融合的市场欺诈理论。[6] 其实早在 19 世纪,英国法院的判例中就已显露出市场欺诈理论的端倪,认为尽管操纵行为并未直接指向具体的投资者,但只要能够认定市场整体受到操纵行为的欺诈影响就可确定投资者损失与操纵行为之间的因果关系。[7] 随后,1929 年金融危机促使美国选择转向以成文法方式来重塑金融

---

① Basic v. Levinson,485 US 224,244(1988).

② 陈建旭:《证券犯罪之规范理论与界限》,法律出版社 2006 年版,第 9 页。

③ 田宏杰:《操纵证券市场行为的本质及其构成要素》,载《国家行政学院学报》2013 年第 3 期。

④ 殷晓峰、牛广济:《中美资本市场反操纵监管比较及启示》,载《证券市场导报》2014 年第 4 期。

⑤ Daniel R. Fischel & David J. Ross, *Should the Law Prohibit "Manipulation" in Financial Markets*? Harvard Law Review,1991(105),p. 503 - 507.

⑥ Louis Loss, Joel Seligman & Troy Paredes, *Fundamentals of Securities Regulation*, 5th edition, Aspen Publishers,2003,p. 845.

⑦ 在 1876 年的埃斯皮诺尔案(R. v. Aspinall)中,被告公司通过欺诈陈述诱导投资者大规模购买其公司证券,法院判决认为投资者损失的直接证据缺失并不影响行为性质判定,公开且自由的证券交易市场整体受到欺诈就可以作为认定投资者损害的事实基础,这一判例首次在法律层面提出了市场欺诈概念,昭示了日后市场欺诈理论的出现。See R. v. Aspinall (1876) 2 Q. B. D. 48, 66.

监管体系，其《1933 年证券法》确定了证券市场反欺诈的“祖父条款”，[①]《1934 年证券交易法》明确提出市场操纵概念不能背离普通法的欺诈内涵，[②]但该法第 10 条 b 款中的“操纵”表述却明显超越了欺诈范畴。此外，美国联邦最高法院亦认为有必要反思欺诈在证券市场中的适用范围，[③]更有学者提出应当遏制反欺诈证券诉讼在实践中被滥用的趋势。[④] 最终，美国通过大量判例和理论研究形成了市场欺诈理论并最终被联邦最高法院认可。

市场欺诈理论最初是为解决虚假陈述与投资者损失之间的因果关系证明困境而形成的。与传统的直接、个别、封闭的“点对点”交易机制不同，资本市场以间接、整体、开放的“面对面”撮合交易机制为基础，交易速度快、规模大、对象多，市场价格具有极高的信息敏感性，价格生成机理复杂，故而确定价格波动的具体因素极为困难。加之普通投资者的信息获取、辨别和分析能力有限，由此出现了因难以证明虚假陈述行为与投资者损害间的因果关系而无法追究行为人责任的困境。对此，市场欺诈理论以“有效市场”为假设，[⑤]将市场抽象为自我有效运行的独立机体，认为投资者基于对市场价格等信息真实性的信任来决策交易，虽然虚假陈述行为并未针对特定、具体的交易者，但行为破坏了市场信息的真实性，欺诈了独立的市场机体，进而间接欺诈了所有信任市场信息真实性的投资者，以此解决虚假陈述案件的因果关系证明困境。其后，市场欺诈理论被引申适用于市场操纵案件，认为在资本市场的“面对面”交易机制中，投资者的交易决策是基于对市场信

---

① 《1933 年证券法》第 17 条 a 款吸收了 United States v. Brown 案和 Harris v. United States 案所确定的原则，规定禁止在证券邀售和销售中使用任何手段、计划、技巧进行欺诈；禁止通过虚假性、误导性陈述或重大遗漏获得资金或财产，禁止从事任何意在欺骗投资者的交易、行为或业务。但《1933 年证券法》作为“发行法”未直接涉及证券交易市场的操纵行为。

② Louis Loss, Joel Seligman & Troy Paredes, *Fundamentals of Securities Regulation*, 5th edition, Aspen Publishers, 2003, p. 930 – 936.

③ Blue Chip Stamps v. Maynard Drug Stores, 421 US 723(1975).

④ Alan R. Palmiter, *Securities Regulation: Examples and Explanations*, Aspen Publishers, 2008, p. 359.

⑤ 有效市场理论认为在公开、透明、自由竞争的市场环境下，商品价格由与其真实价值有关的市场信息决定。参见胡金焱、郭峰：《有效市场理论论争与中国资本市场实践——2013 年度诺贝尔经济学奖获奖成就实证检验》，载《经济学动态》2013 年第 12 期。

息真实性的信任，虽然操纵行为并未直接指向特定投资者，但却实质破坏了市场信息的真实性，借助市场信息传递机制间接作用于投资者的交易决策，欺诈了所有信任市场信息真实性的投资者，就此确定了操纵行为与投资者损失间的因果关系及行为的违法性。①

但“间接迂回”的市场欺诈理论也受到质疑：一是所谓的“有效市场”只是一种理论假设，现实市场必然因投资者对同一市场信息的评价和反馈差异而影响价格对信息反映的速度和精度，市场的有效性只能是相对的。二是行为金融学的正反馈投资决策理论[博傻理论(Greater Fool Theory)]认为投资者并不是以市场信息的真实性为交易依据，而是相信未来会以更高价格转让资产给更傻的投资者，②由此造成资本市场的过度投机泡沫，以及非理性的投资癫狂。③ 三是市场欺诈理论可能会扩大市场操纵的认定范围，资本市场中的一些交易策略，如隐匿交易信息能有效降低交易成本，分散持仓以弱化交易对市场价格冲击等交易策略能有效提升效益，故为市场投资者的普遍选择，但这些交易策略与欺诈的界限极为模糊。四是市场欺诈难以适应市场操纵的跨市场发展趋势，跨市场操纵借助跨市场价格关联渠道将控制行为和获利行为分置于不同的市场空间，其与投资者损失之间的关联更为间接和遥远，欺诈因果关系的认定更为复杂，这必将加大监管治理的成本。

（三）价格操纵理论

价格操纵理论是在对欺诈理论与市场欺诈理论的质疑中产生的。④ 市场操纵被视为1929年金融危机的罪魁祸首，为回应激愤的民意，美国《1934年证券交易法》高调惩治市场操纵，在其第9条a款“价格操纵条款”中，“操纵证券价格”的表述不仅展现了摆脱普通法的欺诈烙印的决心，亦为价

① 谢杰：《操纵资本市场犯罪刑法规制研究》，上海人民出版社2013年版，第50页。

② James Surowiecki, *The Wisdom of Crowds: Why the Many Are Smarter Than the Few and How Collective Wisdom Shapes Business Societies and Nations*, Personal Psychology, 2006, 59(4), p. 59.

③ Charles P. Kindleberger, *Manias, Panics and Crashes*, 4th edition, Wiley & Sons, 2000, p. 15–18.

④ Benjamin E. Kozinn, *The Great Copper Caper: Is Market Manipulation Really a Problem in the Wake of the Sumitomo Debacle?* Fordham Law Review, 2000(69), p. 243–248.

格操纵理论奠定了成文法基础。在“欺诈条款”无法确认操纵性或欺骗性手段或策略具体内容的情况下，“价格操纵成为从《1934 年证券交易法》规范中可以合理推断的市场操纵实质解释”。[①] 美国联邦最高法院也指出《1934 年证券交易法》意图禁止各种被用作操纵证券交易价格的交易策略和形式，阐明了市场操纵的本质就是价格操纵，[②]推动了价格操纵理论的形成。此外，德国、法国等国的资本市场立法亦采纳价格操纵理论。如德国《证券交易法》第四章“禁止操纵证券交易与市场价格的监管与合规”中的第 20a 条直指价格操纵，[③]所列举的操纵类型均要求影响德国或欧盟其他国家受监管市场中的金融市场价格。法国《货币与金融法》第 465 条(1)款及(3)款将市场操纵的本质规定为价格“影响”，影响与操纵只是控制强度的差别，均强调对价格施加人为控制。[④] 国际证券监督管理委员会组织发布的《证券监管的目标与原则》同样认为市场操纵扭曲了资本市场的价格发现系统，扭曲金融商品价格，对投资者造成不公正的价格影响。[⑤]

价格操纵理论完全摒弃了普通法的欺诈理论路径，转而根据资本市场复杂、整体、开放的“面对面”交易特质来寻求市场操纵的内在机理，并根据操纵机理将操纵行为与投资者损失间的因果关系转换并简化为操纵行为与市场价格异常波动间的因果关系，即人为控制价格的认定，将市场操纵的判定置于价格这一确定、可量化、可精确计算的要素上，只要交易行为对市场

---

① 谢杰：《市场操纵犯罪的机理与规制：法律与金融分析》，华东政法大学 2014 年博士学位论文，第 37 页。

② Santa Fe Industries Inc. v. S. Green, 430 US 462, 477(1977).

③ 该条规定：(1)向市场传播虚假的或者具有误导性的信息，并且该信息对金融工具估价具有重要影响；或者违反法律规定持有信息，并且该信息可能对本国受监管市场中的金融工具市场价格或者欧盟其他国家或欧洲经济区其他签署合约国家的受监管市场中的金融工具市场价格产生重要影响。(2)实施证券交易或发布交易指令，可能产生虚假的或者具有误导性的市场信号，影响供求关系、证券交易或金融工具市场价格，或者制造人为的价格水平。(3)实施其他欺诈行为，可能对本国受监管市场中的金融工具市场价格或者欧盟其他国家或欧洲经济区其他签署合约国家的受监管市场中的金融工具价格产生重要影响。

④ 价格操纵与价格影响的区别主要在于行为对市场价格的控制力强度的差别。价格影响是控制力弱化后的价格操纵，“影响”在经济与法律判断标准上低于“操纵”，但都强调市场操纵的实质是行为与价格之间的控制与被控制关系。

⑤ International Organization of Securities Commissions, *Objectives and Principles of Securities Regulation*, May 2003, http://www.iosco.org/library/pubdocs/pdf/IOSCOPD154.pdf.

价格形成了“控制”或“影响”,就认定行为与投资者损失之间具有因果关系,进而追究行为人的法律责任,这种简化路径因更契合资本市场的交易机制特质而逐渐被各国接受。

但价格操纵理论并非没有受到质疑。资本市场复杂、整体、开放的“面对面”交易特质使市场价格的形成机制极为复杂,因素众多。理论上,“操纵行为—价格异常波动”之间的逻辑关系是简单明确的,但实践中因市场价格形成机理的高度复杂性,导致“价格异常波动—操纵行为”这一倒推因果逻辑并非绝对。价格操纵通过虚构市场供求以暂时扭曲市场价格的自由竞争机制来人为控制价格波动,因此,价格操纵理论认为市场操纵的本质在于行为介入市场后的特定时段内促使市场价格摆脱自由竞争机制而呈现异常的“人为”虚假状态,然而资本市场交易机制的复杂性决定了分析特定时点价格究竟是市场机制“自发”形成的还是“人为”控制的结果绝非易事。数量金融分析工具的使用不仅造成相当的实践操作困难,而且人为虚假价格的分析标准很难代换成能为法律实务人员充分理解的执法和司法标准。[①] 结果,为解决操纵行为与投资者损失间的因果关系证明困境,监管机构被迫选择简化的“交易行为—价格异常波动”认定逻辑,却模糊了交易行为的合法界限,造成资本市场行为的可预期性下降,这不仅抑制了市场资源配置的有效性,更是潜伏着权利被侵害的法治威胁。此外,就跨市场操纵而言,市场操纵的价格控制行为和清仓获利行为被分置于不同市场,其市场价格波动通过基础资产市场和其衍生品市场间的正向价格关联效应关联,造成关联市场的价格波动与操纵行为的空间距离更为间接和遥远,因果关系的证明更为复杂繁琐,成本更高,监管界限更模糊,结果或是法律明确规定的操纵行为在实践中难以适用,或是基于压力扩大打击范围,而这二者均无法令人满意。

二、既有市场操纵本质认知的困境

资本市场的结构变迁使市场操纵显现出新趋势、新形态和新变化,突显基于资本市场隔绝结构下监管立法的滞后性,迫使监管机构和司法机关更多依据相关立法中的兜底条款来应对操纵行为的演进,这就需要更具稳定

---

① 谢杰:《市场操纵犯罪的机理与规制:法律与金融分析》,华东政法大学2014年博士学位论文,第41页。

性的操纵行为本质认识来规范监管权的行使范围和方向。我国相关立法中存在的“双重兜底”现象赋予市场操纵本质认识以更大的现实意义。① 市场操纵的本质是各国资本市场监管法律制度的重要内容，在长期的理论探索和制度实践中，欺诈、市场欺诈、价格操纵以及价量控制等操纵行为本质认定虽然见仁见智，但市场操纵的新演变越发显现出其不足。

（一）疏离于市场操纵的实施机理

欺诈概念源于直接、个别、封闭的“点对点”交易方式，行为直接指向特定的交易对象；而市场操纵是在资本市场间接、整体、开放的“撮合”交易机制中实施，操纵行为并未指向特定的具体对象，操纵者与其他投资者不存在直接关联。市场欺诈试图通过抽象出独立的市场机体破解这一难题，但其依据的“有效市场”只是理论假设，并被行为金融学的正反馈投资决策理论所证伪。② 价格操纵抓住了操纵行为控制价格波动以获利这一关键要素，但随着资本市场融通结构的变迁，市场交易频率越来越快，交易规模持续加大，交易对象几何倍增，特别是跨市场价格联动效应极大提升了市场价格的信息敏感度和生成机理的复杂性，故价格的“虚假”与否因难以认定而逐渐无法表征行为的操纵性。在二元的价量控制认识中，价格属于交易行为的结果范畴，交易量作为交易行为的外在表现属于行为范畴，二者并列为衡量行为本质的要素存在明显的逻辑混乱问题。③ 且交易量的异常波动与交易价格“虚假”间并不存在必然关联，有研究认为，即便是巨量交易也只有在极少数条件下才可能构成市场操纵。④ 也就是说，放量交易只是推升价格的手段之一，只有在极端的情况下才能仅凭交易量变动推断出行为具有价格控制的操纵性特征，仅以交易量异常来确定交易行为的操纵性和违法性

---

① “双重兜底”现象是指对于市场操纵行为，不仅《刑法》就行为是否构成犯罪设置了“以其他方法操纵证券、期货市场的”的兜底条款，作为前置法的《证券法》及《期货交易管理条例》同样就该行为是否构成违法设置了“以其他手段操纵证券市场”的兜底条款。

② James Surowiecki, *The Wisdom of Crowds: Why the Many Are Smarter Than the Few and How Collective Wisdom Shapes Business Societies and Nations*, Personal Psychology, 2006, 59(4), p. 59.

③ 刘宪权、谢杰：《市场操纵犯罪的实质解构：法律与经济分析》，载《现代法学》2014 年第 6 期。

④ Gary L. Gastineau & Robert A. Jarrow, *Large-Trader Impact and Market Regulation*, Financial Analysts Journal, 1991(47), p. 40.

显然不符合市场操纵的实施机理。

（二）隐含监管权力滥用的危险

欺诈认识根据普通欺诈“欺诈行为—被害人陷入错误认识—基于错误认识主动转移财产—被害人因此受损—加害人因而获益”的行为链条，设定了市场操纵通过虚构市场交易信息，诱使投资者陷入错误认识，并基于该错误认识而作出交易决策，最终遭受损失，而操纵者则借此获利的复杂客观行为要件。在资本市场开放的“撮合”交易机制中认定上述要件需要付出极大的监管成本。市场欺诈试图通过抽象出独立的市场机体来降低监管成本，但跨市场操纵将行为分置于关联市场，与投资者损失间的因果关联更为间接和遥远，认定更为复杂，这与有限监管资源的冲突导致“选择性”执法的出现。价格操纵将操纵的本质归于价格异常（虚假）状态，其本意就是降低监管成本，但资本市场的深度发展和结构变革使市场价格生成机制越发复杂，金融分析工具的使用不仅造成相当的实践操作困难，而且人为虚假价格的分析标准很难替换成能为法律实务人员充分理解的执法和司法标准。① 同样基于监管成本因素，二元的价量控制在实践中呈现“一边倒”的局面，立法中的“操纵或影响价量”在实践中被简化为“操纵或影响交易量”，而交易量与行为操纵性的偶然关联又造成大量监管资源的浪费。更为重要的是，价格操纵和价量控制纠结于交易价格和交易量等市场表象，面对资本市场融通变革后跨市场交易的兴盛，特定市场价格不仅取决于本市场交易行为，还受关联市场交易行为的影响，不仅使监管机构陷于海量市场交易信息的监测和分析中，更将因交易信息的漫无边际而暗含监管权肆意扩张的危险。

（三）局限于对市场操纵的微观监管

资本市场初期的有限规模以及其后在严格分业限制下“分而治之”的隔绝状态使市场操纵的行为和风险被局限于单一的股票、债券、期货等市场内，其危害性主要表现为对投资者权利的微观侵害，相应的监管制度也以微观的投资者权利保护为基点展开，市场操纵的本质认识也是围绕投资者保护这一基点来解决操纵行为与投资者损失间的因果关联问题，以便确认行

---

① 谢杰：《市场操纵犯罪的机理与规制：法律与金融分析》，华东政法大学2014年博士学位论文，第41页。

为的违法性，追究操纵者的法律责任。例如，欺诈认识以欺诈行为链条来闭合操纵行为与投资者损失之间的因果联系，市场欺诈则通过抽象独立的市场机体联结操纵行为与投资者损失，价格操纵认为只要市场价格被控制至虚假程度就可以认定操纵行为与投资者损失间的因果关系，价量控制在前者基础上，认为仅以交易量异常的标准，同样可以确定操纵行为与投资者损失之间的因果关系。在金融新趋势下，跨市场操纵行为的价格波动风险沿资本市场间的价格关联渠道蔓延，并在金融综合经营格局下跨机构、跨行业传递。行为的危害性不再局限于微观层面的损害投资者利益，而是逐渐延展至宏观层面的威胁金融系统安全，这迫切需要事前的风险监管工具介入防范。但现有市场操纵本质认识却囿于对资本市场隔绝结构下单市场操纵的认知，将监管权限定于微观的行为监管层面，造成操纵行为的价格波动风险系统性溢出存在监管盲区和空白，暗含诱发系统性金融危机的危险。

（四）聚焦于对操纵者的事后惩治

既有认识聚焦于对操纵行为的事后惩治。2008 年金融危机展现出系统性金融风险的巨大威力，我国 2015 年股市震荡则表明我国资本市场的价格波动风险已然显现出跨市场传递的系统性影响。系统性金融风险的巨大破坏力决定了积极主动的事前防范是治理风险的最佳选择，守住不发生系统性金融风险的底线，就要把主动防范化解系统性金融风险放在更加重要的位置。因此，对于跨市场操纵价格波动风险的系统性演变，事后惩治只是底线，事前防范更为关键，应在现有微观行为监管的基础上引入具有全局视阈的风险监管措施，通过事前积极主动的风险监管来遏制跨市场操纵的实施可能，以源头治理来维护金融安全。然而现有对操纵行为的本质认识基于传统操纵行为价格波动风险的微观性或非系统性认知，更关注在微观层面确定操纵行为与投资者损失间的因果关联，目的在于追究操纵者的法律责任，通过对操纵者施加民事赔偿、行政处罚直至刑事制裁的事后惩治来遏制市场中的操纵意图，这种将监管权限定于事后惩治的本质认识无法容纳或演绎出事前主动进行风险治理的防范性监管措施，难以应对跨市场操纵行为的系统性风险演变。

三、对市场操纵本质的新认知

资本市场的逐利性决定了市场操纵的客观性，而资本市场交易机制的复杂性则决定了市场操纵实质内涵的模糊性和变动性，即市场操纵的实质内涵会随资本市场的制度革新和结构变迁而不断演进。究其原因，市场操纵实质内涵的“难以表述”的困境既有横向维度的不同地域资本市场制度资源差异因素的影响，也有纵向维度的不同时期资本市场发展程度、交易机制以及监管制度下市场操纵策略不断演进的原因，因而对操纵行为本质的理解和认知存在“此一时、彼一时”的时效性。市场操纵在资本市场融通趋势下的跨市场实施为我们探求操纵行为本质提供了新视角和新思路，跨市场操纵行为价格波动风险的系统性演变要求对市场操纵的本质把握，应从关注操纵结果的价格操纵和价量控制以及关注操纵行为的欺诈或市场欺诈，提前至对操纵实施前提的关注。

（一）对价格控制能力的关注

市场操纵的本质认知具有引导监管权行使方向和范围的功能，故而对市场操纵本质的把握既不能故步自封，也不能凭空臆造，而要契合操纵行为的内在机理和发展趋势。资本市场的价格理应由自由竞争机制生成，但操纵者却不甘于被动地接受价格，而试图积极主动地充当价格的制造者，这就要求操纵者需具备相应的价格控制能力。此外，资本市场融通趋势下操纵行为价格波动风险的系统性演变要求在理解操纵行为的本质时，应从关注操纵结果的价格操纵和价量控制以及关注操纵行为的欺诈或市场欺诈前移，关注作为实施市场操纵前提的价格控制能力。

我国资本市场初创时期，囿于当时的经济发展程度、市场交易规模、信息传播渠道、投资者资金实力、交易技术和信息、市场透明度等因素，成本较低的信息型操纵便成为操纵者的首选。在我国市场操纵首案的 1993 年“苏三山操纵案”中，虽然操纵策略简单粗陋，但操纵者仅通过在报纸上编造发布虚假的“收购”信息便使“苏三山”股价一天暴涨 40%，换手率达 42%，交易额打破深圳证券交易所当时的交易纪录，占当日成交额的近 1/3。然而操纵者动用资金百余万元，却获利甚微。① 其后在 1994 年的“界龙实业”操

---

① 参见官云涛：《震惊国人的“苏三山收购案”》，载《证券市场导报》1994 年第 Z1 期。

纵案中，操纵策略明显进步，操纵者先以大量资金入市推升股价，再配合释放利好信息，诱使投资者入市接盘，最终全身而退，操纵获利有较大提升。[①]此时，市场操纵的实施动用资金较少，技术简陋，持续时间较短，对操纵者价格控制能力的要求较低。

我国资本市场随后利用后发优势快速发展，在提升市场效率的同时也推动市场操纵策略发生变化。1996年“南油物业操纵案”开启了我国十年“庄股操纵”时代。[②]“庄股操纵”是一种融合交易操纵和信息操纵的长期控盘操纵策略，操纵者通过控股深度介入上市公司的经营行为，通过包装、重组、并购等手段炒作题材，发布业绩，全面操盘特定股票的价格走势。在“庄股操纵”时代，操纵持续的时间更长，平均36.3个月，最长达85个月；控股的比例更高，平均为65.75%，最大时达95.26%；控制的账户数目更多，平均为3898个，最多时达24,705个；控制的股票市值更大，平均为10.93亿元，最多时达50.28亿元。[③]在“中科创业操纵案”中，操纵者长期在权威报刊组织整版文章引导舆论，频繁动用1500余个交易账户，横跨20多个省市、120多家证券营业部，涉案资金累计达54亿元，而著名的“德隆系操纵案”涉案金额更达数百亿元。此时，市场操纵的实施以雄厚的资金、优势的技术和复杂的策略为支持，对操纵者价格控制能力的要求显著提升。

我国股市自2005年股权分置改革后进入新时期，市场容量加深，上市公司数量增加，公司壳资源价值下降，同时，监管层加大对机构投资者的监管力度，监管法规逐步完善，市场信息透明度显著提升，明目张胆地以上市公司价值管理为名的“庄股操纵”模式被淘汰。新的市场环境对市场操纵提出了更高的要求，为逃避监管，操纵者不断通过技术手段提升操纵行为的隐蔽性，如利用信息优势实施的“先建仓、再荐股、后卖出”的“抢帽子”操纵。如在“汪某中操纵案”中，操纵者利用其“股市名嘴”的优势公开推荐股

---

① 参见周翀：《“小女人”王紫军动用67个账户操纵中国纺机股价》，载《上海证券报》2009年9月2日，第4版。

② “庄家”原意是指牌戏或赌博中每局的主持人，资本市场的“庄家”最初是指能影响市场行情的实力投资者，在市场操纵中的“庄家”是指能控制特定股票价格走势的实力操纵者。庄家操纵模式以长期控盘特定股票价格为基本特征，具有启用资金量大、持股比例高、操纵时间长等特点。

③ 邢精平：《跨市场操纵模式与监管》，科学出版社2014年版，第16页。

票,交易金额累计达百余亿元,获利 1.25 亿元;[①]在"余某操纵案"中,操纵者利用网络信息优势荐股,累计交易 60 余亿元,获利达 8.34 亿元;在"中恒信操纵案"中,操纵者动用超过 20 亿元资金预先建仓,以 4483 万元购买 9 家电视台的早、中、晚证券栏目时段播放荐股节目,非法获利 4.26 亿元。[②]新时期的市场操纵显现新特点,操纵策略短线化,操纵行为短、快、狠,对操纵者的价格控制能力提出更高的要求,操纵者需具备相当的市场信息和技术优势,以及专业的价格控制技巧。

期指市场的推出启动了资本市场的融通进程,拓展了市场的深度、广度和弹性,市场交易制度日臻完善,交易金额不断扩大,交易技术越发先进,交易策略更加复杂。同时,相比于传统的单市场操纵,"声东击西"的跨市场操纵具有更复杂的实施机理和多变的表现形态,要求操纵者具备雄厚的资金实力、强大的技术支持、专业的信息筛选能力、多元高效的交易渠道以及复杂的操纵策略等价格控制能力。

(二)市场优势与操纵行为的关联

价格控制能力是根据市场操纵的实施机理推出的一种抽象的、内在的"质",这种"质"需要通过一系列具体的、外在的标准去佐证和展现。在 2015 年的"伊世顿操纵案"中,伊世顿公司开发出用于国内期指交易的高频程序化交易软件,通过技术伪装绕过柜台检查,直接连接交易所的服务器,违规入场交易,不仅减缓了交易系统迟延,甚至会在保证金不足的情况下透支下单,凭借其高达 30 毫秒/笔的下单速度试探了 500 毫秒内的场内交易对手的情况,掌握了交易对手的交易数据,从而判断超短时间差内市场交易的方向,以修正操纵策略,委托申报明显偏离市场最新价格的报单。同时,其在场外利用多种信息渠道编造、散布虚假利空消息,营造市场挤兑的恐慌气氛,诱使投资者竞相抛售离场,打压市场价格,在两年半的时间内非法获

---

① 参见周侃:《"股市黑嘴"汪建中一审被判处七年有期徒刑》,载《人民法院报》2011 年 8 月 8 日,第 6 版;黎旸:《操纵证券市场罪的认定——以汪建中案为中心》,载《法学杂志》2012 年第 4 期。

② 石启龙:《跨市场操纵:生成、模式与法律监管》,东北大学出版社 2017 年版,第 242 ~ 243 页。

利逾20余亿元。[①] 在获取巨额利益的同时，伊世顿公司的操纵行为也重创市场投资者的信心，三大期指合约买盘急剧萎缩，带动股市指数下跌，助推市场恐慌情绪蔓延，股票期现市场间出现反复下跌的“负反馈循环”现象，最终引发股市震荡。[②] 案件中，伊世顿公司市场操纵的实施是以强大的价格控制能力为前提的，这种能力表现为公司所具有的多种市场优势：

一是资金优势。在逐渐一体化融通的现代资本市场，日趋庞大的交易规模促使几倍、十几倍甚至几十倍的高杠杆交易工具出现。因而，资金实力不再限于自有资金规模，而是更多表现为悬殊的信用杠杆工具的使用途径上。借助高杠杆交易工具的支持，操纵者可迅速取得市场资金优势，增强交易行为对价格的冲击力。

二是信息优势。在现代资本市场的融通趋势下，特定市场的价格同时受本市场和关联市场交易行为的多重影响，加之金融衍生品在基础资产之上的“双重虚拟性”，市场价格具有越来越高的信息敏感性。拥有强大的信息传播渠道，形成显著的信息影响力，操纵者同样可以控制市场价格波动的趋势。

三是技术优势。现代资本市场越来越多采用信息化和程序化交易技术。与传统交易技术相比，现代交易技术能够形成更强的市场竞争力。以高频交易为例，其可以通过算法程序设定交易方案并自动执行交易，灵敏地捕捉市场交易机会，迅速传达交易指令，减少交易系统迟延，从细微的价格波动中觅得套利机会，瞬间就能完成巨额交易。高频交易技术对计算机等

---

① 李娜：《境外期货操纵案发　伊世顿高频交易解密》，载《财会信报》2015年11月9日，第E2版；董铮铮：《伊世顿暴利案背后的“幌骗交易”》，载《上海证券报》2015年11月24日，第F1版。

② 具有跨行业、跨机构、跨市场性质的金融衍生品增强了资本市场价格间的联动性，高频交易自身的不稳定以及套利交易的投机性放大了跨市场交易风险，如2010年美国股市“5·6闪电崩盘”的主要原因是大量交易员以高频交易实施跨市场套利。据公安机关公布的案情，“伊世顿操纵案”与2015年A股市场和期指市场的异常波动相关。期指市场指数反映了投资者对未来股票市场的信心，而当时期指市场频频出现交易时刻和点位把握十分精准的巨大卖盘，致使期指市场持续暴跌，重创投资者信心，三大期指合约买盘急剧萎缩，期现市场价差吸引跨市场套利者买入期指而卖出现货，致使股票市场指数不断下跌，这又助推恐慌情绪蔓延到期指市场，引发期指市场更深层次下跌，市场间出现持续下跌的“负反馈循环”现象。伊世顿公司在此期间却通过股指期货交易获利巨大，仅2015年6月初至7月初，该公司净盈利达5亿余元。参见王治国：《上海公安机关破获一起特大操纵期货市场犯罪案件》，载《检察日报》2015年11月2日，第1版。

硬件系统要求极高，显现出机构操纵者的市场技术优势。

（三）滥用市场优势控制价格

对事物的描述不能替代对事物的判断。市场优势作为市场操纵的前提并不具有天然的“恶”，事实上，市场优势的生成和存在还具有相当的合理性。市场优势是自由竞争机制优胜劣汰的结果，其规模经济和协同效应不仅可以提升投资者的竞争力，还能改善市场竞争机制，提升机构投资者比例，其已成为全球资本市场的发展趋势之一。因此，在现代资本市场中，虽然市场优势因成为撬动市场价格并使之按意图波动的先决条件而逐渐与市场操纵相关联，但这并不意味着市场优势与操纵行为之间存在绝对的对应关系，仅凭市场优势无法表征交易行为的操纵性以及违法性。

同时，市场优势也不具有天然的“善”，其合理性并不能保证交易行为的合法性。资本逐利驱使部分投资者不甘于扮演价格接受者的角色，而市场优势的具备无疑加大了其对控制市场价格的主观意愿和现实可能。其实，市场优势是一种“中性”存在，其虽然增强了优势投资者的市场竞争力，但并未改变其作为市场竞争的参与者、市场价格的竞争者和接受者的角色。如投资者具有信息优势是被允许的，但其利用信息优势的行为应符合市场自由竞争的目的和相应的信息披露规则，如果投资者凭借信息优势以市值管理的名义与上市公司串通，或是选择性自愿披露，或是在强制披露中分拆信息，通过控制上市公司信息披露的内容和节奏来迎合市场热点，再配合以相应的交易行为，在吸筹建仓时发布利空信息或延迟发布利好信息，在市价拉升阶段加大力度发布利好信息或延迟发布利空信息，这就是滥用市场信息优势实施的操纵行为。此外，市场技术优势可以提升投资者的竞争力，但如果利用技术优势绕过基于人工交易的柜台监管系统，频繁报单撤单，实施“幌骗交易”等新型操纵手段，这同样是滥用市场优势的操纵行为。

总之，市场操纵对价格的控制是以操纵者具备相应的市场优势为前提的，其因妨害市场自由竞争机制而成为滥用市场优势的表现之一，使滥用市场优势足以表征市场操纵行为的违法性，并更能反映出现代资本市场操纵行为的全貌，基于此，部分西方国家（地区）的立法已经出现了以滥用市场优势来认定市场操纵本质的趋势。

当然，市场操纵只是市场优势滥用的具体表现之一，单凭市场操纵不足以表征交易行为的操纵性,对市场操纵本质的把握最终仍要落在控制价格以获利的操纵机理上,即市场操纵的本质是滥用市场优势控制价格的行为,即操纵行为的实施需要具备市场优势的前提要素以及控制价格波动以获利的结果要素,这足以表征行为的操纵性以及相应的违法性。在此基础上,控制价格波动的结果要素可以限制监管权的行使范围,防止监管权的肆意扩张;市场优势滥用的前提要素可以指引监管权的行使方向,化事后被动监管为事前主动防范,重构市场操纵监管内涵,以防范跨市场操纵的系统性风险演变。

我国资本市场历经三十余年的发展,已成为全球规模最大的金融资产交易市场之一,资本市场因金融综合经营而日趋融通,极大地改变了我国的金融生态,有助于全面实现中国金融体系的现代化、市场化和国际化。[①] 就当前而言,我国资本市场仍然具有"新兴 + 转轨"的市场属性,现代成熟市场有效运行所依赖的市场化、诚信化、专业化、法治化、国际化等基本制度要素和组织能力建设仍未完成,在市场结构、运行机制、运作效率、发展质量、产品创新等方面仍然处于欠发达状态。[②] 市场价格更容易受操纵行为的冲击而剧烈波动,从而诱发跨市场、跨机构、跨行业的金融系统性风险。传统的欺诈理论已不合时宜,简略的价量操纵理论则难以涵盖市场操纵的内在机理,而滥用市场优势的解释既能反映当前市场操纵行为的实施条件,又能涵盖市场操纵的复杂交易策略,更能彰显市场操纵跨市场实施的时代趋势。更为重要的是,针对资本市场融通趋势下市场操纵风险的系统性演变,事前的防范更为关键和有效,相比于关注操纵结果的价格和价量控制,以及关注操纵行为的欺诈和市场欺诈,滥用市场优势将对市场操纵的本质认识提前至对操纵实施可能的关注,更契合市场操纵风险的系统性演变,可以解决既有监管制度存在的微观局限和事后惩治不足等弊端,便于事前主动的防御性风险监管制度的设置。

四、统合式监管框架设计及实施路径

利用市场优势控制价格的市场操纵本质认知为市场操纵监管提供了新

---

① 吴晓求等:《中国资本市场 2010 - 2020——关于未来 10 年发展战略的研究》,中国金融出版社 2012 年版,第 9 页。

② 胡汝银主笔:《中国资本市场的发展与变迁》,格致出版社、上海人民出版社 2008 年版,第 2 页。

思路,跨市场操纵并未改变主动控制价格波动以获利的操纵机理,故而其危害性在微观层面仍然表现为侵害投资者权益,仍然需要进行个案追究、事后惩治以保护投资者权益的微观监管法律制度。同时,跨市场操纵的系统性风险演变使其危害性延展至宏观层面,威胁金融系统安全,有必要在现有微观行为监管的基础上引入宏观层面的风险防范制度。因此,理想的跨市场操纵监管制度应在统合监管思维的统领下,在现有的市场分割、个别治理、事后惩治的微观行为监管基础上引入宏观层面的全局视阈、风险治理、事前防范等监管制度,构建微观与宏观、个别与整体、惩治与防范、风险与行为统合的跨市场操纵监管法律制度框架。①

(一)统合式监管框架的设计思路

传统理论研究和监管实践基于银行系统和资本市场风险的不同属性而设置差异性的监管制度,银行业监管因更关注风险治理而构建审慎监管制度,资本市场的监管则更强调对投资者保护的行为监管。随着资本市场规模扩大,维护资本市场交易秩序成为保护投资者权利的应有之义,而具有资金、持股、信息和技术等市场优势的投资者的稳健经营对维护资本市场交易秩序至关重要,故而对大型投资机构的审慎监管亦成为资本市场监管的重要内容。然而这种以保护投资者和维护市场秩序的微观监管制度却无力应对资本市场因一体化融通而形成的系统性风险,由此产生的监管失灵成为金融危机爆发的一大主因。

在资本市场一体化融通进程中,跨市场操纵的系统性风险演变不仅在微观层面严重损害投资者利益,更在宏观层面诱发系统性危机,超越基于分业经营和市场隔绝结构而设置的微观监管法律制度的视阈和内涵,亟待制度创新。无论在理论层面是多头、统一或"双峰"监管体制的争锋,还是机构、功能或行为监管理念的碰撞,具体监管法律制度应针对跨市场操纵的系统性风险演变,在保护投资者和防范系统性风险的双重目标指引下构建一

---

① 就统合监管而言,有学者是就与对多边监管对应的统一监管含义来使用"统合监管"概念的,意指设置超级监管机构的"大一统"监管体制。参见杨东、陆徐元:《我国金融业统合监管体制的实现路径分析》,载《社会科学研究》2010年第6期;许凌艳:《金融统合监管法制研究:全球金融法制变革与中国的选择》,载《证券法苑》2010年第1期。本书所使用的"统合监管"概念并非意指"大一统"的监管体制,而是融合微观行为监管和宏观审慎监管的市场操纵监管法律制度框架。

种能够统合微观行为监管和宏观审慎监管的制度框架。

一是立足资本市场的直接融资属性，进一步完善保护投资者权益的微观行为监管法律制度。一方面，防范宏观系统性风险要以有效的微观治理为基础，否则，所谓宏观稳健无异于空中楼阁；另一方面，资本市场作为直接融资中介高度依赖投资者参与，投资者是市场活力之源，投资者权益是市场的重要法宝，保护投资者自然成为市场发展的必由之路。如何保护投资者，最根本的是在尊重市场决定作用的基础上发挥监管的辅助功能。监管法律制度变革的核心是监管权力的创设、配置和运行问题，因此，首先，要通过监管权的“加减法”重构资本市场的监管体系，形成沟通顺畅、协作高效的“金字塔”型市场监管体系，充分发挥交易所一线监管和行业协会监管沟通的优势，将证监会的有限监管资源集中于市场失灵之处，重点打击虚假陈述、内幕交易、市场操纵等违法行为，维护市场秩序。其次，资本商品的高度虚拟性使资本市场存在严重的信息不对称问题，市场交易更依赖于良法以实现善治，需借助规范的预测和裁判功能，为投资者提供必需的行为指引，因此，契合资本市场交易实践、内部逻辑顺畅清晰、及时跟进市场发展的规范体系是保护投资者权益、推动资本市场发展的不二法门。

二是针对资本市场的系统性风险监管盲区，引入宏观审慎监管理念，设置全面覆盖资本市场的宏观审慎监管制度。宏观审慎监管制度的核心是宏观审慎监管权创设后如何配置的问题。目前来看，具有中央银行职能优势的中国人民银行更加契合宏观审慎监管的履职要求，其具有防范和治理系统性金融风险的资源和优势，故而首先应当赋予其全面监测、评估、防范和治理金融系统风险的职责，特别是突破过往局限于并亲和于银行业的路径依赖，将资本市场纳入中国人民银行风险监管视阈，并“顺畅”其监管措施进入资本市场的法律渠道。此外，对系统性金融风险的防范以对金融系统相关信息的监测、识别、评估为基础，仅凭中国人民银行无法单独实施，故而在多头监管体制下的宏观审慎监管必然涉及监管协调问题。基于我国的政治体制和行政机关设置架构，行政平级的监管机构之间仅以“部际联席会议”或软法性质的监管协调备忘录等方式展开，必然存在协调效率低下的问题，实践中也确实出现过协调机制虎头蛇尾甚至流于形式的局面。当前，应当借助金融稳定发展委员会（FSOC）强大的议事功能，强化监管机构间的信息沟通和监管协调,有效平衡各机构之间的监管目标冲突和监管行为偏差,从而覆盖因金融综合经营和资本市场融通趋势与分业监管和市场分割立法体制冲突所造成的监管盲区和空白,将风险监管视阈拓展至所有潜伏系统性风险的金融机构、金融市场、金融产品和金融业务,实现风险监管全系统覆盖,及时监测、识别、预警包括资本市场在内的整个金融体系中的系统性风险,有效防范系统性金融危机。

总之,为应对金融综合经营和资本市场融通进程中跨市场操纵的系统性风险演化,需要以统合监管思维融合行为规制监管和风险审慎监管、微观监管与宏观监管,在完善市场分割、行为规制、事后惩治的微观监管制度基础上引入全局视阈、风险治理、事前防范等宏观审慎监管制度,实现对跨市场操纵风险的全面覆盖。

(二)统合式监管框架的实现路径

20 世纪 70 年代,西方国家在"内忧外患"的压力下启动金融自由化的放松监管改革,其背后是凯恩斯主义的式微与哈耶克主义的崛起,西方国家欲通过监管权的限缩和权利扩张来提升金融市场的效率。2008 年金融危机促使凯恩斯主义复苏,西方各国纷纷启动新一轮的监管改革以回调此前过度的哈耶克主义,重构金融监管法律制度,以防范系统性风险为名引入宏观审慎监管理念,构建宏观审慎监管制度,其实质是通过监管权的扩张来重新划定市场与政府的边界。但西方国家在此轮监管改革中并未因金融危机的巨大冲击而放弃法治原则,在对原有微观监管权的调整和重构以及宏观审慎监管权的创设和配置中仍然遵循权力制衡和权利保护的法治路径,固守金融监管的法治根基。

我国金融监管法律制度具有迥异于西方国家的特殊生成路径,计划经济的传统促成管制型监管体制,因监管深度介入市场产生金融抑制效果而被屡屡诟病。在"分业经营、分业监管、分市场立法"的监管体制中,金融机构、金融市场和金融产品依性质、功能被分而治之,纳入不同监管机构的"势力范围",不容置喙。以资本市场为例,我国由证监会统一监管证券市场、期货市场以及金融衍生品市场,与美国资本市场的双头监管相比,学界认为统一监管的优势在于标准统一、全局视野、规模经济、效率优势等。但同时,统一监管因缺乏监管竞争而隐含权力滥用的法治威胁。绝对的权威地位赋予证监会以巨大的责任,其不仅是市场的监管者,还是市场的发展者乃至市场的引导者,更成为市场的全面维护者。巨大责任与有限监管资源的冲突是抑制证监会监管效果的重要原因。

而实践中,隐含法治威胁的统一监管相对于多头监管也并未显现出优势,曾被赞誉为代表金融监管发展趋势并被广泛效仿的英国超级监管机构金融服务管理局也未能阻止2008年金融危机对英国的冲击,且其在危机后首当其冲被分拆重构。而更严重的是,统一监管所谓的标准统一、全局视野、规模经济、效率优势等优越性被我国市场分割的立法体系冲击得荡然无存,以至于我国资本市场实际上未能享受统一监管的优势却承担其权力垄断的法治威胁。故而,需借资本市场风险的系统性演变之机,改革微观行为监管,引入宏观审慎监管,重构资本市场监管法律制度,通过权力制衡来制约、规范证监会的监管行为,将有限的监管资源集中于微观监管领域,而监管目标的差异以及金融稳定发展委员会的议事机制也能有效协调市场监管行为。

与此同时,虽然后危机时代西方国家对系统性风险概念的挖掘赋予创制宏观审慎监管权以必要性和正当性,但系统性风险概念的不确定也使宏观审慎监管的内涵、标准、措施仍有争议,宏观审慎监管制度框架尚未统一,致使监管权的行使因宏观审慎监管概念的模糊而同样隐含权力滥用的法治威胁。① 西方国家在后危机时代对宏观审慎监管权的创设是对危机前放松监管改革的回调,并在创设宏观审慎监管权的同时或坚持原有的多头监管体制,或分拆超级监管机构,在监管权配置中以权力制衡理念来维护其金融监管的法治根基。在当前我国全面建设法治国家的背景下,我国资本市场已然从过往“先发展后规范”的发展路径转向“边发展边规范”的法治路径,深化金融体制改革通过限缩、规范市场监管权所释放的金融创新力量已经显现出巨大的市场推动力。系统性风险的存在虽然赋予宏观审慎监管以必要性,但当前系统性风险概念的不确定性同样决定了宏观审慎监管的内涵、标准、措施等基本要素的模糊性,致使权力的行使欠缺必要的指引。故而尤

① 黎四奇:《后危机时代对宏观审慎监管理念法律化的冷思考》,载《法学评论》2014年第1期。

其要警惕市场管制、金融抑制重现的危险，以及因监管权缺乏必要约束而肆意扩张和滥用的法治威胁。在当前金融监管正在由“管制型”转向“治理型”的关键时期，对因防范系统性金融风险而引入宏观审慎监管的建议尤其要保持清醒的谨慎态度，在当前宏观审慎监管的必要性和模糊性并存的情况下，不宜将监管权集中于超级监管机构，而是应以权力制衡理念配置监管权，在现有多头监管体制的基础上打破原有的“势力范围”划分，转而以消费者（投资者）保护、金融机构稳健经营、金融系统安全等监管目标为依据分配监管权。这不仅通过确定的监管目标限定了监管权，提升监管效率，还会借助特殊的差异层面的“监管竞争”确保监管权的“审慎”行使。

第六章　股票期现跨市场操纵风险监管法律制度的构建

以金融学视角观察，金融的实质是跨时空的资源配置；以法学视角观察，金融的实质是跨时空的权利交换。无论从何种视角，金融的跨时空属性所产生的不确定性必然带来风险，赋予金融监管以必要性和正当性。相应地，金融监管以防范、化解和处置金融风险为核心要务，通过将监管措施规范化和制度化，使监管法律制度的确定性能对抗金融风险的不确定性。金融风险在不同金融体系中呈现不同形态，决定了监管法律制度的有效性取决于能否及时跟进金融风险的演进趋势。2008 年金融危机向世人展示了系统性金融风险的巨大和持续破坏力，促使国际社会反思微观审慎监管的局限以及引入宏观审慎监管的必要。① 虽然此次金融危机对我国的直接冲击有限，但“他山之石”亦推动了我国转变金融监管思维，关注金融体系中的系统性风险问题。随着我国金融综合经营和资本市场融通趋势越发明显，2015 年股市震荡中市场操纵行为所蕴含的价格波动风险显现

① 余绍山、陈斌彬：《从微观审慎到宏观审慎：后危机时代国际金融监管法制的转型及启示》，载《东南学术》2013 年第 3 期。

出系统性影响。而资本跨市场交易规模的扩大、交易技术的进步、交易工具的创新等因素推动跨市场操纵所蕴含的系统性价格波动风险危及资本市场、金融体系甚至实体经济,成为系统性金融风险的重要源头。实现不发生系统性金融风险的监管目标要求在现有针对传统单市场操纵的市场分割、个别治理、事后惩治的微观行为监管思维和制度基础上,引入宏观审慎监管理念和制度,设计微观与宏观、个别与整体、惩治与防范、风险与行为统合的市场操纵监管制度体系,①积极主动地防范和化解跨市场操纵所蕴含的系统性金融风险,维护资本市场的秩序和金融体系的安全。为贯彻"防止发生系统性金融风险是金融工作的根本性任务,也是金融工作的永恒主题"的要求,"守住不发生系统性金融风险的底线",应设置事前主动的防范性风险监管法律制度,以应对跨市场操纵的系统性风险演变,维护资本市场的秩序和金融体系的安全。②

一、跨市场操纵的宏观审慎监管理念

2008年金融危机波及范围之大、持续时间之长世所罕见,直至今日,全球经济仍处于危机后调整、恢复的振荡期,全球经济发展的不确定因素仍然存在,这昭示了系统性金融风险巨大和持续的破坏力以及引入宏观审慎监管制度的必要性。通过控制价格波动以获利的操纵行为本就蕴含价格波动风险,在金融分业经营体制和资本市场隔绝结构下,风险被局限于单一市场而呈现非系统性,这赋予了相应的市场分割、个别处置、事后惩治的微观监管制度以合理性和正当性。然而在金融综合经营体制和资本市场融通结构下,跨市场操纵的价格波动风险将沿跨市场关联渠道蔓延、传递,显现出系统性风险的演变。对于危害极大的系统性金融风险,微观监管制度自然无力应对,引入事前防范的宏观审慎监管制度成为当务之急。

(一)宏观审慎监管释义

金融与风险相伴,金融监管制度应以治理金融风险为核心,并应及时跟

---

① 风险监管又称风险管理,其不仅仅是降低风险的问题,从本质上说更是要以一种明智的方式来保证风险被正确的人在正确的时间所理解,以确定性战胜不确定性。参见邢会强:《证券期货市场高频交易的法律监管框架研究》,载《中国法学》2016年第5期。

② 作为一种确定的价值存在,法律在风险社会的运作中充当最佳调控模式,通过法律化解风险,吸纳风险,在此基础上将风险社会的秩序构造寓于法治社会的背景之中。参见管斌:《金融法的风险逻辑》,法律出版社2015年版,第86页。

进金融风险的演进以确保制度的有效性。1929 年金融危机的惨痛教训促使以美国为代表的西方国家转向具有安全优势的“机构分立、业务分离、市场隔绝”的金融分业体制，意图通过严格的分业经营将金融风险限制在局部的机构、行业或市场内，防范风险的跨机构、跨行业和跨市场蔓延。同时，商业银行因其信用中介功能而被认为是金融风险的主要源头，成为金融监管的重点对象。在金融分业经营体制下，监管理论认为金融体系风险是体系内各金融机构（银行）风险的简单累加，只要防范金融机构特别是银行的个体风险，就可以有效防范系统性金融风险，由此形成了以银行监管为基本的微观审慎（microprudential）监管理念和制度体系。但 2008 年金融危机的爆发表明在金融综合经营趋势下，原本被限制在局部机构、行业和市场内的金融风险随着金融机构的相互关联、金融业务的持续交叉以及金融市场的逐步融通而跨机构、跨行业、跨市场释放、蔓延、汇聚，最终累积为系统性风险，酿成全球金融危机，促使危机后的国际社会开始关注并推崇宏观审慎监管理念和制度。①

宏观审慎监管的概念早在 20 世纪 70 年代便已出现，1979 年 6 月，当时作为巴塞尔银行监管委员会（BCBS）前身的库克委员会（Cooke Committee）在一份分析向发展中国家提供更多贷款是否影响宏观经济和金融系统稳定的非公开工作文件中首次提出了宏观审慎（macroprudential）概念，②“当微观经济问题开始形成宏观经济问题时，微观审慎性问题变成了所谓的宏观审慎性问题”。③ 同年 10 月，英格兰银行在向国际清算银行（BIS）提交的关于如何采用审慎措施控制贷款的非公开文件中再次出现了宏观审慎监管概念，文件建议将商业银行体系视为一个整体来考虑问题，而不仅仅是关注个

---

① 宏观审慎最初是由“Macro-prudential”演化而来，并与微观审慎概念对应，本意指“宏观的审慎的”。2008 年金融危机过后，西方各国和国际组织普遍采用“Macroprudential”一词来表述金融监管理念、政策、制度的改革方向，国内一般将其翻译为宏观审慎性、宏观审慎管理、宏观审慎政策、宏观审慎监管等。本书将其表述为“宏观审慎监管”。

② 国际清算银行于 1975 年成立的常设国际银行监管机构，当时由英格兰银行的彼得·库克长期担任该机构主席，故称为库克委员会。

③ Borio C., *Implementing the Macroprudential Approach to Financial Regulation and Supervision*, Banquede France Financial Stability Review, 2009, 13(9), p. 133.

别银行的经营状况。[①] 1986年，国际清算银行在首次公开发布的《国际银行创新报告》中围绕金融衍生品市场和证券市场分析了金融创新如何提升了整个金融体系的系统性风险，在表达对微观审慎监管忧虑的同时提出了能够维护金融体系整体稳健安全的宏观审慎监管概念。[②] 但当时主流的微观审慎监管理念认为金融风险只集中于银行系统，只要确保单一银行机构的稳健经营就可以维护金融体系的整体安全。

1997年亚洲金融危机的爆发首次展现了宏观审慎监管的必要性。金融危机之前，亚洲新兴国家在“华盛顿共识”的推动下迅速放开金融管制，启动金融自由化改革，金融机构相互关联，金融业务相互交织，金融市场相互融通，形成了金融风险跨机构、跨行业、跨市场传递、蔓延和扩散的关联渠道。而后，国际金融大鳄抓住新兴国家金融市场的资产价格泡沫形成之机，精心策划，精准实施，利用开放金融管制和金融自由化改革所形成的境外市场与境内市场、资本市场与货币市场、外汇市场与信贷市场之间的跨市场价格关联机制实施跨市场操纵，所造成的价格剧烈波动风险沿跨机构、跨行业、跨市场关联渠道蔓延，最终衍生为系统性金融危机，严重阻碍了亚洲新兴国家的崛起进程。亚洲金融危机已经显现出在金融综合经营体制下微观审慎监管无力应对风险跨机构、跨行业、跨市场传递所形成的系统性风险，故而国际货币基金组织（IMF）于亚洲金融危机后发布《迈向一个健全金融体系框架》报告，指出宏观审慎监管与微观审慎监管一样是实现银行持续有效监管的基本途径，并明确“宏观审慎”系用于系统性金融风险的防范，使之开始与金融监管相关联。[③] 2000年，时任国际清算银行总裁安浩德（Andrew Crockett）在国际银行监管会议上强调，各国金融监管机构必须加强宏观审慎监管理念，通过宏观审慎监管和微观审慎监管以维持金融系统的整体稳定。[④] 国际清算银行将宏观审慎监管定位为微观审慎监管的有益

---

① 张天顶、张宇：《宏观审慎监管、系统性风险及国内外金融监管实践及启示》，载《证券市场导报》2018年第4期。

② BIS, *The Term "Macroprudential": Origins and Evolution*, BIS Quarterly Review, 2010(3).

③ 杨昊龙等：《“金砖国家”宏观审慎政策有效性研究》，载《宏观经济研究》2017年第1期。

④ Andrew Crockett, *Marrying the Macro-and , Icroprudential Dimensions of Financial Stability*, BIS Working Paper, No. 1, 2000.

补充，负责对整个金融系统的监管。[①]

然而西方国家将亚洲金融危机归因于亚洲新兴国家的金融体制和监管制度不完善，忽视了亚洲金融危机所暴露出微观审慎监管弊端的普遍性，学术界和实务界对宏观审慎监管的研究探讨有限，具体实践更是付之阙如。同时，西方国家纷纷通过金融立法改革以更具效率优势的综合经营体制取代分业经营体制，金融衍生品层出不穷，资本市场的一体化融通进程加速，金融风险开始沿跨机构、跨行业、跨市场关联渠道蔓延扩散，所形成的系统性风险却处于微观审慎监管的盲区，最终酿成了2008年的金融危机。危机促使国际社会认真反思系统性风险的根源和宏观审慎监管理念，认识到个别金融机构的稳健经营难以防范化解金融体系中的系统性风险，在微观审慎监管的基础上引入宏观审慎监管成为危机后国际金融监管改革的共识。

金融监管就其内在理念和实施方式而言可分为限制性监管和审慎性监管。其中，审慎性监管是为维持金融体系的稳健安全，通过以比率监管、内部控制等为运营条件，以风险高低为筛选标准的监管模式，[②]具体包括微观审慎监管和宏观审慎监管。金融危机前，国际清算银行便认识到关注个别金融机构的微观审慎监管存在宏观局限，进而将金融体系抽象为一个有机整体，认为宏观审慎监管是对整个金融体系的监管。其后，国际清算银行的学者进一步完善宏观审慎监管概念，将其界定为通过对风险相关性分析和系统重要性金融机构监管来防范和化解系统性风险的监管模式。[③] 2008年金融危机的爆发使宏观审慎监管研究成为显学，但缺乏长期跟进研究和成果积淀使得对宏观审慎监管概念的认识一时难以统一。为消解概念界定不清对国际金融监管改革进程的消极影响，金融稳定理事会(FSB)、国际货币基金组织及国际清算银行于2011年联合向二十国集团(G20)戛纳峰会提交了《宏观审慎政策工具和框架》报告，将宏观审慎政策

① BIS, *Cycles and the Financial System*, 71st Annual Report, 2001, p. 123 – 141.

② 巴曙松等：《从微观审慎到宏观审慎：危机下的银行监管启示》，载《国际金融研究》2010年第5期。

③ Borio C., *Toward a Macroprudential Framework for Financial Supervision and Regulation?* BIS Working Paper, No. 128, 2003; White W. R., *Procyclicality in the Financial System: Do We Need a Macro-Prudential Stabilization Framework?* BIS Working Paper, No. 193, 2006.

界定为“以防范系统性风险为目标,以运用审慎工具为手段,以必要的治理架构为支撑的相关政策”。① 目前,虽然宏观审慎监管概念尚未统一,但以防范系统性金融风险为监管目标、以金融体系整体为监管对象、以审慎性监管工具为监管方式等宏观审慎监管的基本要素已得到学术界和实务界的普遍认同。

(二)宏观审慎监管与跨市场操纵的契合

通过上述对宏观审慎监管概念演进过程的梳理可知,就纵向维度考察,宏观审慎监管是随着金融体制变革致使金融风险系统性演变而出现的一种金融审慎监管模式,系统性金融风险是宏观审慎监管生成的逻辑原点。具有跨机构、跨行业、跨市场属性的金融衍生品的兴起是宏观审慎监管生成的直接原因。② 金融衍生品加速金融综合经营的进程,促使金融风险随金融机构的相互关联、金融行业的相互交叉以及金融市场的相互融通而在金融系统内传递、蔓延、释放,衍生为系统性金融风险,由此催生出以防范系统性风险为目标的宏观审慎监管;就横向维度考察,宏观审慎监管是与微观审慎监管对应的一种金融审慎监管模式,安浩德最早从监管目标与风险来源这两个维度来区分宏观审慎监管与微观审慎监管。③ 其后,有学者进一步从直接目标、最终目标、风险特质、金融机构间的相关性和共同风险敞口以及政策工具等维度详细区分了宏观审慎监管与微观审慎监管,详见表6-1。④

表6-1 宏观审慎监管与微观审慎监管之间的差异

分类	宏观审慎监管	微观审慎监管
监管目标	防范系统性风险	防范单个金融机构的风险
最终目的	避免宏观经济波动	保护消费者(投资者或存款人)利益

① IMF,BIS,FSB,*Macroprudential Policy Tools and Frameworks*, Progress Report to G20,2011.

② 早期对宏观审慎监管的有限研究主要是为了应对金融衍生品兴起所带来的系统性金融风险,参见史建平、高宇:《宏观审慎监管理论研究综述》,载《国际金融研究》2011年第8期。

③ Andrew Crockett, *Marrying the Macro and Micro Prudential Dimensions of Financial Stability*, BIS Working Paper, No. 1,2000.

④ Borio C., *Toward a Macroprudential Framework for Financial Supervision and Regulation?* BIS Working Paper, No. 128,2003.

续表

分类	宏观审慎监管	微观审慎监管
风险特征	(一定程度上)内生	外生
金融机构之间的相关性和共同的风险敞口	密切相关	无关
政策工具	与系统性风险相关,自上而下的方法	与单个金融机构的防线相关,自下而上的方法

资料来源:Borio(2003)。

就监管目标而言,在金融分业经营体制下,资本市场处于严格管制的相互隔绝状态,市场操纵行为及其所蕴含的价格波动风险被局限于单一市场,因缺乏风险释放和反馈的跨市场价格关联渠道而不具有系统性。监管者也相应将视阈聚焦于单一市场,构建出"市场分割、个别治理、事后惩治"的微观监管法律制度,监管目标也被定位为保护投资者权利以及维护单一市场交易秩序等。随着资本市场在金融综合经营趋势下启动一体化融通进程,所形成的跨市场价格关联机制催生出跨市场操纵的新动向,不仅操纵行为被分置于股票期现等不同的关联市场,操纵行为所蕴含的价格波动风险也沿着股票期现市场等跨市场价格关联渠道传递、蔓延,并随着逐渐融通的金融市场、相互关联的金融机构、彼此交织的金融业务相互"传染",最终衍生为系统性金融风险,酿成系统性金融危机。对于跨市场操纵所蕴含的系统性金融风险,微观监管制度的市场分割属性无法识别发现,个别治理属性无力应对,事后惩治属性无济于事,故而需要引入以防范系统性风险为目的的宏观审慎监管制度予以应对。

就监管客体而言,在金融分业经营体制下,微观审慎监管理念认为金融体系的总体风险等于系统中各个部分风险的简单累加之和,而其治理风险的方式是分而治之,将金融系统内各行业、机构和市场分割隔离,分别交由不同的监管机构,适用不同的监管法律,以确保各行业、各机构、各市场的部分风险可控,最终实现金融系统整体的稳健安全。在此监管理念下,市场操纵的监管便以市场为界,划分各自领域分别管辖。然而亚洲金融危机和 2008 年全球金融危机的爆发表明金融系统的整体风险并非系统内各行业、机构和市场风险的简单累加,部分健康难以保证整体安全。"如果将整个金融体系看成一个资产组合,那么资产定价理论告诉我们,组合的风险取决于各个证券的风险以及证券之间的相关性,而不是每个证券的简单加总。"①其原因在于金融分业经营体制对金融业务、机构和市场的限制和风险隔离已然是勉为其难,转向金融综合经营后更是促使金融风险沿业务交叉、机构关联和市场融通渠道释放、蔓延。正是借助跨市场价格关联机制,市场操纵可以跨市场实施,所蕴含的价格波动风险可以借助跨市场、跨机构、跨行业的价格关联渠道在金融体系中持续传递反馈,衍生为系统性风险。对此,应引入宏观审慎监管理念,突破单一行业、机构或市场的管辖界限,将各个金融行业、机构、市场视为有机联系的整体,将监管视阈扩大至整个资本市场直至金融体系,关注金融系统内的价格关联渠道,以防范跨市场操纵蕴含的系统性金融风险。

就监管理念而言,金融分业经营体制下的微观审慎理念认为金融整体风险等于部分风险累加之和,故而采取化整为零的监管策略,在将各金融行业、机构及市场分割监管以确保部分风险可控的基础上,考虑到金融风险具有外生性,也采用"画地为牢"的监管策略,构筑各行业、各机构以及各市场的风险"防火墙"制度以隔离外界风险冲击。以股票市场操纵为例,微观监管理念一是认为市场内的操纵行为只能影响个别股票价格,只有诸如货币政策、财税政策等市场外因素能造成市场价格的整体性波动;二是忽视股票市场与其他市场间的价格关联效应,认为股票市场只具有被动接受外部风险影响的单向风险反馈机制,故而将监管视阈和资源限定于市场之内。相比之下,宏观审慎监管理念打破金融系统内行业、机构和市场的界限,将金融体系抽象为有机联系的整体,认为金融风险不仅内生于金融系统,而且具有双向反馈机制。就股票市场而言,借助股票期现跨市场的价格关联渠道,其市场价格在受期指市场影响的同时亦影响期指市场,股票市场操纵行为不仅能够引起股市价格剧烈波动,还会借助股票期现跨市场的价格关联渠道向期指市场传递价格波动风险,反之亦然。同时,价格波动风险借助期指等金融衍生品"双重虚拟性"的放大,以及在金融综合经营体制下沿跨行业、跨机构、跨市场的价格关联渠道释放、蔓延、传递,经过反复的双向甚至多向反馈机制,单一市场的价格波动风险就会衍生为影响整个金融系统资产价格稳定的系统性风险,亟待自上而下的宏观审慎监管予以防范。

---

① 刘志洋:《宏观审慎监管:框架与政策工具》,载《金融理论与实践》2012年第8期。

(三)跨市场操纵宏观审慎监管的展开

20世纪90年代末,学界分别在横截面维度(cross-section dimension)和时间维度(time dimension)去理解系统性金融风险。① 在横截面维度,学界将系统性风险界定为大规模金融系统崩溃的可能性,是从时间截面来判断单个机构、行业、市场对整体金融系统的风险传递作用,强调的是不当(违法)金融交易行为的风险溢出效应,即行为在金融系统中引起一连串连续损失的可能性。在时间维度,学界将系统性风险界定为扰乱金融市场功能的突发事件的爆发可能性,是从时间维度来判断金融机构、行业、市场对整体经济的影响;其"系统"意指并非仅影响某个或某类机构、行业、市场,而是对金融系统直至整个经济体系产生负面冲击。从横截面维度和时间维度认识系统性金融风险已经获得广泛的实践认同,进而决定了以防范系统性风险为目标的宏观审慎监管也应沿横截面维度和时间维度具体展开。宏观审慎监管在横截面维度展开考量的是在给定的时点,金融机构因相互关联以及承受共同风险而出现金融风险跨部门、跨地区以及跨境的传染状况,其重点关注"太大而不能倒"的金融机构给金融体系带来的系统风险,并通过加强对系统重要性金融机构的规制加以解决。宏观审慎监管从时间维度展开是将金融体系视为一个整体,考察金融风险随经济周期的运行而出现的发展和变动,旨在防范系统风险随着经济周期的运行而积聚,并降低监管措施的助周期性或顺周期性,以平滑金融体系和经济的运行,通过逆周期的宏观审慎监管制度予以解决。②

跨市场操纵所蕴含的系统性金融风险同样具有横截面维度的关联性。系统性风险的横截面维度关注的是风险在特定时点在金融系统中的分布情况,但传统理论认为系统性风险源自具有系统风险敞口的金融机构以及这些机构之间的相互影响,故而宏观审慎监管聚焦于金融系统中具有较强外部性的高杠杆大型金融机构,关注对系统性风险的生成贡献较大的金融机构的识别和风险检测防范,以解决"大而不倒"的问题。③ 但持续的监管实践和理论研究促使宏观审慎监管正由"太大而不能倒"的传统原则向"太关联而不能

---

① 黄孝武、唐毅:《宏观审慎监管理论研究新进展》,载《财经问题研究》2012年第5期。

② 韩龙:《宏观审慎监测制度建构之探》,载《法学论坛》2014年第6期。

③ 范小云、王道平:《巴塞尔Ⅲ在监管理论与框架上的改进:微观与宏观审慎有机结合》,载《国际金融研究》2012年第1期。

倒”的新理念转变,①系统性风险不仅集中于金融资产巨大体量所具有的极大风险外溢冲击力,还蕴含于与金融系统其他机构、行业、市场紧密关联所隐含的广泛的风险外溢途径和渠道。

就我国而言,以间接融资为主的融资结构使学术界和实务界普遍认为金融部门的系统性风险集中于银行部门,②宏观审慎监管应主要关注商业银行的风险外溢问题。但随着我国持续推进金融体系市场化改革,不断改善融资结构,大力发展直接融资,所构建的多层次资本市场在提高金融资源配置效率方面将发挥更大、更积极的作用。与此同时,期指等金融衍生品的兴起开启资本市场一体化融通进程,股票市场、债券市场与其金融衍生品市场之间形成了紧密、稳定、顺畅的跨市场价格关联渠道,不仅赋予市场操纵以跨市场实施的新模式,更使操纵行为的价格波动风险沿跨市场关联渠道蔓延,并在金融综合化经营趋势的推动下开始跨行业、跨机构、跨市场传递,显现出系统性特质。故而有学者认为,宏观审慎监管关注的重点还应覆盖对金融系统具有重要影响的市场,“监管不应仅以金融机构为重点,还应加强对金融市场的关注,仅通过监管金融机构无法全面、真实地衡量风险。宏观审慎监管必须将所有对整个金融系统来说都十分重要的金融机构、金融市场和金融产品涵盖在内,监管视野从机构向市场和产品拓展是宏观审慎监管的重要内容”。③基于此,宏观审慎监管不仅应关注“太大而不能倒”的大型金融机构,还应该覆盖“太关联而无法拆分”的资本市场,包括其中蕴含系统性风险的跨市场操纵行为。对此,监管的首要任务就是选取具体的监测指标来识别和判断资本市场以及金融系统内的跨行业、跨机构和跨市场价格和风险关联渠道,④从而将覆盖资本市场的立体全面的监管体系纳入我国宏观审慎监管框架之中。

---

① 杨子晖、周颖刚:《全球系统性金融风险溢出与外部冲击》,载《中国社会科学》2018 年第 12 期。

② 张天顶、张宇:《宏观审慎监管、系统性风险及国内外金融监管实践及启示》,载《证券市场导报》2018 年第 4 期。

③ 尹继志、刘秀兰:《关于构建宏观审慎监管体系的探讨》,载《上海金融》2011 年第 2 期。

④ 在具体设计关联市场的识别指标时可参考国际证券业协会的建议指标:(1)市场大小;(2)市场流动性;(3)交叉管理权与债券指标;(4)市场透明度指标;(5)市场替代性与制度结构指标;(6)市场诚信与效率指标;(7)集中度指标,个人资产、市场和机构的风险敞口的大小指标;(8)市场复杂度、市场监管、杠杆率指标等。参见张陆洋、齐想:《国际系统性金融风险防范模式的转变与启示》,载《金融论坛》2018 年第 7 期。

就时间维度而言,传统的宏观审慎监管理论关注的重点在于银行资本逆周期监管标准制定上,忽视了跨市场操纵所蕴含的系统性金融风险也具有顺周期性。具体而言,跨市场操纵所蕴含的价格波动风险与宏观实体经济间存在放大效应,且放大效应在程度上随宏观经济周期的变化而变化。实体经济在上行期间会激励金融系统放大信贷供应量,加大资本市场杠杆率,推升市场整体价格泡沫,助力操纵者推升市场价格,而操纵行为所造成的市场价格上涨趋势将沿着跨市场、跨机构、跨行业的关联渠道传递,放大整个金融资产价格泡沫的程度。实体经济在下行期间将促使金融系统减少信贷供给,实施市场去杠杆措施,所营造的市场焦虑氛围又驱使资本市场投资者迅速抛售离场以规避风险,致使市场价格整体下跌,为跨市场操纵者做空操纵提供极佳时机。而操纵行为所造成的价格下跌趋势同样会沿着跨市场、跨机构、跨行业的价格关联渠道释放蔓延,造成整个金融系统资产价格暴跌。由此可见,与银行一样,资本市场同样需要逆周期监管规则,对跨市场操纵根据经济周期设置动态的保证金、跨市场交易数量和频率限制等逆周期监管制度,以平缓资本市场价格涨跌幅度,遏制跨市场操纵系统性风险的生成。

对跨市场操纵的有效监管要以对其系统性风险的有效检测、识别、处置为基础,宏观审慎监管为跨市场操纵系统性风险的有效检测、识别、评估、处置提供制度框架,①其关注资本市场交易行为以及产品的风险、市场资金的流量和流向、金融系统的资产价格水平和流动性、宏观经济政策对市场的冲击、国内外金融市场及宏观经济的总体状况等。上述监管工作的展开均以有效的信息监管为前提:首先,要求具备能够持续提供资本市场交易信息的监管系统;其次,在金融综合经营的趋势下,信息监管还应覆盖金融系统的其他行业、机构和市场;最后,金融全球一体化进程还要求考虑境外金融市场的风险状况和其与境内市场的关联渠道。然而知易行难,宏观审慎监管难在实践,上述信息的监测、整合、分析如何完成,监管信息的有效分工和资源共享如何实现,系统性风险的识别、评估和处置如何进行,宏观审慎监管由谁具体

---

① 有学者将宏观审慎监管担负的职责细分为:(1)预警和识别金融业的系统性风险;(2)评估单个机构的失败对金融稳定可能造成的影响;(3)通过金融监管政策和宏观调控政策的有效配合,防止系统性风险的生成、积累和爆发。参见尹继志、刘秀兰:《关于构建宏观审慎监管体系的探讨》,载《上海金融》2011年第2期。

负责,宏观审慎监管目标与微观审慎监管目标的冲突如何协调,这些问题只能通过金融监管机构的沟通和协作予以解决。

二、域外跨市场操纵监管主体的梳理

2008 年金融危机后,有学者综合对比美国、英国、欧盟等发达经济体在金融危机前后监管模式的转变,将危机爆发的原因归结为过度强调金融机构自律在金融监管中的作用以及缺乏对金融衍生品的监管,最终造成系统性风险的监管缺失。① 危机之后,美国、英国、欧盟等西方主要经济体在原有监管框架的基础上增设了宏观审慎监管机制,同时增设了金融监管协调机构以解决多元监管的冲突和空白问题。跨市场操纵蕴含系统性金融风险,故而有效的监管制度设计必须统合微观干预与宏观审慎、行为规制与风险治理、事后惩治与事前防范等多元监管理念,这决定了监管职责不可能由单一的监管机构独立承担,而是需要多个监管机构在信息共享的基础上互相配合、共同完成,这就需要在多元监管主体框架内建立能够调和多元监管目标的监管协调机制。通过剖析成熟市场国家的监管经验,以“他山之石”积极探索我国跨市场操纵监管法律制度的设计安排。

(一)美国的跨市场操纵监管主体

美国的现代金融监管体制滥觞于 20 世纪 30 年代的金融监管改革。1929 年金融危机暴露了市场自律监管的局限,促使美国重建资本市场监管体系,并选择了具有安全优势的分业监管体制以遏制金融风险的系统性蔓延。在分业监管体制下,资本市场处于分交易所交易、分市场立法、分机构监管的隔绝状态,证券市场由证券交易委员会依据《1934 年证券交易法》授权监管,期货市场由商品期货交易委员会依据《1936 年商品交易法》授权监管,逐渐形成以证券交易委员会和商品期货交易委员会的监管为支柱、以交易所和行业协会的自律监管为基础的二元三级“金字塔”型监管体系。

20 世纪 70 年代出现的金融衍生产品开始冲击“分而治之”的资本市场监管体制。为缓解金融衍生品的跨市场属性与市场分割监管制度之间的冲突,美国通过《商品期货交易委员会法》授权商品期货交易委员会统一监管

---

① 张陆洋、齐想:《国际系统性金融风险防范模式的转变与启示》,载《金融论坛》2018 年第 7 期。

期货、期权市场，制定衍生品市场操纵监管规则，但仍延续证券交易委员会与商品期货交易委员会并驾齐驱的二元结构。金融衍生品跨市场属性使证券交易委员会与商品期货交易委员会展开激烈的期指市场监管权争夺，致使期指上市的日期不断推迟。美国于 1982 年通过《约翰逊 - 夏德管辖权协议》，确定了期指市场监管权归属，①方才使期指得以于 1982 年挂牌上市。在该协议的基础上，1983 年修订的《商品期货交易法》明确将期指市场纳入商品期货交易委员会监管范围，但同时也认可证券交易委员会基于反市场操纵等目的对涉及期指市场的跨市场交易展开监管执法。据此，证券交易委员会积极参与跨市场监管以遏制跨市场操纵等违法行为。然而金融衍生品的不断涌现加剧了证券交易委员会和商品期货交易委员会之间的监管竞争，衍生品因自身的跨市场、跨机构和跨行业属性所具有的系统性金融风险因资本市场的监管竞次和监管盲区而不断汇聚、放大，最终酿成 2008 年金融危机。

危机促使学界反思："为什么美国有如此完善的证券法律体系，有如此严格的监管机构与丰富的监管经验，却毫无实际效果？现有的法律与监管已不适应华尔街金融运行模式了吗？"②对危机的反思推动美国监管立法变革，促使美国制定《多德 - 弗兰克法》以解决资本市场系统性风险的有效监管问题。一是明确证券交易委员会和商品期货交易委员会对衍生品的监管分工，③最大限度地消除资本市场中的监管竞次和监管盲区；二是组建金融稳定监督委员会，负责统一监管标准，协调监管冲突，解决诸如未来新型衍生品监管管辖等监管权争议问题；三是授权金融稳定监督委员会监测、识别和监

---

① 就商品期货交易委员会和证券交易委员会对期指监管权激烈争夺问题，时任商品期货交易委员会主席的约翰逊和证券交易委员会主席约翰·夏德代表各自机构展开监管协调，最终于 1982 年达成《约翰逊 - 夏德管辖权协议》，确定以"监管目标测试"(Goals Test)原则作为区分二者监管界限的标准，即证券交易委员会的监管目标是促进资本形成，应关注以投资为目的的市场和产品；商品期货交易委员会的监管目标是促进价格风险转移，因此其监管对象是服务于套期保值和价格发现功能的市场和产品。参见陈斌彬、张晓凌：《股指期货和股票现货跨市场交易监管研究》，厦门大学出版社 2015 年版，第 89 页。证券交易委员会被授予以证券为基础产品的期权(证券期权、证券指数期权等)监管权，商品期货交易委员会被授予期货和期货期权监管权。

② 吴志攀：《华尔街金融危机中的法律问题》，载《法学》2008 年第 12 期。

③ 如对"掉期合约"，《多德 - 弗兰克法》以"掉期"(Swaps)和"证券掉期"(Security-Based Swaps)为标准，授权商品期货交易委员会监管掉期、掉期交易商和主要掉期交易者，授权证券交易委员会管理证券掉期、证券掉期交易商和主要证券掉期交易者。而对那些兼具掉期和证券掉期特征的衍生品则同时要接受二者的双重监管。

控包括资本市场在内的金融系统中的系统性风险,以及促进各监管机构信息共享的特别权限;[①]四是扩大美联储的监管权,赋予其监管银行、证券、保险、基金等领域中具有系统重要性的金融机构、市场、产品和交易行为的权力,并且负责整个金融市场的宏观审慎监管。

数百年的发展历程使美国证券和期货交易所积累了丰富的一线监管经验,其制定的系统性交易规则体系实现了美国资本市场的繁荣。[②] 而自下而上的"诱发式"发展路径使美国交易所形成良好的治理结构:由作为权力机构的会员大会(股东大会)制定市场准入、信息交换、交易结算等监管规则;由作为执行机构的理事会(董事会)通过内设的场内监督委员会、仲裁委员会及道德委员会等职能部门执行规则,凭借一线监管优势监测市场交易信息并及时向监管机构反馈;由仲裁委员会仲裁协调交易纠纷;由道德委员会对市场操纵等违法行为实施处罚及刑事申诉。美国的交易所充分实现了自律监管功能,在跨市场操纵监管中发挥了基础作用。此外,行业协会代表行业自身的整体利益,具有及时反映行业信息和沟通协调的监管优势,能解决行业整体问题。全美期货业协会(NFA)是依据《1978年商品期货交易法》授权组建的非营利性会员制组织,并于1981年被商品期货交易委员会接受为"注册期货协会"。行业协会的一项监管职责是处置会员的违规行为,通过监测会员的交易信息和资金情况以及时发现市场操纵等违规行为,并就涉嫌违规行为进行调查取证,一旦认定行为违规,则立即披露违规者并严格追责。行业协会的另一项监管职责是定期审核证券期货从业人员的资质,收集会员信息编制信用资料,同时向会员和公众普及市场交易知识。行业协会还有一项监管职责是设立专门的仲裁系统解决会员纠纷,并赋予仲裁以强制执行的法律效力,会员不执行裁决将被施以不同程度的处罚。[③]

---

① 余绍山、陈斌彬:《从微观审慎到宏观审慎:后危机时代国际金融监管法制的转型及启示》,载《东南学术》2013年第3期。

② [美]查里斯·R·吉斯特:《华尔街史》,敦哲、金鑫译,经济科学出版社2004年版,第3~11页;[美]约翰·S·戈登:《伟大的博弈——华尔街金融帝国的崛起(1653~2011)》,祁斌译,中信出版社2011年版,第27页。

③ Self-Regulation Organization, *Notice of Filling and Immediate Effectiveness of Proposed Rule Change by National Future Association Relating to Security Futures Products*, Exchange Act Release No. 34-44,823. 66 Fed. Reg. 49439.

(二)英国的跨市场操纵监管主体

英国是全球最早追随美国推出期指市场的国家,[①]其却并未效仿美国资本市场的“二元三级”监管体系,而是恪守其普通法的传统,发挥自律监管优势,建构以交易所自律监管为主,以行业协会监管为辅的资本市场监管体系。然而随着不断创新的金融衍生品持续拓展资本市场的深度和广度,单纯的自律监管日益暴露出利益冲突和自然垄断等弊端。1985 年,伦敦金属交易所(LME)暴发严重的违约事件,该事件造成会员 6 亿英镑的损失并引发市场剧烈震动,促使学界强烈呼吁市场监管体制改革。[②] 该事件推动英国制定《1986 年金融服务市场法》,并逐渐以证券与投资委员会(SIB)和证券期货管理组织(SFA)这两个非政府组织为支柱,构建本国的资本市场二元监管架构。[③] 但随后的“巴林银行破产事件”再次掀起金融监管改革呼声,迫使英国决定放弃自律监管传统,全面改革金融监管体制,将证券与投资委员会等九家监管机构统合为金融服务管理局,并通过《2000 年金融服务与市场法》授权金融服务管理局作为英国金融市场的统一监管者。这种独具特色的“统一监管”模式成为一时之选,为学界所推崇,并被韩国、日本等国家效仿。自此,英国建立了由财政部负责金融监管体系构建和规则制定、英格兰银行负责实施货币政策、金融服务管理局负责金融体系审慎监管的金融监管体制。

然而引以为傲的统一监管模式未能起到预期的功效,2008 年金融危机重创英国金融业,促使英国再次改革金融监管体制,通过《2012 年金融服务法》将金融服务管理局分拆为金融政策委员会(FPC)、审慎监管局(PRA)和金融行为监管局,构建以三者为支柱的“双峰”监管体系。其中,金融行为监管局负责金融消费者保护,金融政策委员会负责治理金融市场系统性风险的

---

① 伦敦国际金融期货交易所(The London International Financial Futures Exchange,LIFFE)于 1984 年效仿美国推出金融时报 100(FTSE100)期指合约交易。

② Laurence Henry, *The Rule of Law in the Era of Globalization*, Global Legal Study, 1999 (6), p. 662.

③ 证券与投资委员会在财政部授权下取得准国家机关的法律地位,直接对财政大臣负责,其目的是促进金融市场发展与保障投资环境,对市场的管理以授权为原则,并通过对结算公司、交易所、行业自律组织的资格审核,以及对从事衍生交易的企业与个人的资格审查来实现对衍生品市场的监管;而证券期货管理组织主要负责金融业中证券期货的自律监管,其对证券与投资委员会负责,目标是促进、维持交易的公平、公正,从而有效地保护投资者的权益。

宏观审慎监管,审慎监管局负责对金融市场商业银行、投资银行等大型复杂金融机构的微观审慎监管。新设的金融政策委员会则负责检测潜在的系统性风险,有权根据市场交易情况对审慎监管局和金融行为监管局行使指示权和建议权,[①]从而将资本市场的宏观审慎监管与微观审慎监管有机结合,增强金融机构抵御风险的能力以应对未来可能发生的金融危机。[②] 此外,独立的经济犯罪局(ECA)负责资本市场操纵等经济犯罪的调查取证工作。

为解决金融危机所暴露的系统性金融风险的监管盲区问题,英国开始重建金融监管协调制度框架。英国财政部于2009年发布《改革金融市场》白皮书,组建由财政部、英格兰银行和金融服务管理局参加的金融稳定理事会(CFS),负责监测和评估英国金融体系中的系统性风险,及时发出预警并提供政策建议,全面履行金融风险监控和维护金融稳定的职责。[③] 随着金融服务管理局在监管改革中被拆分,理事会成员相应变为财政部、英格兰银行以及审慎监管局和金融行为监管局等。其后的《2012年金融服务法》规定金融政策委员会、金融行为监管局和审慎监管局均隶属于英格兰银行,由此将微观审慎监管和宏观审慎监管职能统一授予英格兰银行,使其在金融监管中具有核心地位和统领功能。同时,《2012年金融服务法》又专设金融监管协调机制,规定了监管机构之间必须签订协作备忘录并定期更新,监管机构负责人必须交叉兼职,如金融行为监管局理事包括英格兰银行负责审慎监管的副行长,而金融行为监管局首席执行官是金融政策委员会和审慎监管局的理事机构成员。借助负责人的交叉互动,提升监管机构间的信息共享和决策沟通效率,有利于及时发现并迅速处置跨市场交易中的异常情况,更好地防范跨市场操纵行为的系统性风险。

(三)日本的跨市场操纵监管主体

日本于"二战"后效仿美国建立了严格的金融分业监管体制,并以美国资本市场立法为范本制定了《证券交易法》和《金融期货交易法》,确立了日本版的市场分割立法体制,资本市场同样处于"分而治之"的隔绝结构。

---

① 洪艳蓉:《金融监管治理:关于证券监管独立性的思考》,北京大学出版社2017年版,第99页。

② 黄志强:《英国金融监管改革新架构及其启示》,载《国际金融研究》2012年第5期。

③ 吴凌翔:《"试验性金融监管"的概念创设与理论构建》,载《西南金融》2017年第9期。

进入20世纪90年代，激烈的国际金融竞争促使日本推行金融自由化政策，启动金融监管改革，逐渐转向金融综合经营。1998年，日本将银行业和证券业的监管权从大藏省分离，组建对首相直接负责的金融监督厅。2000年，日本效仿英国，通过《金融厅设置法》将金融监督厅和原大藏省金融企划局合并，组建全新的金融厅，并授权其负责统一监管银行、证券、保险等所有的金融行业和市场，维持金融体系稳健安全，建立了日本版的统一监管模式。

在集中统一监管体制下，资本市场的监管由金融厅下属的金融监督局和证券交易监督委员会（SESC）联合实施，实行"查审分离"制度。证券交易监督委员会作为独立的调查机构负责监测市场交易行为以及调查疑似违规行为，并将调查结果提交金融监督局，由后者以金融厅的名义施以行政处罚或提起刑事诉讼。在监管协调方面，金融厅与负责宏观审慎监管的日本银行建立了定期交换信息的信息共享平台，并通过协商机制协调监管事宜。日本交易所凭借一线监管的信息优势弥补了政府监管不足，而行业协会则发挥了行业组织优势，起到了沟通协调政府监管和一线监管之间的桥梁功能。日本金融衍生品市场的发展程度落后于美英，金融机构借助衍生品对冲风险的规模和频率低于美英市场，交易所和行业协会等自治组织也没有类似美英的强大自律监管权能（如日本没有作为衍生品合约履行担保机构的保证公司，而是设立"交易受托债务赔偿基金"作为法人性质的清偿机构，通过对会员收取担保金的方式监管衍生品交易活动）；此外，日本也并未设立专门的市场交易结算机构，而是由各交易所负责交易结算，而交易所对交易结算的监控也未像美英那样严密。

2008年金融危机同样冲击了日本的金融系统和实体经济，但其损失相对于欧美国家较小，因此，日本在危机后并未追随欧美启动大规模的金融监管改革，而是基本维系原本的金融监管体制，①其金融体系也维持在相对稳定的状态。究其原因，有学者认为，日本比欧美国家更早建立宏观审慎监管

---

① 宣晓影、全先银：《日本金融监管体制对全球金融危机的反应及原因》，载《中国金融》2009年第17期。

体制是其较少受全球金融危机影响的重要原因。① 日本在 20 世纪分别遭受 1989 年股市暴跌和 1991 年房地产市场崩盘等严重金融危机，比欧美国家更早地认识到系统性金融风险的危害，故而也更早地成为宏观审慎监管的先行者，并确立了由重大金融危机处理机制和金融监管机构间的平行协调机制构成的双层宏观审慎监管框架。② 其中，日本于 2003 年成立了由首相牵头的金融系统管理委员会，成员包括内阁秘书长、金融担当大臣、财政大臣、央行行长以及金融厅负责人等，负责诸如金融危机救助、系统重要性金融机构破产等重大事件的宏观审慎监管；常规宏观审慎监管职能由金融厅、日本银行和财务省共同承担，金融厅侧重于行政监管，而日本银行则凭借自身优势更多负责金融体系风险的监测和识别，财务省更侧重于向金融危机救助提供财政支持，三者之间通过平行协调机制来实现监管信息共享、监管政策协调等，实践效果良好。

除日本外，法国将银行业和保险业监管部门合并，组建新的隶属于中央银行的审慎监管局，赋予其维护金融系统稳健、保护金融消费者、协调国内外监管机构的监管行动等职能。德国则通过《金融稳定法案》，建立由中央银行、联邦金融监管局和财政部参加的金融委员会，负责金融宏观审慎管理以及监管协调的职责。欧盟也于危机后改革其监管体制，组建由欧洲央行、各成员国央行和金融监管机构参加的欧盟系统风险委员会（ESRB），负责欧盟区域的宏观审慎监管职责，同时组建下设欧洲银行监管局、证券监管局、保险和职业养老金监管局的欧洲金融监管系统（ESFC），负责区域金融的微观审慎监管，形成典型的“双峰”监管模式。③

综上所述，各国（地区）资本市场于危机前普遍缺乏防范系统性风险的宏观审慎监管制度：美国资本市场被证券交易委员会和商品期货交易委员会的微观监管分割；英国虽然由金融服务管理局统一监管资本市场，但同样缺乏宏观审慎监管机制；欧盟复杂的四层次、多机构的莱姆法路西金融监管协

① 傅钧文：《日本金融宏观审慎监管体制建设及其启示》，载《世界经济研究》2013 年第 12 期。

② 张亮、周志波：《完善中国宏观审慎金融监管框架研究——基于德英日三国的比较分析》，载《宏观经济研究》2018 年第 2 期。

③ 王凡平：《欧洲央行宏观审慎监管框架及其最新发展探究》，载《武汉金融》2015 年第 6 期。

调框架(Lamfalussy Framework)更是松散、低效。这些缺陷造成了金融衍生品市场系统性风险的监管盲区。金融监管立法具有强烈的"危机引致性"，而纵观上述国家(地区)于危机后实施的金融监管变革,可以发现一些共同趋势:一是建立宏观审慎监管框架以及相应的监管协调机制;二是加强中央银行在金融监管中的作用;三是扩大监管范围,强化全面监管理念。①

三、跨市场操纵风险监管体系设计

资本市场高度的虚拟性和公共性决定了对其进行法治治理的必要性,推动我国资本市场由最初"先发展再规范"的试验路径转向"边发展边规范"的治理路径。但资本市场的具体监管模式则因不同国家的政治生态、发展程度、法律制度和社会结构的差异而不同,不存在"放之四海而皆准"的最优选择。因此,在设计跨市场操纵的风险监管主体框架时既不能忽视本土资源而全盘移植,也不能无视域外的经验教训。无论认为监管结构的未来会趋向全能整合模式监管或"双峰"模式监管,还是强调监管结构并非决定性因素,重要的是,对每个监管活动本身或者在监管部门之间的活动进行协调。② 随着我国逐步进入金融综合经营和资本市场融通时代,无论是多头、统一或"双峰"模式,还是机构或功能模式,监管的关键在于能够及时有效地监测、防范和处置跨市场操纵所蕴含的系统性风险,这依赖于构建能够平衡微观和宏观的多元监管目标、协调不同监管机构的监管行为、确保金融系统监管信息有效分享的金融监管协作机制。

(一)建立资本市场的宏观审慎监管框架

具有跨机构、跨行业、跨市场属性的金融衍生品的兴起加速了金融机构的关联、金融行业的交织以及金融市场的融通,催生出借助跨市场价格关联机制实施的跨市场操纵,其所制造的价格波动风险通过跨市场关联渠道蔓延、释放,突破传统的市场分割、个别治理、事后惩治的微观监管制度视阈,呈现极强的隐蔽性和巨大的破坏力。2015 年股市震荡已然显现出市场操纵行为蕴含系统性金融风险的端倪,引入防范系统性金融风险的宏观审慎监管制

---

① 参见范亚舟:《宏观审慎监管下我国金融监管机构改革及需进一步解决的问题》,载《武汉金融》2018 年第 7 期。

② 陈斌彬、张晓凌:《股指期货和股票现货跨市场交易监管研究》,厦门大学出版社 2015 年版,第 124 页。

度成为现实需求。故而应在降低制度变迁成本的基础上构建覆盖资本市场的宏观审慎监管框架,在既有的多头监管模式内确定宏观审慎监管主体,将跨市场操纵所蕴含的系统性风险纳入监管视阈。

西方国家于2008年金融危机后的监管改革实践表明,无论是直接授予央行以宏观审慎监管职责,还是设置由央行领导的宏观审慎监管委员会,或是确立央行在系统重要性金融机构和市场监管中的主导地位,加强中央银行的宏观审慎监管职权已成为后危机时代金融监管体制改革的普遍选择。之所以如此,是因为宏观审慎监管要求监管机构能够覆盖金融系统全景,监测、识别、防范系统性金融风险,有效处置金融危机,确保金融行业的稳健安全。就此而言,中央银行所具有的"发行的银行、银行的银行和政府的银行"的特质以及专业性、激励性和独立性的禀赋高度契合宏观审慎监管的目标。具体而言,一是中央银行具有维护金融系统稳定的法定职责;二是宏观审慎监管内含于中央银行评估宏观经济运行状况的职能之中;三是中央银行履行最后贷款人职能应遵循宏观审慎监管原则。① 此外,中央银行独具的制定实施货币政策和维护金融支付清算系统稳健的职能也使其成为宏观审慎监管的不二人选。

就我国金融监管实践而言,1995年制定的《中国人民银行法》明确赋予中国人民银行以金融监管职责,其中既隐含针对个体的微观审慎监管职能,也显现出覆盖全局的宏观审慎监管理念。② 其后,我国于2003年制定《银行业监督管理法》,将银行业机构和业务的监管权移交银监会行使,但修订的《中国人民银行法》仍为中国人民银行保留"防范和化解金融风险,维护金融稳定"的职责,中国人民银行也据此设置金融稳定局,③并从2005年开始发

---

① 刘迎霜:《论我国中央银行金融监管职能的法制化——以宏观审慎监管为视角》,载《当代法学》2014年第3期。

② 1995年《中国人民银行法》第30条规定,中国人民银行依法对金融机构及其业务实施监督管理,维护金融业的合法、稳健运行。

③ 金融稳定局现有职能包括综合分析和评估系统性金融风险,提出防范和化解系统性金融风险的政策建议;评估重大金融并购活动对国家金融安全的影响并提出政策建议;承担会同有关方面研究拟订金融控股公司的监管规则和交叉性金融业务的标准、规范的工作;负责金融控股公司和交叉性金融工具的监测等。参见中国人民银行金融稳定局网,http://www.pbc.gov.cn/jinrongwendingju/146766/146778/index.html,最后访问日期:2019年3月3日。

布《中国金融稳定报告》,分析和评估我国金融体系的整体状况,积极探索我国宏观审慎监管的发展路径。2008 年,国务院制定的中国人民银行“三定”方案中将完善金融宏观调控体系、防范化解系统性金融风险、维护金融稳定与安全的职责授予中国人民银行。2009 年,在中国人民银行一份关于货币政策的报告中首次提及“将宏观审慎监管制度纳入宏观调控政策框架”,并在其后数次强调我国应建立宏观审慎监管制度以降低并防范宏观层面的系统性金融风险。① 据此,在立法没有明确我国宏观审慎监管职能主体的情况下,有学者认为,我国已经在事实上将宏观审慎监管职权授予中国人民银行。②

尽管中国人民银行与宏观审慎监管已然形成了理论层面的契合和实践层面的贴近,但要完全落实中国人民银行实施覆盖资本市场的宏观审慎监管职能仍然存在立法困境。其一,师出无名。《中国人民银行法》所规定的“防范和化解金融风险,维护金融稳定”在语义层面实难确定地推出宏观审慎监管内涵,缺失明确的授权条款将使中国人民银行实施宏观审慎监管陷入“名不正言不顺”之困。其二,力不从心。数次金融监管改革逐步将中国人民银行的监管权限剥离转移至银保监会和证监会,如今除货币政策工具以及最后贷款人外,中国人民银行实施的宏观审慎监管工具极其有限,难以完成宏观审慎监管职责。其三,制度严重滞后。《中国人民银行法》授权中国人民银行监测金融市场的运行状况,其有权收集履职所需的财务报表等信息,但这与宏观审慎监管制度所需的数据收集存在巨大差距:一是信息收集范围只是宏观审慎监管所需数据的一部分,二是所收集的信息难以满足宏观审慎监管的特定要求,三是对所收集数据信息的分析、预测缺乏法律指引。③

2017 年的中央金融工作会议已经明确了“强化人民银行宏观审慎管理和系统性风险防范职责”,这一规定的落实首先需要及时修订相关法规,在立

---

① 梁颖琳:《宏观审慎监管框架下我国金融业监管协调问题研究》,载《财经问题研究》2013 年第 4 期。

② 王宗祥:《新形势下强化中央银行宏观审慎管理职能的探讨》,载《金融时报》2011 年 5 月 10 日,第 11 版。

③ 韩龙:《宏观审慎监测制度建构之探》,载《法学论坛》2014 年第 6 期。

法层面强化中国人民银行的宏观审慎监管职能。具体而言：一是在《中国人民银行法》中确定宏观审慎监管框架，明确中国人民银行负有宏观审慎监管职能和防范系统性金融风险的监管职责。二是赋予中国人民银行以足够的宏观审慎监管工具，如扩大最后贷款人职权、增加逆周期监管工具、创设系统重要性金融机构、市场和基础设施监管制度等，特别是赋予中国人民银行以必要的宏观审慎监管裁量空间，以便及时跟进系统性金融风险的演变。三是扩大中国人民银行宏观审慎监管视阈，突破商业银行的传统局限，赋予其对系统重要性的银行、证券、保险、基金等机构以直接监管权，同时，借助《证券法》《期货交易管理条例》的间接授权条款，顺畅中国人民银行宏观审慎监管覆盖资本市场的路径，增强金融监管标准的一致性、覆盖的全面性和效果的穿透性，覆盖具有系统重要性的资本市场中大额跨市场关联交易、金融衍生品场外交易、跨市场结算和清算系统等，及时处置因跨市场操纵所造成的资本市场系统性崩盘危机，使中国人民银行成为我国金融系统的全方位监管者。

（二）完善资本市场的监管协作机制

中央银行成为宏观审慎监管机关并不意味着只有中央银行才能担负宏观审慎监管职能，有效的宏观审慎监管应当覆盖金融体系中的系统性风险，这需要以金融监管信息共享机制为基础，对金融系统相关信息实施全面的监测和分析。同时，有效的宏观审慎监管也要以微观审慎监管为基础，并且能够平衡二者的监管目标和行为。因此，学界认为，在现代金融体系中，中央银行凭借自身优势可以成为宏观审慎监管框架中的主导者而非决策者。① 由此可见，有效的跨市场操纵监管必然依赖于有效的金融监管协调机制，设置专门的金融监管协调组织成为西方各国（地区）危机后监管改革的另一大趋势，具体情况见表6-2。②

① 于震、张鑫：《宏观审慎监管中的中央银行角色定位》，载《南京师大学报（社会科学版）》2016年第4期。

② 王兆星：《构建金融宏观审慎监管框架——国际金融监管改革系列谈之七》，载《中国金融》2013年第18期。

表 6-2　危机后西方主要国家设置的金融监管协调机构

名称	美国	英国	欧盟	日本
	金融稳定监管委员会(FSOC)	金融政策委员会(FPC)	欧洲系统性风险委员会(ESRB)	金融系统管理委员会(FSMC)
牵头部门	财政部	英格兰银行	欧央行	内阁
成员	总计 15 人 财政部部长(主席) 美联储主席 金融消费者保护局局长 货币监理署署长 证监会主席 存款保险公司主席 商品期货交易委员会主席 联邦住房金融局局长 储蓄信贷监管机构主要负责人 独立的保险专家 金融研究办公室主要负责人 (以下成员无投票权) 联邦保险办公室主要负责人 (隶属财政部) 银行、证券、保险州监管机构的三位协调员	总计 11 人 央行行长(主席) 3 位央行其他高级管理人员 审慎监管局 CEO 金融行为监管局 CEO 4 位外部成员 1 位来自财政部的代表	欧央行行长(主席) 各成员国央行行长 1 位来自欧盟的代表 3 位欧洲监管机构的主席 2 位下设的子委员会主席	总计 6 人 首相(主席) 内阁秘书长 金融担当大臣 财政大臣 日本金融管理局主席 央行行长

注:澳大利亚没有设立专门的委员会,而是直接将宏观审慎监管的决策和监督执行职责交给了其审慎监管当局(APRA)。

我国金融业长期以来一直践行分业经营、分业监管、分场所交易的监管模式,商业银行、证券公司、期货公司、基金公司、保险公司、信托公司等金融机构分业经营,并接受不同机构的监管,股票、债券、期货、外汇等金融产品分别在不同场所交易,资本市场处于分割隔绝的状态。但近年来,在国际金融市场的竞争压力和深化金融体制改革所释放的巨大金融创新力量的推动下，金融衍生品兴起，金融综合经营趋势明显，原本相互隔绝的金融市场逐渐融通，致使金融风险不仅能够沿跨市场、跨机构、跨行业的关联渠道蔓延、传递、衍生为危害极大的系统性风险，更是在分业监管框架下形成系统性风险的监管盲区，严重威胁金融系统安全。

随着资本市场内的跨市场价格关联效应越发明显，市场外的利率、汇率、税率等政策变动对资本市场的影响也逐渐显现，这就要求有效监管蕴含系统性风险的跨市场操纵行为需要统合微观行为与宏观审慎、个别治理与全局视阈、事后惩戒与事前防范等监管理念和制度，这涉及中国人民银行、证监会、银监会、保监会等多个监管部门，绝非仅仅修订《证券法》所能解决。鉴于在金融分业经营和资本市场隔绝基础上构建的“一行三会”监管框架和既有监管机构间的联席会议机制已经无法适应我国金融综合经营和资本市场融通的发展趋势，我国及时改革了金融稳定的顶层设计。2017 年第五次全国金融工作会议决定设立全国金融稳定发展委员会。随后，国务院通过机构改革撤销银监会和保监会，组建银保监会，“一行三会”的监管框架被“一委一行二会”的监管框架取代，全新的“准双峰”监管体系初步形成。①

“一委一行二会”的监管框架呈现出我国金融监管理念开始由机构监管、分业监管转向功能监管、行为监管、全面监管，证监会的保留是基于资本市场直接融资的特殊性，银保监会的组建则贯彻了功能监管理念。随着我国金融综合经营趋势下商业银行和保险机构的间接融资趋同性越发明显，由银保监会统一实施银行和保险机构的行为监管，可以有效消除银行业与保险业交叉领域的监管重叠和空白，统一监管标准，防止监管套利。中国人民银行不仅增设了金融稳定发展委员会办公室，还接收了原银监会和保监会拟定银行保险业法律法规草案等监管职责，强化了中国人民银行的宏观审慎监管和牵头监管协调的职能。在上述监管框架的基础上，新设置的金融稳定发展委员会是统筹金融改革发展、强化监管机构沟通协调的议事机构，可以有效地统合平衡各监管机构间的目标冲突和行为偏差，消除监管盲区和空白，将金

① 范亚舟：《宏观审慎监管下我国金融监管机构改革及需进一步解决的问题》，载《武汉金融》2018 年第 7 期。

融监管视阈拓展至所有潜伏系统性风险的金融机构、金融市场、金融产品和金融业务，实现金融监管的全系统覆盖，从而更及时地监测、识别、预警金融体系中的系统性风险，更有效地防范系统性金融危机。

在上述监管改革的基础上，还应进一步完善金融协调机制，统合资本市场监管行为：一是及时修订立法将监管改革措施在法律层面固定，提升资本市场监管行为的预期性、权威性和实效性，通过监管的可预期、高权威、有实效来实现资本市场的监管由"必要"迈向"有效"。二是建立全国统一的金融监管信息平台，强化全系统监管信息的交流与共享，定期通报货币政策、税率政策以及各机构的监管政策制定和执行情况，例如，中国人民银行可以定期或在一定期限内将境内外的货币政策及其执行情况上传至信息平台，其他监管机构同样定期或在一定期限内将本部门及所涉及的境内外监管政策的相关情况上传至信息平台，信息平台可由金融稳定发展委员会负责维护，各监管机构负责所发布的监管信息的真实性、及时性和完整性，以此减少不同机构监管行为的矛盾与冲突。三是落实金融稳定发展委员会议事机制的监管协调功能，规范议事程序，各监管机构可就各自监管领域内的重大监管事项向金融稳定发展委员会办公室申请召开监管磋商会议，金融稳定发展委员会办公室可就金融系统内的重大监管事项主动召集监管磋商会议，并细化议事程序。最终通过构建监管目标、理念、行动三者高效协同的监管机制，实现防范系统性风险底线的目的和维持金融系统稳健安全的职责。

（三）改进资本市场的微观监管结构

资本市场的微观监管结构可以从纵向结构和横向结构两个维度来考察，前者关注的是监管权力的纵向配置问题，后者关注的是监管权力的横向配置问题。就纵向结构而言，"政府监管与自律监管各自的优劣决定了这两者之间在本质上是一种相互依赖与相互补充的辩证关系"，[①]有效的金融监管应在充分发挥政府监管和自律监管各自优势的基础上寻求二者的最佳契合点，以妥善界定二者的界限。随着我国资本市场由行政主导向市场化、法治化和国际化转变，市场监管者应及时调整监管的思维和方式，发挥市场的决定性

① 黎四奇：《对我国证券监管理念的批判与反思——一个监管者角色定位的问题》，载《经济法论丛》，中国方正出版社2009年版，第330页。

作用，契合市场发展规律，形成良性的"正金字塔"型监管结构。

虽然证监会在新一轮的金融监管改革中被保留，但其监管制度仍有不适应资本市场融通发展趋势之处，有必要进一步重构资本市场的监管纵向架构，做好监管改良的"加减法"。

一是强化证监会的监管职权。美国《1934 年证券交易法》授权证券交易委员会享有履行证券市场监管职责所需的行政（执法）、准立法和准司法权限，①赋予其强大的监管权以严厉惩治市场操纵等违规行为，如主导违法调查、发布调查报告、主导和解结案、责令操纵者上交非法获利、发布不得再犯令、中止交易权、开具巨额民事罚单、发布寻求法院支持的制裁（包括禁令、"吐回"令、撤销及冻结资产）等。② 日本立法则通过授予金融厅以具有准司法权性质的"民事制裁金制度"对市场操纵处以高额罚款，强化对市场操纵的监管。③ 相比之下，虽然我国《证券法》也授予证监会以准立法权、执法权和准司法权，④但当前，我国资本市场迅猛发展，相比单一的行政处罚机制，增加对操纵行为的民事管辖和罚单制度能起到更好的遏制效果，保护投资者利益。因此，需要进一步赋予证监会查处市场操纵等违法行为的监管工具，尤其要加强其监管独立性，使证监会成为专业、独立、权威的资本市场监管者。⑤

二是限制证监会的权限张力，将其定位为不仅专业而且专一的资本市场监管者，将有限的监管资源集中于市场操纵等市场失灵领域。要尊重并发挥交易所监管"排头兵"的优势，以其一线监管为基础，构建跨市场操纵的微观监管框架。通过修订《证券法》以及制定期货法，⑥一方面，改善交易所内部

---

① 祁斌：《美国金融监管改革法案：历程、内容、影响和借鉴》，载《金融发展评论》2010 年第 9 期。

② 参见马其家：《论新时期我国金融监管体制的调整——以我国证券市场行政监管权的重配与协调为视角》，载《政法论丛》2016 年第 6 期。

③ 李哲：《金融监管制度下的证券监管：发达国家的基本经验及启示》，载《社会主义研究》2013 年第 2 期。

④ 参见《证券法》第 169 条、第 170 条等条款规定以及《中国证券监督管理委员会冻结、查封办法》等。

⑤ 洪艳蓉：《金融监管治理：关于证券监管独立性的思考》，北京大学出版社 2017 年版，第 127 页。

⑥ 《期货和衍生品法》于 2022 年 8 月 1 日起施行。

的治理结构，扩大交易所会员大会的权力，由其产生理事会及总经理等高管人员，发挥监事会的监督作用，使交易所内设的权力机构、执行机构和监督机构形成职责分明、互相制约的有机整体。另一方面，赋予交易所更大的监管权，充分发挥其日常监管和一线监管优势：其一，在完善既有市场准入、保证金、清仓结算、价格限制、持仓限额、大户报告、强行平仓、信息披露等风险监管制度的基础上建立实时风险预警系统，监测关联市场中的异常交易行为。其二，赋予交易所制定的交易规则以法律效力。交易所制定的交易规则是否具有法律效力目前尚不明确，可在《证券法》或期货法中加入"处理证券（期货）案件，应当参照证券（期货）交易所的交易规则和实施细则"这一条款，将交易规则作为资本市场案件的执法和司法依据，以提升一线监管的权威性和有效性，同时设置交易所规则的合法性审查程序，并最终由证监会审查批准。其三，合理有效的监管体制架构应赋予行业协会以应有的监管权，充分发挥其传导和服务等监管优势，加强对会员的财务和业务监察以防止会员徇私舞弊或因资金不足而损害其他投资者权益，①以立法形式确认其制定行业规则、调解会员纠纷、实施惩戒措施的监管职权，建立行业协会与交易所间的信息监管协作机制，拓展自律监管的空间。

就横向结构而言，有效的横向监管协作机制为跨市场操纵监管所必须。在政府监管层面，除落实金融发展稳定委员会的统筹协调功效外，为加强股票期现市场间的联动监管，可以借鉴美国商品期货交易委员会的经验，②在证监会之下设置"证券—期货"专业咨询委员作为常设的跨市场监管协调机构，吸纳监管机关、金融机构、交易所、行业协会以及相关实体企业协会代表参加，开展实质性会晤交流，广泛收集各方信息，防范和化解跨市场操纵风险。在自律监管层面，完善"1+3"监管协作协议框架：一是在证监会之下设立负责金融衍生品跨市场交易监管的专门机构，由其代表证监会监督协作协议的执行，提升协议的权威性；二是细化协议中各参与方的具体分工，制定具体明确的实施细则，加强协议的可操作性；三是通过立法技术在法律层面确

① 参见刘志超主编：《境外期货交易》，中国财政经济出版社 2005 年版，第 256 页。

② 胡光志、张美玲：《我国期货市场操纵立法之完善——基于英美的经验》，载《法学》2016 年第 1 期。

定协议的法律效力,厘定协作职责,明确法律责任,强化协作协议的可预期性。同时,在现有“1＋3”监管协作框架的基础上整合、对接沪深证券交易所与中国金融期货交易所的市场交易监测系统,构建跨市场交易监测系统,通过对监管对象的“普查”,持续监测跨市场交易者的股票账户交易信息和期指合约持仓信息,及时掌握疑似操纵的异常交易行为。通过对股票交易的“倒查”,监测沪深300等标的指数权重股的交易信息,追踪异常交易账户,以实时监测跨市场交易行为。深圳证券交易所与中国金融期货交易所应签订《跨市场监管信息交换备忘录》,建立常规信息交换和定向信息交换机制,借此,深圳证券交易所可在交易日后及时跟踪投资者的期指交易和持仓信息,掌握投资者在期指市场的违规违约行为,查询可疑投资者在特定时间段内期指合约的委托明细、委托汇总、成交明细、成交汇总、持仓明细等关键数据,据此评估排查跨市场操纵的可能性,以敦促深圳证券交易所和中国金融期货交易所的跨市场交易与预先上报的交易策略一致,从而有效规范和约束跨市场交易行为。

(四)推进资本市场跨境监管协作机制

金融全球一体化趋势和资本市场跨境关联机制增强了监管“超视距”因素对特定资本市场的溢出效应,加剧了监管地域化与资本市场国际一体化融通间的冲突,特定资本市场的价格波动风险沿跨境交易渠道在全球范围内蔓延、汇聚,最终衍生为系统性风险。在跨境监管协作机制有待完善的情况下,单一国家的单边监管既无力也无意监测、识别和化解跨境系统性金融风险,加剧了单边监管政策的不确定性对全球金融秩序的破坏。2008年金融危机使国际社会深刻认识到统一监管标准、促进信息共享等跨境金融监管协作机制的重要性,促使国际社会呼吁建立和完善国际资本市场监管协作机制,以增强跨境监管的可行性和有效性。

随着资本市场国际一体化融通进程的加速,境外金融机构和国际游资凭借其在全球金融市场多年积累的优势,利用新兴国家资本市场法律制度的不完善,伺机实施跨境操纵行为,在全球资本市场掠取财富。面对跨境操纵“声东击西”的复杂性和隐蔽性,单一国家(地区)的监管机构往往有心无力。为捍卫本国资本市场秩序,维护金融体系安全,新兴国家更迫切需要国际监管协作机制,在双边和多边两个层面展开国际资本市场监管协作。

就双边合作机制而言，有以下三种做法：

一是加入跨境自律监管组织。为实现跨市场信息共享，美国规模最大的几家证券交易所于1983年成立跨市场监管组织（ISG）。随着资本市场融合程度加深，该组织于1990年被纳入期货交易所及境外证券交易组织以扩大信息共享范围，逐渐成为跨境证券、期货及金融衍生品市场的信息共享组织，成员涵盖北美、欧洲、亚洲等地的主要资本市场。跨市场监管组织通过信息共享来协调跨境资本市场的有效监管，其主要内容便是约定各会员在监测、识别、追查以及处置跨境市场操纵行为时，涉及的会员应予以配合，并定期召开监管研讨会以帮助会员有效履行其跨境监管职责。

二是签署双边司法互助协定（Mutual Legal Assistance Treaties，MLATS）。双边司法互助协定是各国为有效制裁国际犯罪而通过外交途径签订的具有法律效力的双边协议，内容包括司法协助的种类、请求司法协助的条件和方法、已调取信息的使用范围以及拒绝请求的情形等，以便于缔约国法律在境外适用时获得境外协助，有利于打击跨境证券违法犯罪行为。[①] 但当前通过双边司法互助协定渠道监管跨市场操纵行为尚存在缺陷。如协定因并非专为跨境资本市场监管协作制定，条款概括笼统，对跨境市场操纵案件的针对性和有效性有限，外交途径和议会批准程序的繁琐增加了协议的执行成本，而且由于协定仅适用于刑事司法领域，难以请求未将市场操纵犯罪化的国家协助调查取证。

三是建立跨境监管协作机制。为打破跨境资本市场的监管壁垒，各国监管机构通过签订双边谅解备忘录（Memorandum of Understanding，MOU）以推进跨境监管协作，美国证券交易委员会是最早通过与其他国家监管机构签订谅解备忘录、建立跨境监管协作机制的监管机构，其完善了相关法律制度的构建。[②] 在此基础上，欧洲与美国资本市场监管机构之间密切合作，协同监管目标，协调各自的监管规则。目前，国际证监会组织会员中有90余个国家（地区）资本市场监管机构签订了1000余份双边谅解备忘录，在信息分享、跨

---

① 上海期货交易所"美国期货市场监管研究"课题组：《美国期货市场跨境监管实践及启示》，载《期货日报》2013年6月3日，第4版。

② 邢精平：《跨市场操纵模式与监管》，科学出版社2015年版，第236页。

境执法协助和打击资本市场违法犯罪等方面进行了有效的合作。①

在多边合作机制层面,国际证监会组织于1993年发布了《关于现货市场与期货市场的监管协调方案》,指出当市场处于混乱状态时,股票和股票类衍生品监管机构间应及时进行沟通,确保能够对相关市场实施有效监管。该方案还特别强调各国(地区)监管机构应意识到全球股票类衍生品市场的关联性,应尽快进行国际协调与磋商,以预防大幅的、快速的价格波动。② 近年来,基于资本市场国际化进程与不同国家(地区)监管法律地域化的矛盾所导致的监管法律冲突问题已成为跨境监管面临的主要问题,迫切需要各国监管机构通过国际组织来协调解决。2002年5月,国际证监会组织借鉴双边谅解备忘录在证券监管合作与协调中的积极作用,创立多边谅解备忘录(Multilateral Memorandum of Understanding,MMOU)机制,推动证券监管的多边合作与协调,帮助各监管机构应对金融市场一体化进程,在全球范围内对证券期货市场实施有效监管。③ 在国际证监会组织的大力推动下,多边谅解备忘录现已成为各国(地区)预防、发现及处置跨境市场操纵的监管合作与协调的有效方式。

构建跨境联合监管协作机制除了完善常规条件下的监管信息共享、联合调查、协助取证等基本协作制度外,还要特别建立针对市场异常交易情况下的危机应对机制,各国(地区)监管机构通过跨境监管协调机制,可以防止内生于一国(地区)的市场风险通过跨境关联渠道蔓延至其他国家(地区)的金融市场,最终演化成全球金融危机。跨境危机应对机制至少应包括以下方面:一是危机监测预警机制,即在跨境监管信息共享机制的基础上通过联合监测,将当前市场潜在的风险事件一一列举并加以识别,针对其可能酿成的危机后果协商制定相应的危机应急预案;二是危机应急预案协调机制,即在总结历史经验和专家分析的基础上,协调制定不同条件下的应急管理预案,在危机爆发后的时间压力下,尽量确保应对措施的统一性和有效性;三是各

① 石启龙:《跨市场操纵:生成、模式与法律监管》,东北大学出版社2017年版,第323页。

② IOSCO, *A Resolution on Coordination between Cash and Derivative Markets*, Technical Committee of the International Organization of Securities Commissions Report, 1993.

③ 上海期货交易所"美国期货市场监管研究"课题组:《美国期货市场跨境监管实践及启示》,载《期货日报》2013年6月3日,第4版。

国(地区)监管机构在危机爆发后的协商机制;四是危机后的调查评估机制,由相关国家(地区)监管机构对危机实施全面调查,分析应对措施的效果和检查原定危机应对预案的疏漏。[①]

四、跨市场操纵防御性风险监管法律制度的设计

金融与风险相伴,风险需要监管防范,而监管以信息为基础,信息不对称是金融监管中的永恒困境,故而需要借助注册、报告、登记、追踪等信息收集工具来弥补监管中的信息鸿沟,"信息收集工具通过某一机制使信息从信息优势方向信息劣势方流动"。[②] 就跨市场操纵而言,其所蕴含的系统性金融风险需要引入宏观审慎监管制度予以防范治理,而宏观审慎监管制度必须在相应的信息监管支持下方能展开。然而系统性风险的模糊性决定了宏观审慎监管权的行使具有不确定性,因而必须将其纳入法治治理框架,在防范金融风险、维护市场秩序的同时也不能忽视保障市场主体的权利。投资者是资本市场活力的源泉,若是以牺牲投资者权利为代价来治理跨市场操纵行为,无异于舍本逐末、南辕北辙,实不可取。因此,跨市场操纵的信息监管制度应在平衡风险防范和投资者权利保障的基础上合理界定监管权的界限。滥用市场优势控制价格波动的市场操纵实质界定为限定跨市场操纵的信息监管范围提供了一种可行路径,借此可以将监管力量集中于实施跨市场操纵所必须具备的前提条件上,不仅可提升监管的有效性,更能实现监管的正当性。

(一)设置差异性的资本市场合格投资者制度

合格投资者概念最初源于美国证券法中基于一系列判例而形成的"特许投资者"(accredited investors)概念,本意是指通过资金实力等标准衡量投资者的风险承担和自我保护能力,从而免于适用证券法提供额外监管或保护的必要。合格投资者不同于投资者适当性,后者是针对金融中介的行为规范,[③]要求金融产品销售者以"了解客户、了解产品、适当性销售"为维度构建

---

① 石启龙:《跨市场操纵:生成、模式与法律监管》,东北大学出版社 2017 年版,第 323 页。

② 邢会强:《信息不对称的法律规制——民商法与经济法的视角》,载《法制与社会发展》2013 年第 2 期。

③ 邢会强:《新三板市场的合格投资者制度及相关制度改革》,载《环球法律评论》2018 年第 6 期。

较为完善的投资者适当性制度,[①]以在客户与产品之间合理匹配风险,也就是所谓的"卖者有责"原则。合格投资者实质上是一种市场准入制度,跨市场操纵的信息监管可以通过合格投资者制度限定信息收集的对象和范围。

当前,我国形成了以中小投资者为主的投资者结构,大多数投资者专业知识有限,投资经验相对不足,投资理念较为落后。虽然近年来机构投资者的比例有较大提升,但机构投资者的现代治理制度仍有不足,风险内控意识和制度仍不完备,致使市场的自我约束力量较弱,投机氛围比较明显。这些因素为市场操纵的实施提供了"温床",具有资金、持股、持仓、信息、技术等市场优势的投资者易于滥用优势,实施跨市场操纵,诱发跨市场系统性风险,危及金融系统的稳定和安全。

对此,应引入蕴含风险管理理念的合格投资者概念,根据不同资本市场操纵行为的风险维度,设置差异性的多元合格投资者制度体系。具体而言,虽然股票等基础资产所具有的虚拟性为市场操纵提供了实施基础,但相比金融衍生品,股票等基础资产的虚拟性相对有限,决定了股市操纵行为所造成的价格波动风险具有一定的有限性,而且随着社会经济发展,股票等基础资产商品逐渐变为大众投资的选择,尤其在当前"金融社会化"和"社会金融化"的推动下,股票等基础资产商品越发显现出"普惠性",故而股票市场的开放性和民主性受到越来越多的关注,对基础资产的投资权甚至会成为新一代公民基本权利的内容。在这种情况下,股票等基础资产市场的合格投资者制度不宜做出特别限定,除法律特别禁止外,具有民事行为能力的公民和组织均可进入市场交易,投资者只接受一般注册等常规信息监管即可。

对期指等金融衍生产品而言,其复杂的结构会产生严重的信息不对称问题,在基础资产基础上的"双重虚拟性"放大了操纵行为的价格波动幅度和风险,而其所具有的跨行业、跨机构、跨市场属性更是使价格波动风险显现出系统性影响。此外,期指等金融衍生品市场低成本、高杠杆、强流动的特质极易被市场优势投资者滥用,成为操纵行为的"放大器"和"加速器",成倍放大操纵效果,诱发跨市场的系统性金融风险。而期指市场风险对冲、优化配置

---

① 徐阳等:《法律视角下投资者适当性研究——国外经验及借鉴》,载《金融理论与实践》2018 年第 2 期。

等基本功能的实现依赖于市场价格机制以及公平有序的自由竞争机制，故而期指等金融衍生品市场有必要借助合格投资者制度，设置一定的市场准入门槛，通过设置资金规模、投资经验等标准选择具有相当风险承担能力、能够理性运营和审慎决策的投资者入市交易，在遏制市场操纵可能性的同时，将信息监管视阈聚焦于市场优势投资者，对其提出更高的信息监管要求和标准。

在金融综合经营和资本市场融通的趋势下，借助股票期现市场间的跨市场价格关联机制实施跨市场操纵成为新动向，所造成的价格波动风险沿跨市场关联渠道蔓延，显现出系统性特质，这理应成为监管重点。跨市场操纵是跨市场交易的异化，遏制跨市场操纵的系统性风险首先应从规范跨市场交易开始。可以通过跨市场交易合格投资者制度设置必要的市场准入门槛，将跨市场交易的主体限定于具有较强资金实力、丰富的跨市场交易经验、掌握先进交易技术、能够理性运营和审慎决策的投资者，确保跨市场交易的稳健有序，防控系统性风险的生成。同时，应当认识到被允许实施跨市场交易的是具有资金、持股（持仓）、信息、技术等市场优势的投资者，具备实施跨市场操纵的相应条件，因此，被允许跨市场交易的投资者要接受更为严格的信息监管，其向监管层提交的跨市场交易信息应范围更大、频率更高、要求更严，甚至要接受全方位的交易信息监测。此外，为应对资本市场跨境融通趋势，还应设置更为严格的、具有可操作性的跨境资本市场合格投资者制度。

总之，要根据市场操纵行为价格波动风险在股票等基础资产市场、期指衍生品市场、跨市场交易领域和跨境交易领域等不同空间的系统性程度差异，遵循比例原则，设置干预强度不同的合格投资者制度，从源头遏制具有资金、持股、持仓、信息等市场优势的投资者滥用优势实施跨市场操纵，同时降低监管成本，提升监管效率，确保监管的公正性和有效性。

（二）完善资本市场投资者分类监管制度

在差异性合格市场投资者制度的基础上，还应进一步完善投资者分类监管制度，将监管对市场的干预控制在必要的范围内，并确保有限的监管资源被最优化配置。我国资本市场随着融通的进程而不断提升市场的广度、深度和弹性，同时，我国沪深 300、上证 50、中证 500 等期指合约的标的指数均具有一定的抗操纵性，如沪深 300 指数样本股的流通市值占总市值六成以上，且各股权重分配较为平均，上证 50 指数样本股为高市值的大盘蓝筹股，中证

500虽然指数样本股为中小股,但总体市值较大。资本市场的深度发展以及期指合约标的指数的抗操纵性设计为跨市场操纵设置了相当高的实施门槛,只有具有相当资金、持股(仓)、信息、技术等市场优势的投资者才具备实施操纵行为的可能,且市场优势程度与实施可能成正比关系,这就为跨市场操纵的信息监管提供了新思路。

美国早在1988年便出台了专门指令要求监管程序化交易账户,纽约证券交易所在此前P(本金)、PR(自营)、A(代理)三类账户的基础上进一步细分出D(会员指数套利)、C(会员其他自动交易)、J(个人指数套利)、K(个人自动交易)、U(其他机构指数套利)、Y(其他机构自动交易)等6类账户,在账户分类管理的基础上要求会员详细报告各账户的交易明细。[①] 我们可以借鉴美国的交易账户分类监管的思维,根据投资者市场优势的有无及程度,建立投资者分类监管制度,将具有明显市场优势的证券公司、合格境外投资者、私募基金等机构投资者和资金规模巨大且投机交易频繁的大户投资者列为重点监管对象。

证券公司在自营业务中投资期指市场的额度受到净资本限制,但随着近几年来基金理财业务的急剧发展,证券公司资本金、受托理财资金的规模迅速壮大,参与期指市场交易的规模也不断扩大。对此,中国金融期货交易所先要根据资金规模、自营业务经验、机构规模等指标将证券公司归类分等,并设置不同的信息监管标准,匹配以不同等级的监管要求和监管资源,重点监测最高等级的证券公司的自营账户、委托理财账户和集合理财产品账户,要求其实时上报跨市场交易和持股(仓)情况,尤其是在期指合约到期日前,通过监控沪深300等指数权重股交易情况追踪交易异常的证券营业部,在必要时可以要求其报告具体的跨市场交易信息。

合格境外投资者引入境内资本市场的境外资金逐年扩大,累计规模已达数千亿元人民币,且市场交易频繁。合格境外投资者具有丰富的市场投资经验,更为纯粹的逐利目标,且早有实施跨市场操纵的不良记录。[②] 目前,虽然

---

① 陈斌彬、张晓凌:《股指期货和股票现货跨市场交易监管研究》,厦门大学出版社2015年版,第77页。

② 2013年国内市场在新加坡富时A50股指期货到期日出现的交易异常便被怀疑与合格境外投资者有关。

合格境外投资者被允许参与期指市场的交易额度有限，但随着合格境外投资者投资额度的逐步增大，市场优势越发明显，实施跨市场操纵的可能性也随之增加。对此，应在期指等衍生品市场发展初期严控境外投资机构的市场准入审批，限制其交易规模和用途，重点检测、分析、评估其交易行为。同时，根据资金规模、机构规模、跨境市场关联度等指标将其分等归类，并设置不同的信息监管要求，匹配以不同等级的监管标准和监管资源，重点监测最高等级的合格境外投资者交易账户，一是检测、分析、评估其跨市场交易行为；二是针对其异常交易行为实施约谈、警示、限制交易等措施，防范其实施跨市场操纵行为；三是扩大跨境监管视域，关注合格境外投资者在境外关联市场的交易信息，防止其通过新加坡富时 A50 等境外期指产品跨境操纵我国资本市场。

随着我国资本市场的发展，私募基金、投资公司等专业投资机构的规模不断扩大，数量也持续增加，交易技术不断进步，市场影响力持续提升，市场优势已然显露。加之其投资风格越发激进，投资方向变动不定，交易操作更为自由，交易账户关联隐蔽，在资本逐利的激励下实施操纵的可能性不断提升，并在近几年愈演愈烈，[①]动用资金规模逐年扩大，已达上百亿元的规模。对此，也应根据专业投资机构的资金规模、市场经验、投资记录以及持股(仓)时间等标准归类分等，设置不同的信息监管要求，匹配以不同等级的监管标准和监管资源，重点监测最高等级投资机构的交易账户。具体而言，一是应在区分专业投资者和非专业投资者的基础上设置交易检测、风险提示、情况说明、盘中干预等差异性监管规则，在降低监管成本的同时提升监管效率；二是重点加强临近期指合约到期结算日期间股票期现市场的交易监测，要求交易账户异常的机构投资者提交信息披露报告并解释其异常交易行为，必要时可以直接实施中止交易、强制平仓等干预措施。

(三)改进跨市场大额交易登记制度

登记是有效的信息监管方式，同时也是成本较高的监管方式，因此有必要限制交易登记的范围，将监管资源和力量集中于对市场价格冲击力较大的大额交易上。美国资本市场于 2010 年 5 月 6 日爆发的“闪电崩盘”事件促使

---

① 如“鲜某操纵案”“徐某操纵案”等。

美国证券交易委员会实施大型交易商报告(large trader reporting)制度,规定达到一定标准的交易商需要向美国证券交易委员会报告交易数据,以便监管机构掌握市场最主要参与者的信息。① 借鉴美国经验,防范跨市场操纵所蕴含的系统性金融风险,可以考虑在既有的证券一体化集中登记存管模式的基础上设置跨市场大额交易登记制度。② 一是从源头防范在跨市场交易中实施操纵行为的可能,统合资本市场中的信息披露制度、信息查询制度和交易登记制度为三位一体的跨市场交易登记制度;二是为确保跨市场交易登记的中立、专业和有责,设置相对独立的专门登记机构负责跨市场交易登记工作,同时为降低制度运行成本,可考虑在中国证券登记结算有限责任公司下设置金融期货交易登记分公司承担登记职责;三是为平衡交易效率和市场安全,应谨慎确定跨市场登记内容,根据跨市场交易主体市场优势的有无、程度以及交易规模,差别确定登记内容,但登记内容至少应当涵盖跨市场交易者、交易金额、相关市场持股或持仓量等基本信息;四是区分直接持有模式与间接持有模式的登记规则,并对间接持有模式实施强制登记制度,要求期指结算会员必须在中国证券登记结算有限责任公司备案,这既是交易者查询的基础,也是确保结算担保交收责任制度实现的保障。

在现代技术支持下,机构投资者的跨市场交易基本以程序化交易方式实施,故而域外市场将程序化交易账户监管视为最基本的跨市场交易监管措施。同时,高频交易技术方兴未艾,光大证券"8 · 16 乌龙指"事件已充分显露出高频程序交易的巨大威力,传统的盘中延迟、终止交易等监管措施逐渐丧失功能。为防范机构投资者滥用市场优势,借助高频程序化交易实施跨市场操纵,③应顺应时变,发挥交易所一线监管优势来制定专门的程序化交易账户监管制度:一是要明确界定程序化交易(program trading)概念。美国于

---

① "大型交易商"的标准是:在任何交易日内的交易量达到或超过 200 万股或 2000 万美元市值的交易者,或者在任何一个月度内的交易量达到或超过 2000 万股或 2 亿美元市场的交易者。参见邢会强:《证券期货市场高频交易的法律监管框架研究》,载《中国法学》2016 年第 5 期。

② 《证券法》第 145 条规定,证券登记结算机构为证券交易提供集中登记、存管与结算服务,不以营利为目的的法人;第 148 条规定,证券登记结算采取全国集中统一的运营方式;第 149 条规定,证券登记结算机构章程、业务规则应当依法制定,并经国务院证券监督管理机构批准。

③ 马其家、王淼:《美国不公平高频交易监管及对证券法修改的启示》,载《证券市场导报》2018 年第 8 期。

1988年便出台专门指令要求监管程序化交易账户，纽约证券交易所和芝加哥商业交易所分别定义了程序化交易概念以确定监管的对象和范围，以监管的有限性来确保监管的有效性。为了更好地适应金融综合经营和资本市场融通的趋势，我国监管机构力求定义适用于整个资本市场的程序化交易概念，即“通过既定程序或特定软件，自动生成或执行交易的交易行为和技术”①。二是通过监管程序化账户，收集、检测、研判跨市场程序化交易信息，提升对跨市场操纵的识别、评估，有针对性地设置诸如信息报告、价格限制等监管制度，实现对高频程序交易账户的持续性监管。此外，可通过完善程序化交易备案制度、②开设机构投资者程序化交易专用编码等具体监管措施来提高监管的有效性。

---

① 证监会发布的《证券期货市场程序化交易管理办法（征求意见稿）》（2015年10月）第2条规定。

② 依照《中国金融期货交易所交易细则》相关规定，会员、客户使用或者会员向客户提供可以通过计算机程序实现自动批量下单或者快速下单等功能的交易软件的，会员应当事先报中国金融期货交易所备案。据此规定，中国金融期货交易所认为只要是借助计算机程序实施的自动批量下单或者快速下单的交易即属于程序化交易，并由中国金融期货交易所对程序化交易实施备案管理。

第七章　股票期现跨市场操纵行为监管法律制度的完善

现代社会利益诉求的多元化决定了跨市场操纵监管的目标是包括保护投资者利益、维护市场公平交易秩序和防范系统性风险的复合存在，而且这些目标“不是定居在一个全然和谐的价值天堂，而是出于人的世界，也因此是有限而暂时的”。[①] 复合目标因有限合理性的冲突而造成的不确定性使其难以成为行为合法性的直接评价标准。比较而言，行为规范更具确定性，因为“它指引的行动与行动的后果有更高程度的可计算性，而行动本身所追求与达到的目标却是不确定的”。[②] 基于此，传统理论认为，法律之治就是规范之治，应先在立法层面将经验总结的有效（正外部性）或无效（负外部性）行为抽象为行为规范作为行为合法性的评价标准，并分别赋予激励或惩戒的后果，再在法律适用层面以行为规范评价现实行为合法与否，通过施加相应的激励或惩戒

---

① ［德］考夫曼：《法律哲学》，刘幸义等译，法律出版社2004年版，第280页。

② ［德］马克斯·韦伯：《论经济与社会中的法律》，张乃根译，中国大百科全书出版社1998年版，第225页。

后果以惩恶(遏制无效行为)扬善(激励有效行为),最终实现法律对社会的控制。[①] 就跨市场操纵监管而言,系统性金融风险以及相应的宏观审慎监管概念的模糊性放大了目标监管的不确定性,隐含着监管权腐败与滥用的法治危机,故而在引入宏观审慎监管以事前防范系统性风险的同时,对跨市场操纵的事后惩治要借助稳定和确定的行为规范实施,确保监管权"有所为,有所不为"的内在应然有限性转化为"法无规定不可为"的外在实然合法性,以实现市场的决定地位和监管的辅助功能。

一、域外立法规制跨市场操纵的样本梳理

英美等国曾长期以法院个案审理的方式来治理市场操纵行为,但20世纪初的严重金融危机迫使政府提前介入金融市场以防范系统性金融风险,确立了"分业经营、分业监管"的金融分业体制。为防范资本市场的系统性风险,通过市场分割立法体系将资本市场分而治之,市场因外力干预阻断而形成的隔绝结构将市场操纵行为及其风险限定于单一市场内,由此形成了市场操纵监管法律制度的单市场视阈和微观治理思维。直至20世纪70年代后,日趋激烈的金融全球化竞争迫使各国逐渐放松监管,金融衍生品逐渐兴起,金融综合经营趋势明显,逐渐与市场分割的监管立法体系冲突,特别是金融衍生品的出现以及金融综合经营实践所形成的跨市场价格关联机制催生了跨市场操纵的新动向,极大地冲击了基于传统单市场操纵认知所设置的市场操纵禁止规范,促使各国(地区)纷纷提出各自的立法应对方案。

(一)设置专门的跨市场操纵禁止规范

就理论而言,跨市场操纵与单市场操纵是在不同的资本市场结构下,借助不同的市场价格机制实施的市场操纵具体形态,故而在传统的单市场操纵禁止规范外另设专门的跨市场操纵禁止规范似乎是合乎逻辑的立法选择,其典型代表为韩国。为顺应国内金融衍生品市场的兴起和资本市场融通的趋势,韩国于2007年统合《证券交易法》《期货交易法》《证券期货交易所法》等六部资本市场立法,制定《金融投资服务与资本市场法》,统一规制

---

① 石启龙:《危机处置中即时强制的法治化路径》,载《中共天津市委党校学报》2015年第2期。

证券、期货、金融衍生品等资本市场的交易行为,并于2008年金融危机爆发后以修正案的方式增设了第176条第4款"关联操纵"禁止条款。[1] 该条款规定:"无论何人,从事上市证券或者场内衍生商品的买卖,不得行使下列行为:(一)在场内衍生商品的买卖中,以获取不当利益或者使第三人获取不当利益为目的,实施变动或者固定该场内衍生商品的基础资产的市场价格的行为;(二)在场内衍生商品基础资产的买卖中,以获取不当利益或者使第三人获取不当利益为目的,实施变动或者固定该场内衍生商品市场价格的行为;(三)在证券买卖中,以获取不当利益或者使第三人获取不当利益为目的,实施总统令规定的变动或者固定与该证券相关的证券市场价格的行为。"

该条款规定了在上市证券或场内衍生品交易中,禁止以获取不当利益或使第三人获得不当利益为目的实施下列行为:一是在场内衍生品交易过程中控制该衍生品的基础资产的价格波动;二是在场内衍生品的基础资产交易过程中控制该场内衍生品的价格波动;三是在上市证券交易过程中控制与该证券相关的其他证券的价格波动。上述第三种操纵类型针对的是借助证券市场内不同证券基于板块或行业关联形成的市场内价格关联机制实施的关联操纵,仍属于单市场操纵范畴。而前两种操纵类型针对的是基于衍生品与其基础资产市场间的跨市场价格关联机制实施的跨市场操纵。由此可概括出跨市场操纵两种最基本的实施途径:一是通过控制基础资产的价格波动,间接影响其衍生品的价格涨跌,最终在衍生品市场获利;二是通过控制衍生品价格波动,间接影响其基础资产的价格涨跌,最终在基础资产市场获利。

(二)统合市场操纵禁止规范

具有安全优势的"分业经营,分市场立法,分别监管"的金融分业体制曾长期被各国视为典范而借鉴,但随着金融综合经营时代的到来,市场分割立法体系越发难以适应资本(金融)市场的融通趋势,促使部分国家(地区)选择更为彻底的改革路径,制定统合性的《金融服务法》或《金融商品交易法》等顺应乃至助力资本(金融)市场的一体化融通进程,统一治理资本(金

---

① 《韩国资本市场法》,董新义译,知识产权出版社2011年版,第152~153页。

融)市场中的操纵行为。

英国最早通过判例确定了“自由而开放的公众市场”原则,[①]认为当市场操纵破坏了自由开放的市场时国家便有权介入干预,[②]由此开启了以个案审理来治理市场操纵的普通法时代。然而近代以来,资本市场的民主进程不断强化市场的公共性和溢出效应,放大市场操纵的危害性,促使英国转向了成文法,最终在金融综合经营和资本市场融通趋势的推动下选择了市场统合立法模式。英国《2000 年金融服务与市场法》设置了“行为有虚假或是使人误导假象”和“行为将扭曲投资商品市场”两大操纵禁止规范,涵盖交易型操纵和信息型操纵,适用于所有金融市场。为增强操纵禁止规范的适用性,英国于 2005 年制定了《市场滥用规则》,在第 2 条“一般释义”中规定了更为具体的操纵行为类型:一是真实交易操纵,即交易或交易指令可能给供求或金融工具价格带来虚假或误导性信号,或一人或多人联合使金融工具价格出现异常或人为水平;二是虚假交易操纵,即采用虚假手段或其他欺骗形式进行交易或发出交易指令;三是信息操纵,即通过媒体传播信息(谣言、虚假或误导性新闻)给金融工具带来虚假或误导性信号,而行为人知道或应该知道这些信息是虚假或误导性的。[③] 此外,《市场滥用规则》还设置了市场操纵的兜底条款,规定交易行为虽然不构成前述各款规定,但行为会或很可能会使市场的正常投资者在供需、价格或价值上产生误解,或行为被市场理性投资者认为或很可能被认为是扭曲或很可能扭曲市场特定商品的价格,且该行为很可能被市场理性投资者认为是违反了“合理被期待的市场行为标准”,以上情形同样会被认为构成市场操纵。[④]

欧盟于 2003 年制定了《市场失灵指令》,设置了基于信息的操纵、基于

---

① Rex v. De Berenger 案,英法战争期间,普鲁士人德·贝朗热于 1814 年谣传拿破仑死亡的消息,造成伦敦证券市场股价暴涨,其借机高位卖出所持有的股票,获取巨额收益,随后其操纵行为被揭发,致使伦敦市场股价大跌,相关判例还有 1876 年的 Regina v. Aspinall 案以及 1892 年的 Scott v. Brown 案。

② 马江河:《美国证券市场操纵认定标准研究》,载《证券市场导报》2005 年第 8 期。

③ 即主观方面要求以故意操纵市场价格为目的,若无此意图则只能认定为虚假陈述行为。参见陈岱松:《证券市场国际监管评析》,载《法学杂志》2006 年第 2 期。

④ 万先运、徐冉:《英国规制市场操纵的新发展》,载《求索》2010 年第 5 期。

行为的操纵和基于交易的操纵等操纵禁止规范框架。[①] 面对跨市场操纵的挑战，欧盟并未设置专门的跨市场操纵禁止条款，而是通过《市场滥用指令实施守则》将跨市场操纵界定为“在一个市场交易，目的在于不当影响另一市场相同或相关金融工具价格”。[②] 为应对市场操纵越发复杂隐蔽的趋势，降低执法成本，《市场失灵指令》一是不要求行为人具备“诱使他人交易”或“控制金融商品价格”等操纵意图；二是设置差异性的构成要件，对于违法性明显的操纵行为，如涵盖洗售（wash sale）和对敲（matched orders）在内的“使用虚假手段，或其他欺骗手段或阴谋的交易或委托”，以及“散布虚假信息，通过媒体或以其他方式散布那些给出或者可能给出关于金融工具虚假或误导性征兆的信息，散布谣言以及虚假或误导性的消息”的虚假信息操纵，[③]设置明确具体的构成要件以便于监管机关的认定。对于行为违法性判定复杂的真实交易操纵，《市场失灵指令》并未确定细致具体的构成要件，而是规定了一般情况下交易操纵具有的7种征兆，例如，相关交易或委托在日交易量中所占的比重；具有显著头寸的个人实施的交易或委托对价格的影响、金融工具受益权的变化；短时期内投资者头寸发生逆转的程度；集中在短时间内完成并导致市场价格随后发生反转变化的程度；对委托簿的改变程度，包括撤单的行为、在某个特定时间或某个特定时间附近，交易或委托导致价格变化的程度；等等。《市场失灵指令》同时强调征兆不可穷尽，[④]其开放式结构相当于兜底条款，以便规范能够涵射未来出现的操纵类型。

日本最初效仿美国制定了《证券交易法》和《期货交易法》，分别用以治理证券市场和期货市场。但随后的金融综合经营和资本市场融通趋势促使日本以“应对金融资本市场的国际化之目的”，[⑤]于2006年制定了《金融商品交易法》，统摄证券、期货和金融衍生品市场。就市场操纵而言，《金融商品交易法》规定了包括伪作买卖（洗售）和通谋买卖（对敲）的“藉虚伪买卖

---

① 刘凤元等：《现货市场与衍生品市场跨市监管研究》，载《证券市场导报》2007年第16期。

② 钟维：《跨市场操纵的行为模式与法律规制》，载《法学家》2018年第3期。

③ 唐洪敏：《欧盟关于市场操纵的定义及其特点》，载《证券市场导报》2005年第8期。

④ 李明良、陈洁：《证券市场操纵行为法律规制之国际比较研究——以民事法律责任为重点》，载《证券法苑》2009年第1期。

⑤ 庄玉友：《日本金融商品交易法信息披露制度研究》，人民出版社2010年版，第17页。

所为之操纵”、实质转移商品所有权的“藉实际买卖所为之操纵”以及包括散布操纵传言和虚假信息操纵的“藉不实表示所为之操纵”等操纵类型。为了降低法律适用成本,《金融商品交易法》同样设置了差异性的构成要件。如藉实际买卖所为之操纵要求具备以使其他投资者对金融商品交易活跃或交易行情将有变动的误解为目的而进行委托或受托或买卖行为,或者进行违反政令的连续买卖行为。而连续交易、不合法的安定操作、股份回购操纵等则要求产生“造成商品价格变动”的结果要件以补充表征行为的操纵性。对于“藉虚伪买卖所为之操纵”和“藉不实表示所为之操纵”,只需实施了不实质转移商品所有权的伪作买卖或通谋买卖行为,或实施了散布操纵传言,或故意就重大事项作虚伪或使他人产生误解的表示行为即可,行为自身的“虚假性”已足以证成行为的操纵性和违法性,因而不必再要求具备“造成商品价格变动”的结果要件。同时,虽然主观上要求操纵者具有“使他人对关于该有价证券等交易状况发生误解之目的”“引诱他人从事有价证券交易市场上之有价证券等买卖”及“诱使他人从事证券交易之目的”等主观要件,但为应对越发复杂的新型操纵行为,主观要件可以通过行为推定来证明,除非行为人能够证明其行为另具其他合法目的。

(三)改进市场分割的操纵禁止规范

“证券立法历来是市场危机的产物”,[①]美国曾长期通过法院个案审理来治理市场操纵行为,但 1929 年金融危机促使美国认识到传统的普通法模式已无力应对现代资本市场日益显现的风险溢出效应,故而转向以成文法模式来加强对资本市场的干预,[②]确立了“分业经营,分市场立法,分别监管”的金融分业体制。

在证券市场,《1934 年证券交易法》设置了第 9 条 a 款“价格操纵条款”和第 10 条 b 款“欺诈操纵条款”来治理市场操纵。其中,价格操纵条款规

---

① Steve Thel, *The Original Conception of Section* 10(*b*) *of The Securities Exchange Act*, Stanford Law Review, 1990(1):385 – 464.

② 《1934 年证券交易法》第 2 条第 4 款直接确定了市场操纵与 1929 年股市危机以及随后“大萧条”之间的关联性,该款规定:“这场导致广泛失业、贸易、运输、工业上的混乱,使得州际商业背负沉重的负担、人民福利受到损害的全国范围的危机,被操纵市场行为、股价突然且无理由的波动,以及市场中的过分投机行为所加速、加强、和延长。”

定了“交易型操纵”和“信息型操纵”两大行为类型，交易型操纵包括洗售、对敲等虚假交易操纵，[①]以及作为真实交易操纵兜底条款的“引诱交易”操纵，[②]并特别设定了交易操纵的“安全港”条款。[③] 信息型操纵则包括以引诱交易为目的的“散布操纵信息操纵”和“虚假信息操纵”。[④] 欺诈操纵条款实质是授权美国证券交易委员会认定未来新型市场操纵的兜底条款，[⑤]其适用只需满足两个条件即可：一是实施了“欺诈性”操纵行为，二是违反了美国证券交易委员会制定的规则。美国证券交易委员会据此制定了10(b)1-21规则以及时跟进市场操纵的发展，使10(b)欺诈操纵条款逐渐演变为涵盖范围最广的反欺诈条款。在期货市场，《1936年商品交易法》明确禁止期货市场操纵，[⑥]并借鉴了《1934年证券交易法》，设置了第4条c款“价格操纵”和第6条c款“欺诈操纵”两大行为类型。其中，价格操纵包括囤积(corner)和逼仓(squeeze)等滥用优势型操纵、虚抛等交易型操纵以及包

① 《1934年证券交易法》第9条a款(1)规定了在行为人实际控制的证券账户间实施自买自卖以拉高、压低或锁定证券价格的洗售，以及与他人合谋以事先约定的时间、价格和数量相互买卖证券以拉高、压低或锁定证券价格的行为的对敲。参见《美国1934年证券交易法》，张路译，法律出版社2006年版，第151页。

② 《1934年证券交易法》第9条a款(2)规定了涵盖所有以引诱他人买卖特定证券为目的并实质转移证券所有权的真实交易操纵的“引诱交易”，有研究认为该条款是《1934年证券交易法》市场操纵监管条款的核心。参见马江河：《美国证券市场操纵认定标准研究》，载《证券市场导报》2005年第8期。

③ 《1934年证券交易法》第9条a款(6)规定了股票回购等所有稳定(pegging)、固定(fixing)或锁定证券价格的行为必须符合美国证券交易委员会制定的安定操作规则，否则构成引诱交易。

④ 前者为《1934年证券交易法》第9条a款(3)规定的禁止经纪商、自营商、买方及卖方在其业务中散布某证券被操纵的信息和第9条a款(5)规定的禁止经纪商、自营商、买方及卖方的雇佣者散布某证券被操纵的信息；后者为该法第9条a款(4)规定的禁止在证券交易中以引诱他人买卖为目的做出虚假或误导性陈述。

⑤ 《1934年证券交易法》第10条b款其实并没有直接授权美国证券交易委员会，只是规定违反美国证券交易委员会规定的操纵或欺骗性的行为与计谋是非法的，事实上是《美国法典》第78条w款授权美国证券交易委员会可以制定必要的规则以执行《1934年证券交易法》，但习惯上都认为《1934年证券交易法》是第10条b款进行的授权。

⑥ “一战”期间美国农产品极度匮乏致使期货市场价格剧烈波动，促使美国于1921年制定《期货交易法》以禁止场外期货交易，标志着美国期货市场监管开始转向成文法模式。但《期货交易法》因违宪于1922年被修订为《谷物期货法》，直至1936年被修订为《商品交易法》，其后，该法被不断修订以适应期货市场的发展，最近一次修订于2011年，下文中的《商品交易法》均指2011年修订的《商品交易法》。

括虚假信息操纵和优势信息操纵的信息型操纵；[①]欺诈操纵条款同样是授权商品期货交易委员会认定新型操纵行为的兜底条款。

可见，美国立法中的操纵行为禁止规范是以价格操纵条款和欺诈操纵条款为支柱的二元操纵禁止规范框架。其中，价格操纵以“人为价格”为核心，是对已知市场操纵行为的类型化，故而其构成要件精细严格以便于监管机构和司法机关的认定。欺诈操纵以“欺诈”为核心，意在涵射未来可能出现的市场操纵类型，其构成要件结构更为开放，如与价格操纵严格要求具备“引诱交易”等特定目的不同，欺诈操纵只要求行为人具有蓄意或明知等主观故意，甚至为加大对市场操纵的打击力度，鲁莽、[②]放任等间接故意也可构成欺诈操纵。[③] 二者的差异决定了在适用顺序上，价格操纵条款作为市场操纵监管的特别法优先于兜底的欺诈操纵条款而适用；在适用范围上，价格操纵构成要件的精细严密限定了其适用范围，而欺诈操纵构成要件的开放性则拓展了其适用范围，如引诱交易被限定于场内市场，[④]而欺诈操纵则覆盖所有的场内和场外市场。

2008 年金融危机后，面对资本市场一体化融通趋势与市场分割立法体系之间的冲突，美国选择在坚持既有市场分割立法体系的基础上通过强化立法衔接以消除市场监管的盲区和空白，逐步确定了《商品交易法》作为资本市场基本法的地位，并完善了该法的市场操纵禁止规范框架。2008 年金融危机后，美国制定《多德－弗兰克法》以应对市场操纵逐渐增强的隐蔽性和越发严重的危害性，其第 747 条在《商品交易法》第 4 条 c 款“价格操纵”

---

① 《商品交易法》第 5 条 b 款(2)规定的通过编造、散布虚假信息诱导投资者作出交易决策以制造人为价格的虚假信息操纵，后者是利用期货市场信息流动阻塞或集中时机垄断特殊信息资源的特殊或优势信息操纵。

② Sanders v. John Nuveen,554 F. 2d 790 (7th Cir. 1977).

③ 在美国刑法体系中，蓄意指存在特定具体的目的；明知指意识到(aware)后果的发生几乎是一定的；鲁莽是指意识到后果发生有实质风险(substantial risk)；过失是指没有意识到后果发生有实质风险。后两者对风险的要求程度相同，区别在于是否有认识，http://national paralegal. edu/public documents /courseware _asp _ files /criminal Law/basic Elements/Model Penal Code MensRea. asp，最后访问日期：2018 年 6 月 8 日。

④ 2008 年金融危机后，美国《多德－弗兰克法》将其适用范围扩大至国债之外的其他所有证券。参见殷晓峰、牛广济：《中美资本市场反操纵监管比较及启示》，载《证券市场导报》2014 年第 4 期。

中增加了违反买卖报价规则(violating bids and offers)、尾盘操纵(making the close)和虚假报单(spoofing)等新型市场操纵类型。① 商品期货交易委员会于2012年制定《"禁止扰乱市场行为"解释指引和政策说明》,以增强《多德-弗兰克法》第747条和《商品交易法》第4条c款的适用性。此外,《多德-弗兰克法》第753条修改了《商品交易法》第6条c款"欺诈操纵"规定,对包括金融期货和互换在内的金融衍生品市场的操纵监管作了总括性规定,扩大了商品期货交易委员会治理期货市场操纵行为的监管权限,强化了商品期货交易委员会查处市场操纵的能力。根据《商品交易法》第6条c款的授权商品期货交易委员会于2011年制定了180.1和180.2规则作为《多德-弗兰克法》第735条的实施细则,被认为是目前对金融衍生品市场最具实质性影响的实施细则。180.1规则禁止任何人故意、轻率或鲁莽地进行欺诈或操纵行为,如使用或者意图使用任何欺诈策略,或是做出或者意图做出任何关于重要事实的不实陈述(或者隐瞒重要事实以误导),或是从事或意图从事可能欺诈任何人的行为,就此将市场操纵的打击范围扩大至未遂(意图),②以扩大对市场操纵的监管视阈,加大监管力度。

二、跨市场操纵的实质独立性分析

将实践中市场操纵的具体策略抽象归纳为特定的行为规范以作为事后惩治操纵者的标准,这是成熟市场国家立法治理市场操纵的基本经验,对跨市场操纵的监管亦不例外。虽然对跨市场操纵的监管是以宏观审慎的事前防范为关键,但完整的监管框架不能缺失微观的事后惩治,故而将跨市场操纵的实施策略抽象类型化为行为规范,同样是对其实施有效监管的基本路径。但在金融综合经营和资本市场融通的趋势下,借助跨市场价格关联机制实施的跨市场操纵在延续控制价格以获利的操纵机理基础上,使用更先

---

① DISRUPTIVE PRACTICES, it unlawful for any person to engage in any trading, practice, or conduct on or subject to the rules of a registered entity that—(A) violates bids or offers; (B) demonstrates intentional or reckless disregard for the orderly execution of transactions during the closing period; or (C) is, is of the character of, or is commonly known to the trade as, "spoofing" (bidding or offering with the intent to cancel the bid or offer before execution).

② 殷晓峰、牛广济:《中美资本市场反操纵监管比较及启示》,载《证券市场导报》2014年第4期。

进的交易技术，利用更隐蔽的实施路径，制造更系统的价格风险，呈现更纷繁复杂的交易策略，对现有的市场操纵禁止规范提出了极大挑战。面对跨市场操纵的新动向，各国（地区）提出了不同的立法样本，我国也出现了不同的立法方案，《证券法（修订草案）》"二审稿"特别增设了专门的跨市场操纵禁止条款，①而最终修订通过的《证券法》却又改变了规制跨市场操纵的立法方案。② 如何选择立法方式以有效规制跨市场操纵，已成为证券法研究的一大课题，有必要在反思既有理论研究和立法实践的基础上探寻便于监管实施的立法应对方式，思考立法应如何有效地规制跨市场操纵、设置专门的跨市场操纵禁止条款是否必要、现有的市场操纵禁止规范能否涵射跨市场操纵行为等一系列问题，问题的实质是跨市场操纵策略是否具有相对单市场操纵的实质独立性。

（一）跨市场操纵策略的理论纷争

市场操纵是异化的市场交易行为，将操纵行为的交易策略抽象类型化，而后根据操纵行为类型设置精确的行为规范并予以否定性评价，这是立法治理市场操纵的基本路径。对跨市场操纵的治理理应遵循这一路径，将跨市场操纵的交易策略抽象类型化，设定确定的跨市场行为模式，以此确保监管权的规范行使。

自我国于2006年着手准备推出期指市场开始，国内学界就跨市场操纵的行为类型展开了专项研究。早期研究或将其抽象为囤积和轧空、到期日操纵、虚假信息操纵、场外冲销操纵、交叉交易操纵和配合交易操纵等类型，③或是归类于基于行动的联合操纵（囤积轧空）和基于交易的联合操纵，④或是类型化为操纵现货市场而自期货市场获利和操纵期货市场而自

---

① 《证券法（修订草案）》"二审稿"第95条规定，禁止任何人从事下列跨市场操纵行为：（1）为了在衍生品交易中获得不正当利益，通过拉抬、打压或者锁定等手段，影响衍生品基础资产市场价格的行为；（2）为了在衍生品基础资产交易中获得不正当利益，通过拉抬、打压或者锁定等手段，影响衍生品市场价格的行为；（3）国务院证券监督管理机构认定的其他跨市场操纵行为。

② 2019年修订的《证券法》第55条规定，"禁止任何人以下列手段操纵证券市场……（七）利用在其他相关市场的活动操纵证券市场……"

③ 刘凤元：《现货市场与衍生品市场跨市监管研究》，载《证券市场导报》2007年第16期。

④ 何晓春：《基于反跨市场联合操纵的监管探讨》，载《现代商贸工业》2008年第11期。

现货市场获利等。[①] 但本土资源的欠缺和实践经验的匮乏造成理论研究的局限：一是忽视金融期货与商品期货的市场结构和交易制度等存在明显差异，囤积、轧空等商品期货市场的传统操纵类型是无法在金融期货市场实施的；二是对跨市场操纵的交易策略挖掘不够，忽视了通过信息传导实施的跨市场操纵类型；三是行为类型存在相互交叉、包含等逻辑混乱问题等，故而难以提取可供行为判定的精确构成要素。

我国于2010年正式推出期指市场后，跨市场交易实践提升了学界对跨市场操纵类型化的认知程度，研究者将跨市场操纵或抽象为针对期指合约标的指数实施的直接操纵和针对上证综指实施的间接操纵，[②]或归类于指数联动型、信息型、短线型、跨境实施型等跨市场操纵策略类型。[③] 2015年股市震荡后，有研究将跨市场操纵策略抽象为初级的交易型价格关联操纵和高级的垄断型价量支配操纵。[④] 虽然较之前的研究更贴近跨市场操纵的实施策略，但仍存在类型界限不清的问题。如短线型跨市场操纵同样需要借助跨市场价格关联机制实施，除操纵时限较短外，其与指数联动型跨市场操纵的界限并不清晰。所有跨市场操纵均是通过市场交易行为借助跨市场价格关联机制实施，价格关联操纵与价量支配操纵只存在价格控制程度的差异，二者的界限也不清晰，难以提取可供行为判定的精确构成要素。

（二）跨市场操纵的理论类型

西方国家凭借其金融衍生品率先发展的优势积累了大量的跨市场交易和监管的实践经验，这奠定了其对跨市场操纵具有较高的理论研究水准和认知程度的基础。20世纪80年代末，有研究发现，期指合约标的指数权重股在合约临近到期结算日时存在价格操纵迹象，在到期结算日收盘前尤为明显，由此提出了“结算日效应”（Expiration-Day

① 浙江财经学院、社会中大经济研究院：《股指期货跨市场监管——基于投资者跨市场交易行为的理论及实证研究》，上海证券交易所联合研究计划研究报告，2011年第21期。

② 石晓波、周奋：《中国股指期货市场与股票市场的跨市操纵与监管》，载《当代经济研究》2015年第2期。

③ 邢精平：《跨市场操纵模式与监管》，科学出版社2014年版，第16页。

④ 谢杰：《跨市场操纵的经济机理与法律规制》，载《证券市场导报》2015年第12期。

Effects)概念。① 其后有研究发现,基于证券及其衍生品市场之间的价格关联渠道,在金融衍生品临近到期结算日时最可能产生跨市场操纵行为,②特别是在衍生品结算日,基础资产市场尾盘操纵的可能性大大增加,而且尾盘操纵与衍生品市场的挤压轧空行为存在明显关联。③ 上述研究发现,沿"基础资产市场至衍生品市场"的操纵路径,操纵者预先在期指市场建立多头或空头仓位埋伏,利用期指合约在结算日依据标的股指结算交割的规定,在结算日这一特殊时点,或是凭借资金优势买入"一揽子"股指权重股,或是凭借持股优势卖出股指权重股,或是凭借信息优势诱使权重股交易等方式,控制所持仓期指合约标的指数权重股在期指合约结算日的收盘价,在杠杆效应或板块联动效应的助力下控制股指涨跌,借助"成份股价格—股价指数—期指合约价格"的跨市场价格关联机制控制期指合约结算价,最终通过买卖(交易)差价以获利,此即所谓的"结算日操纵"。结算日操纵属于典型的短线操纵,操纵者于结算日过后立即撤出市场,股指迅速恢复正常,操纵行为所需资金量相对较小,持续时间短,隐蔽性强,实施频繁。

结算日操纵的典型案例是"澳大利亚野村证券操纵案"。在我国香港地区注册的野村证券公司在所持期指合约空仓于 1996 年 3 月 29 日到期收盘前,集中抛售市值 6 亿澳元的普通股指成份股,同时通过经纪商下达批量买单,部分买单甚至设定 20% 以上的跌幅,意图大幅压低普通股指数。事后,澳大利亚证交所、悉尼期交所向监管机构报告上述交易情况,澳大利亚联邦法院于 1998 年认定野村证券公司同时操纵澳大利亚证券市场和期货

---

① Stoll Hans & Robert Whaley, *Program Trading and Expiration-Day Effects*, Financial Analysts Journal, 1987, 45(3), p. 16 - 28; Stoll Hans & Robert Whaley, *Expiration-Day Effects: What has Changed?*, Financial Analysts Journal, 1991, 47(3), p. 58 - 72; Chamberlain T. W., Cheung S. C. & Kwan C., *Expiration Day Effects of Index Futures and Options: Some Canadian Evidence*, Financial Analysts Journal, 1989, 45(5), p. 67 - 71.

② Kumar P. & Seppi D., *The Manipulation of Cash Settled Futures Contracts*, Journal of Finance, 1992(47), p. 1485 - 1502; Kumar P. & Seppi D., *Information and Index Arbitrage*, Journal of Business, 1994, 67(4), p. 481 - 509.

③ Hillion P. & M. Suominen, *The Manipulation of Closing Prices*, Journal of Financial Markets, 2004, 7(4), p. 351 - 375; Merrick J., *Strategic Trading Behavior and Price Distortion in a Manipulated Market: Anatomy of a Squeeze*, Journal of Financial Economics, 2005, 77(1), p. 171 - 218.

市场,并作出公开谴责、罚金和市场禁入的判决,香港证监会亦停止野村证券公司涉事雇员12个月的注册代表资格并处35万英镑的罚款。①

除到期日操纵外,还存在利用宏观事件突然冲击资本市场价格之机实施跨市场操纵的策略,②其大多沿"衍生品市场至基础资产市场"的操纵路径,但也有反向沿"基础资产市场至衍生品市场"的操纵路径。其内在机理在于把握资本市场在宏观事件冲击下处于混沌不清的信息敏感期,抓住宏观利空信息释放空压的最大时点,利用期指市场低成本、高杠杆、强流动特质所具有的操纵"放大器"和"加速器"功效,凭借资金、持仓、信息、技术等市场优势做空期指市场,借助"期指价格—股价指数—指数成份股价格"的跨市场关联机制牵引股价下跌。股市投资者为对冲持股风险只能选择做空期指市场,加大期指市场空压。同时,股市大量抛售指令所造成的市场流动性障碍使卖单难以及时出清,造成期指价格低于股票价格,触动程序化跨市场套利交易指令,套利者入市做多期指合约,做空股票现货,将期指市场的卖压传递至股票市场,而股价下跌又引发新一轮期指做空交易,再次触发跨市场套利,进一步推低股价……这一负反馈过程循环出现,在投机者的推波助澜下,股票价格和期指价格如同倾泻的瀑布般交错跌落,此可称为"宏观冲击操纵"。

相比到期日操纵,宏观冲击操纵的实施需要更多的条件予以配合。例如,市场处于信息混沌的敏感时期,宏观利空信息能够造成足够的空压,操纵者具备相当的资金、持股(仓)、信息、技术等市场优势以及足够的跨市场交易经验等。而且相比于结算日操纵,宏观冲击操纵会使股票期现双市价格循环崩盘,并在金融综合经营趋势下通过跨市场、跨机构、跨行业的价格关联渠道迅速蔓延,蕴含更大的系统性金融风险。在1998年香港金融保卫战中,国际对冲基金利用1997年亚洲金融危机对香港金融市场的冲击余波布局"三维立体"的跨市场操纵,先在货币市场做空港币以迫使香港金融机构提升利率,利用货币市场与资本市场间的负向价格关联效应牵引股市价

---

① 官平:《撕开跨期现市场操纵的"面纱"》,载《中国证券报》2015年7月20日,第A05版。

② 上海证券交易所、招商证券联合课题组:《股票与股指期货跨市场交易监管研究》,上海证券交易所联合研究计划研究报告,2011年第21期。

格下跌,而后再借助股票期现市场之间的正向价格关联效应牵引期指市场价格下跌,最终通过清仓在期指市场预先埋伏的空头合约获利。① 2004 年,以瑞银集团为首的机构投资者利用印度政府出台直接税收公告征求意见造成资本市场空压加大之机,集中卖出股票现货打压指数,利用股票期现跨市场之间的价格联动效应打压期指价格,最后同样是通过清仓期指市场预先埋伏的空头合约获利。②

我国股票市场高达 50% 的融券保证金率、被严格限定的融券标的范围、有限的融券牌照、较高的融券利息和准入门槛等因素极大抑制了市场做空力量。相比之下,期指市场的低保证金率、T+0 结算、双向交易等制度显著降低做空的成本,放大市场做空力量,③可以成倍放大做空操纵对价格的冲击力。2015 年年中,利用银监会清理场外配资造成 A 股市场卖压骤然加大的时机,借助期指市场的操纵"放大器"和"加速器"功效,操纵者于 2015 年 6 月中旬连续做空中证 500 期指合约 1507(IC1507),使其在十余天交易日内频频跌停,期指市场价格暴跌趋势立即通过股票期现跨市场之间的价格关联渠道传递至股票市场,牵引中证 500 指数成份股连续跌停,迫使持股者纷纷通过做空期指合约以对冲风险。而期指市场的高流动性使其价格高于套利区间,触动程序化跨市场套利,更恶化了股市的流动性,促使 A 股市场价格再次下跌,最终使期现两市陷入负反馈循环下跌的崩盘局面,酿成系统性风险,操纵者则获利巨大。④

(三)跨市场操纵策略的独立性分析

遵循"实施策略—行为类型—监管规范"的认知路径和生成逻辑,根据实践中由跨市场操纵实施策略抽象出的到期日操纵和宏观冲击操纵类型,将这两种行为类型转化为精确的跨市场操纵禁止规范,提取具体的构成要件,以为治理跨市场操纵和对操纵者予以事后惩治提供依据。然而需要注

---

① 刘奥南:《从香港金融保卫战看跨市场操纵》,载《期货日报》2015 年 8 月 20 日,第 3 版。

② 上海证券交易所、招商证券联合课题组:《股票与股指期货跨市场交易监管研究》,上海证券交易所联合研究计划研究报告,2011 年第 21 期。

③ 在 2015 年股市震荡之前,中证 500 股指期货交易的保证金比例为 10%,而沪深 300 股指期货交易的最低保证金比例仅为 8%。

④ 杨松、石启龙:《"恶意做空"的生成逻辑与法律规制》,载《经济法研究》2017 年第 1 期。

意的是,这种"路径依赖"忽略了一个基本的认知前提,即设置跨市场操纵禁止规范的必要性取决于跨市场操纵实施策略相对于单市场操纵的实质独立性。

市场操纵的实施策略取决于资本市场的发展程度、交易制度、交易技术等多种因素,特别是资本市场的结构因素。在严格的金融分业经营时代,资本市场之间因缺乏共同的关联变量而处于"井水不犯河水"的隔绝结构,市场交易的行为和结果因被局限于单一市场内而具有空间封闭性。随着跨市场、跨机构、跨行业的金融衍生品开启了金融综合经营时代,资本市场之间逐渐形成了紧密、稳定的跨市场价格关联机制,使市场交易摆脱了行为和结果的空间封闭性,借助跨市场价格关联机制实施诸如跨期套保、跨市套利等跨市场交易。

作为市场交易行为的异化形态,资本市场的结构变革在丰富市场交易策略的同时也推动了市场操纵策略的演进。在资本市场隔绝时代,市场操纵的价格控制行为和清仓获利行为被封闭于单一的股票、债券、期货等市场内,呈现出空间封闭性,展现为传统的单市场操纵形态,故而查证市场价格波动时段交易者是否在该市场实施反向交易不仅成为学界认定市场操纵的基本要素,①更成为监管机构和司法机关认定市场操纵成立的关键判断依据。② 在金融衍生品出现后,基础资产市场与其衍生品市场间的跨市场价格关联机制打破了市场操纵行为的空间封闭性,操纵者可以在基础资产市场实施价格控制行为,而后利用跨市场价格关联机制在其衍生品市场实施清仓获利行为,也可以在衍生品市场实施价格控制行为,利用跨市场价格关联机制在其基础资产市场实施清仓获利行为,就此赋予操纵行为以空间开放性。

与传统的单市场操纵相比,跨市场操纵一是借助跨市场价格关联机制将价格控制行为和清仓获利行为分置于基础资产(股票)市场和其衍生品(期指)市场,表现为多种单市场操纵实施策略的综合性和立体化的组合应

---

① 田宏杰:《操纵证券市场罪:行为本质及其司法认定》,载《中国人民大学学报》2014 年第 4 期。

② 汤欣、高海涛:《证券市场操纵行为认定研究——行政处罚案例的视角》,载《当代法学》2016 年第 4 期。

用，具有更为复杂的实施策略；二是突破传统操纵行为的市场空间局限，规避了学界研究和监管实践的单市场视阈和认定路径，故而极具隐蔽性；三是充分利用期指等金融衍生品的市场操纵"放大器"和"加速器"功效，放大操纵效果，并且其效果（价格波动风险）将沿跨市场价格关联渠道蔓延，故而更具危害性。但跨市场操纵实施策略的复杂性并不能合乎逻辑地推定其具有相对于单市场操纵的实质独立性。

首先，跨市场操纵与单市场操纵具有实质同一性。跨市场操纵与单市场操纵具有相同的内在机理和行为结构，均是通过主动控制商品价格波动以制造交易价差而获利，只是单市场操纵的价格控制行为和清仓获利行为在资本市场隔绝结构下被封闭于单一市场内，而跨市场操纵的价格控制行为和清仓获利行为在资本市场融通结构下被分置于基础资产市场及其衍生品市场等价格关联市场，在传统研究和监管的单市场视阈下自然因隐蔽而显现出与众不同的"神秘"。但借助跨市场价格关联机制联结，跨市场操纵行为形式上的空间分离性仍然可以在实质层面被还原、统合为有机联结的操纵行为。因此，对跨市场操纵的认定应突破传统的单市场监管视阈和认定路径，在跨市场监管思维引导下，通过跨市场价格关联机制将空间上分置于基础资产（股票）市场和其衍生品（期指）市场等关联市场的交易行为统合，再判定其是否存在价格控制行为和清仓获利行为，以及行为之间的因果关系，进而判定跨市场操纵行为存在与否。

其次，跨市场操纵的实施策略并未超出单市场操纵的行为类型。学界对单市场操纵的实施策略和行为类型研究已较为成熟，或是基于价格控制行为的属性将其分为基于信息的操纵、基于行动的操纵和基于交易的操纵，①或是基于清仓获利的来源而将其分为交易型操纵、合同型操纵和与信息披露关联的操纵，②或是基于价格控制的方式将其分为以价量操纵为手段的金融商品非正当控制和以决策操纵为手段的市场资本非正

① Franklin Allen & Douglas Gale, *Stock-Price Manipulation*, The Review of Financial Studies, 1992(5), p. 503 – 529.

② Daniel R. Fischel & David J. Ross, *Should the Law Prohibit "Manipulation" in Financial Markets?*, Harvard Law Review, 1991(105), p. 503 – 507.

当控制,[①]等等。在上述研究的基础上,目前为立法所接受的行为类型为交易型操纵(包括虚假交易型操纵和真实交易操纵)和信息型操纵(包括虚假信息操纵和真实信息操纵)。与传统的单市场操纵相比,跨市场操纵的实施策略更为复杂,但其复杂性并非基于突破既有的操纵实施策略而创新出具有实质独立性的新操纵类型,而是借助跨市场价格关联机制综合性、立体化地实施交易型操纵和信息型操纵,声东击西,多管齐下,交易操纵与信息操纵相互配合,真实交易与虚假交易交替实施,真实信息与虚假信息循序释放,以实现最佳操纵效果。这种"组合性"的操纵策略虽然表现形式复杂,但并不具有实质独立性,完全可以通过分拆化解还原为交易操纵和信息操纵类型,归入既有的市场操纵禁止规范框架中。

最后,跨市场操纵禁止条款的设置将丧失规范对监管权的指引和规制功能。跨市场操纵是多种操纵策略的叠加运用,设置专门的跨市场操纵禁止规范,这必将导致行为认定要素激增,构成要件的结构更为复杂,提升立法和执法成本,其终将因无法指引监管权的行使而被虚置。而为降低立法和执法成本,监管实践中只能简化条款的表述内容,如此又将抑制规范对监管权的规制功能。正因如此,西方国家(地区)虽然更早面对跨市场操纵的挑战,但其立法基本未设置专门的跨市场操纵禁止条款,而是通过修订完善市场操纵禁止规范以涵射跨市场操纵的新动向。即便是韩国等国家(地区)专设的跨市场操纵禁止条款,其条款内容也并非根据结算日操纵和宏观冲击操纵等跨市场操纵的理论类型设置,而只是简略地表明了跨市场操纵的基本实施路径,对行为操纵性和违法性的认定及对操纵者的处置仍要依据单市场操纵禁止条款。

总而言之,在市场操纵的演进历程中,虽然通过虚构市场供求力量来控制商品价格波动以制造交易价差获利的内在机理一成不变,然而资本市场的结构变革、制度改进、技术进步、工具创新、产品涌现等因素推动着操纵策略的持续进化,使操纵行为越发的隐蔽复杂。期指等金融衍生品的出现打破了资本市场间的藩篱,利用基础资产市场和其衍生品市场之间的价格关

---

① 谢杰:《市场操纵犯罪的机理与规制:法律与金融分析》,华东政法大学2014年博士学位论文,第74、91页。

联渠道实施跨市场操纵已成为市场操纵的新策略，但跨市场操纵的实施策略并不具有实质独立性。长期而言，资本市场结构呈现出由隔绝迈向融通的发展趋势，决定了在市场操纵中单市场操纵是跨市场操纵的进化原点，跨市场操纵的价格控制行为和清仓获利行为的市场空间分离性经跨市场价格关联渠道联结统合后，其与单市场操纵便具有了实质的同一性，完全可以纳入既有的、基于单市场操纵而构建的市场操纵禁止规范框架予以治理。基于制度变迁成本考虑，完善既有的市场操纵禁止规范是确保跨市场操纵行为监管有效性的最佳选择。

三、我国跨市场操纵行为监管法律制度改进

单市场操纵和跨市场操纵均属于市场操纵的范畴，是市场操纵在不同金融体制和资本市场结构中的具体展现。从共时角度考察，单市场操纵是市场操纵在金融分业经营和资本市场隔绝结构下的展现，而跨市场操纵是市场操纵在金融综合经营和资本市场融通结构下的展现；从历时性角度考察，在金融综合经营和资本市场融通的发展趋势下，市场操纵呈现由单市场操纵向跨市场操纵演进的趋势。《证券法（修订草案）》囿于传统研究视角和监管实践的单市场思维，忽视跨市场操纵与单市场操纵的实质同一性，所设置的跨市场操纵禁止条款极易因欠缺必要性而成为宣誓性的“具文”。2019 年修订的《证券法》最终取消了专设的跨市场操纵禁止条款，但未能认识到跨市场操纵是与单市场操纵对应的操纵实施策略而将其列入市场操纵的具体类型中，制造了新的规范逻辑混乱问题，这不仅妨碍了对市场操纵的理解认知和监管实践，更成为治理跨市场操纵的重大障碍。有效监管极具复杂性、隐蔽性的跨市场操纵依赖于“良法”对监管权的指引和规制功能，域外国家（地区）的立法实践表明，面对跨市场操纵的挑战，既不能消极固守既有模式，也不能盲目追随他国经验，更不能仅是简单地设置专门的跨市场操纵禁止条款，而应立足于本土资源和实践，契合跨市场操纵的机理，积极实施包括改进立法体制、优化规范结构体系、重构要件结构等在内的系统工程。

（一）弥合市场分割立法体系的监管缝隙

现代资本市场的民主化进程不断提升市场的开放性和其在金融系统和

经济体制中的地位,逐渐成为现代金融的核心,①市场操纵所蕴含的价格波动风险也随之产生更大的溢出效应。同时,资本市场的民主化进程是以法治化为保障的,应通过规范市场监管权的行使来提供市场交易所必需的可预期性,这就要求市场操纵禁止规范应具有必要的确定性。因此,即便是具有普通法传统的英美国家也早已转向通过更具确定性的成文法模式来治理市场操纵行为。随着金融综合经营和资本市场融通时代的到来,基础资产市场和其衍生品市场之间的跨市场价格关联机制为跨市场操纵提供了实施可能,使价格波动风险有了系统性的传播渠道,严重危及金融系统的稳健安全。就我国而言,长期"分业经营、分别监管"的管制型金融体制孕育出了市场分割的立法体系,由《证券法》和《期货交易管理条例》分割治理证券市场和期货市场。随着深化经济体制改革对市场决定性地位的确定,②资本市场监管必然由"管制型"转向"治理型",所释放的金融创新力量将激发金融衍生产品不断涌现,推动资本市场一体化融通的深度发展,促使资本市场风险出现跨市场、跨机构的系统性演变,从而挑战现有的市场分割立法体系,而借助跨市场价格关联机制实施的跨市场操纵已成为诱发系统性金融风险的重要源头。

对于跨市场操纵的新动向,理想的解决方案是制定统合型的《资本(金融)市场交易法》以顺应当前金融综合经营和资本市场融通的趋势。然而金融监管立法从来没有绝对模式,而要根据不同时期、不同地域资本市场的发展程度以及政治传统、经济体制、历史惯性、思维逻辑、制度资源等因素综合考量。我国的金融衍生品市场起步晚、历史短,自上而下稳步推进的改革路径决定了目前金融衍生品市场的发展处于整体可控的有限程度,资本市场一体化融通尚处于浅层的初级阶段,证券市场和期货市场的交易制度仍然差异明显,交易策略不同,操纵形态各异,监管规范也应有别,即便制定统一的《资本市场交易法》,也要将证券市场和期货市场的操纵禁止规范分别

① 吴晓求等:《中国资本市场 2011 - 2020——关于未来 10 年发展战略的研究》,中国金融出版社 2012 年版,第 4 页。

② 《中共中央关于全面深化改革若干重大问题的决定》中明确指出:"经济体制改革是全面深化改革的重点,核心问题是处理好政府和市场的关系,使市场在资源配置中起决定性作用和更好发挥政府作用。"党的十九大报告中再次重申"使市场在资源配置中起决定作用"。

单列，这就失去统合立法的意义。域外经验表明，面对金融综合经营和资本市场融通趋势的挑战，各国既未局限于既有的立法模式，也没有盲目追随他国经验，而是立足自身探索应对之道，这足以证明监管立法变革存在多种选择，关键在于立足于本土资源，契合自身资本市场的发展程度。况且以《证券法》和《期货交易管理条例》为核心的资本市场二元立法体系是过往金融监管改革的巨大成果，是脚踏实地，为解决自身问题不断试点探索，在由点到面的渐进式改革中经过反复推敲验证而逐步取得的实践经验和理论成果在立法层面的确认和体现，轻易另寻他路不仅是巨大的资源浪费，更要付出极大的制度变迁成本。而一旦失败，就将面对因法律制度整体失效而造成资本市场崩盘、危及金融安全的后果。在我国已进入改革攻坚期和“深水区”的当下，在坚持改革开放不动摇的同时，更要在协调改革、发展和稳定三者关系的前提下统一“摸着石头过河”的本土实践和自上而下的顶层设计，在延续既有资本市场二元立法体系的基础上强化立法衔接，通过立法之间紧密高效的协同配合形成治理跨市场操纵的强大合力。

首先要解决金融衍生品交易基本法缺失的问题。金融衍生品结构复杂，存在严重的信息不对称问题，具有极高的虚拟性和更大的金融风险，而其自身的跨市场、跨机构、跨行业属性更使风险显露出系统性。随着期指、期权等金融衍生品不断涌现，合约种类越发多元复杂，交易规模逐渐扩大，市场利益冲突和风险溢出效应持续增强，亟待立法介入规制。通过制定金融衍生品交易基本法，确立基本的交易原则，设定系统的交易规范框架，确定市场操纵等违法行为及相应法律责任，为保护投资者利益、维护市场秩序以及防范系统性风险提供必要的制度保障。在当前金融衍生品交易基本法缺位的情况下，我国将期指交易纳入《期货交易管理条例》以缓解立法缺失问题，金融衍生品市场的操纵行为也相应纳入期货市场操纵禁止规范处置。对此，虽然有学者基于商品期货和金融期货的差异及市场操纵策略的区别而主张以分别立法方式治理商品期货市场操纵和金融期货市场操纵，①但就目前而言，我国期指市场创立未久，市场交易制度、交易策略、交易技术与商品期货市场的共性因素更为明显，市场操纵策略也因而呈现出更多共性，

---

① 杨振能：《股指期货市场操纵的法律界定》，载《河北法学》2009 年第 6 期。

故而在我国金融期货市场发展的初期,禁止期货市场操纵的规范还能够有效治理其操纵行为。此外,我国金融衍生品市场尚处于经验积累的试验阶段,未来还将推出金融期权、互换等更复杂的金融衍生品,若逐一立法规制则有违法律普遍性原则,紧跟衍生品推出节奏频频修订立法又会消减法律的权威性,更是对立法资源的浪费。

但现在面临的问题是我国期货市场已然历经近30余年的发展,市场基本法仍付之阙如。“监管缺失稳定的规范约束便只能依赖于监管机构稳定性极差的政策,这就相当于一座不断增高的大厦没有坚实的地基一样,随时都有倒塌的危险”。[①] 为解决这一问题,国务院颁布了《期货交易管理条例》代行期货市场基本法职能,并逐步形成了以《期货交易管理条例》为核心、以证监会的部门规章为配套、以期货交易所和期货业协会的自律规则为基础的市场监管规范体系,设置了市场操纵禁止规范,缓解了因市场公共性提升与法律规制阙如的冲突所造成的市场失序和风险累积问题。然而《期货交易管理条例》因效力位阶过低而欠缺必要的权威性,实难作为市场基本法统领期货市场监管法律体系,且商品期货和金融期货毕竟存在实质差异,这也决定了商品期货市场的操纵禁止规范与金融期货市场的操纵行为之间必然存在监管缝隙,未来金融期权、互换的推出将不断扩大监管缝隙,所形成的监管盲区和空白将降低规范的治理效率,隐含系统性风险。

综上所述,当前金融衍生品交易基本法付之阙如,代位的期货市场基本法同样缺位,期货市场的操纵禁止规范与金融衍生品市场的操纵行为之间的缝隙因衍生品不断涌现而有扩大趋势,同时还要在延续既有资本市场分割立法体系的前提下缓解其与资本市场融通趋势之间越来越激烈的冲突。面对这些问题,目前最具可行性的解决方案便是在市场分割立法体系内确定资本市场的基本法。具体而言,《证券法》和《期货交易管理条例》均秉承市场分割的治理思维,以市场为界各自评价单一市场内的操纵行为,视阈的局限使立法无法涵盖跨市场操纵的全貌,所形成的跨市场监管盲区赋予行为以极大的隐蔽性和危害性。对此,在延续既有市场分割立法体系的基础

---

① 杨宏芹:《我国股指期货立法缺陷及法律完善》,载《中国法学会证券法学究会成立大会论文集》(2008年)(下),第750页。

上应当优化其内部结构,在衍生品市场和期货市场基本法双重缺位的情况下,通过适当扩大《证券法》中证券概念的外延使其成为资本市场的基本法,使其治理视阈不再局限于证券市场,而是拓展至包括商品期货市场、金融期货市场在内的整个资本市场,其市场操纵禁止规范覆盖资本市场的所有操纵行为,以此解决因法律适用空间局限所产生的监管盲区。

就跨市场操纵而言,要通过对基础资产(股票)市场与其衍生品(期指)市场之间的跨市场价格关联机制的认定,将分置于关联市场的价格控制行为和清仓获利行为统合还原为有机联结的市场操纵行为,纳入《证券法》市场操纵禁止规范处置。同时,将《期货交易管理条例》等子市场立法作为资本市场的特别法赋予其在本市场优先适用效力,如期货市场操纵行为在受《期货交易管理条例》的操纵禁止规范优先规制的同时还要接受《证券法》操纵禁止规范的普遍治理。如此,一是可以在期货市场基本法缺位的情况下,借用《证券法》作为资本市场基本法的权威来弥补《期货交易管理条例》的权威性欠缺,提升操纵禁止规范对期货市场操纵行为的威慑力。二是能够实现资本市场立法之间的顺畅衔接。当前我国金融衍生品的发展处于初级阶段,资本市场的融合程度较低,市场之间的交易制度差异决定了各市场操纵策略有所不同,《期货交易管理条例》作为子市场特别法具有优先适用效力,能有效治理期货等子市场的特殊操纵行为,而《证券法》则作为市场基本法具有普遍适用效力,不仅能应对新型操纵行为,更能以资本市场的整体视阈覆盖在空间上分置于各子市场的价格操纵行为和清仓获利行为,避免出现跨市场操纵的监管空白。三是能够实现资本市场立法与《刑法》之间的顺畅衔接。我国已然排除了制定资本市场附属刑法的可能性,赋予《期货交易管理条例》以特别法的优先适用效力能够避免对期货市场特有市场操纵类型的放纵,实现《期货交易管理条例》第 70 条与《刑法》第 182 条之间的顺畅对接,还能借助《证券法》作为资本市场基本法的普遍适用效力将期货(期指)等子市场中的新型操纵行为顺畅传送至《刑法》的治理范围,避免因市场立法衔接不畅而放纵犯罪。

(二)优化市场操纵禁止规范框架

遵循“操纵策略—行为类型—监管规范”的生成逻辑,确定行为的构成要件,设置相应的法律责任,作为治理市场操纵行为的依据,这是立法规制市场操纵的基本路径。借助规范的预测和裁判功能，市场操纵禁止规范能够指引并限定监管权的行使，划定市场交易的合法空间，为投资者提供明确的行为指引。就此意义而言，《证券法(修订草案)》"二审稿"专设的跨市场操纵禁止规范只是揭示了跨市场操纵的基本实施途径，①并未深入跨市场操纵的内在机理和实施策略，因此无法提取确定的构成要件，难以实现指引和规制监管权的规范功能。

其实单市场操纵和跨市场操纵同属市场操纵范畴，二者是市场操纵在不同资本市场结构中的具体展现，跨市场操纵中所谓的"到期日操纵"和"宏观冲击操纵"是利用跨市场价格关联机制将多种操纵策略立体化的组合应用。若不将其化整为零分解，而是机械地设置专门的跨市场操纵禁止规范，多种操纵策略的叠加将导致构成要件的结构极为复杂，认定要素激增，致使规范因文本表述极度繁琐以及适用成本极大而被虚置。因此，西方国家(地区)虽然更早面对跨市场操纵的挑战，但大多并未设置专门的跨市场操纵禁止规范，而是将跨市场操纵策略分解、行为统合后由既有的市场操纵禁止规范予以治理。

我国现有的操纵禁止规范框架，一方面难以满足跨市场操纵的治理需要；另一方面，稳步推进的金融综合经营和资本市场融通进程促使操纵策略不断进化，要求操纵禁止规范以开放的结构涵盖未来新型的操纵行为。对此，理想的市场操纵禁止规范应在理顺内部结构的基础上设置"具体规范"和"授权规范"的双层框架。具体而言，具体规范满足法律的确定性和安定性要求，将市场中已然出现的操纵行为抽象类型化，以明确具体的构成要件指引和规范监管权的实施。就具体规范设置而言，一是及时吸纳已被市场实践证成和理论研究认可的操纵类型，最新修订的《证券法》增设了虚假信息操纵、虚假申报操纵和"抢帽子"操纵等新操纵类型，及时跟进市场操纵演进，有助于规范结构的完善，确保规范的有效性和操作性。二是理顺具体规范的内部结构逻辑，依"虚假交易操纵(自我交易和约定交易)—真实交

---

① 《证券法(修订草案)》第95条禁止任何人从事下列跨市场操纵行为："(一)为了在衍生品交易中获得不正当利益，通过拉抬、打压或者锁定等手段，影响衍生品基础资产市场价格的行为；(二)为了在衍生品基础资产交易中获得不正当利益，通过拉抬、打压或者锁定等手段，影响衍生品市场价格的行为；(三)国务院证券监督管理机构认定的其他跨市场操纵行为。"

易操纵(连续交易)—虚假信息(蛊惑)操纵—真实信息(信息优势)操纵”的逻辑顺序设置,便于对操纵行为的理解认知和监管实践。

但具体规范在适用中难免出现“法逻辑的抽象的形式主义和通过法来满足实质要求的需要之间存在无法避免的矛盾”,①基于经验形成的规范与不断变动的行为之间存在以“过去”规制“未来”的时间差,立法者难以准确地预知未来的操纵实施策略,无法预先设置具体规范予以治理,具体规范“供给不足”表象的背后实质是深层的“供给不能”。② 为涵射未来的操纵行为,操纵禁止规范在设置具体规范的基础上还应借助“建设性模糊”的语言形成必要的开放结构,“模糊的语言并不是意外的事或错误,而是出于一种策略,其往往意味着立法机关愿意授予某机构以最广泛的裁量权”。③ 而“裁量权存在的前提是对特定问题尚不存在唯一的解决方案,因此,法律对公共官员的权力施以有效限制的同时保留给官员在行动和不行动以及如何行动的多种做法中作出自由选择的权力”。④ “建设性模糊”的语言赋予兜底条款以相应的开放性,所生成的裁量权足以扩大规范在时间维度的覆盖范围,涵射未来出现的操纵策略。但当前《证券法》和《刑法》采用的“空白兜底规范”不仅操作性较差,⑤更隐含权力滥用的危险而屡屡被质疑。⑥ 相比之下,《期货交易管理条例》以及证监会《证券市场操纵行为认定指引(试行)》中的“授权兜底规范”更为理想,⑦一是确定了规范授权的裁量主体,

---

① [德]马克斯·韦伯:《经济与社会》(下卷),林荣远译,商务印书馆1997年版,第401页。

② 参见石启龙:《危机处置中即时强制的法治化路径》,载《中共天津市委党校学报》2015年第2期。

③ [美]劳伦斯·M·弗里德曼:《法律制度——从社会科学角度观察》,李琼京等译,中国政法大学出版社2004年版,第308页。

④ K. C. Davis, *Discretionary Justice*, Connecticut: Greenwood Press, 1969, p. 4.

⑤ 《证券法》第55条规定有“操纵证券市场的其他手段”,《刑法》第182条规定有“以其他方法操纵证券、期货市场”。

⑥ 何荣功:《刑法“兜底条款”的适用与“抢帽子交易”的定性》,载《法学》2011年第6期;刘宪权:《操纵证券、期货市场罪“兜底条款”解释规则的建构与应用——抢帽子交易刑法属性辨正》,载《中外法学》2013年第6期。

⑦ 《期货交易管理条例》第70条第1款第5项规定,“国务院期货监督管理机构规定的其他操纵期货交易价格的行为”,《证券市场操纵行为认定指引(试行)》第30条第1款第6项规定,“中国证监会认定的其他操纵证券市场的行为”。

提升了规范适用的确定性和安定性;二是将裁量权授予具有市场操纵监管信息、技术等优势的监管机构,增强了规范的可操作性以及必要的回应性和适用性,缓解了市场操纵禁止规范的确定性和滞后性与操纵行为的复杂性和变动性之间的冲突。基于此,"授权兜底规范"理应为《证券法》所吸纳。①

不可忽视的是,即便"授权兜底规范"确定了具体的裁量主体,其开放的结构因缺乏确定的行为指引和评价标准,仍然潜伏着监管权滥用的危险。对此有多种解决方法。一是借助目标规制。保护投资者权利、维护市场秩序以及防范系统性风险的监管目标使监管裁量权的行使具有了"结果指向性",能够为监管提供明确的行为指引,避免因监管机构的犹豫迟疑造成的监管不力,还可以提高监管的透明度,为市场提供相对清晰的行为预测,减少市场的猜测和恐慌情绪。二是借助原则规制。与具体规范的机械、消极适用不同,原则在空间维度的广泛适应性和时间维度的高度稳定性使其具有更高的覆盖性和适应度,能为监管实践提供长期统一的行为准则。而原则的开放结构所赋予的裁量权更有利于发挥监管者的能动性,监管者可以充分利用其监管信息、技术等优势创造性地实施监管,同时亦能控制监管的必要程度和基本方向。三是设置责任追究机制。"政策"性的监管传统和权力的"棘轮效应"会诱使监管机构借授权规范暗自扩张监管权,而目标和原则作为监管行为指引的同时亦具有评价问责功效,司法机关可要求监管机关对授权实施的监管行为进行合目的性和合原则性解释,并在此基础上判断相关人员是否承担法律责任,在确保监管权有限的基础上实现监管有效。

综上所述,在双层的市场操纵禁止规范框架中,具体规范和授权规范呈现出如下差异:一是立法意图不同。具体规范以"行为模式"为核心,是对资本市场已知操纵策略的抽象,是具体操纵行为的认定标准;授权规范以"授权裁量"为核心,意在涵盖未来出现的操纵行为。二是构成要件不同。具体规范设置了明确、详细、具体的构成要件以确保法律的安定

① 《证券法(修订草案)》"二审稿"第94条第1款第7项规定"国务院证券监督管理机构认定的其他手段",但最终,修订后的《证券法》又退回至"空白授权"模式。

性，而授权规范以简略、模糊、开放的构成要件来涵盖未来可能出现的操纵行为，提升法律的适应性。三是适用顺位不同。具体规范是市场操纵监管的特别法，对市场操纵行为具有优先适用效力，授权规范是市场操纵监管的一般法，对市场操纵具有普遍适用的效力。四是适用范围不同。具体规范优先适用于证券、期货市场，例外适用于其他资本市场，以避免出现法律适用混乱问题，授权规范因要涵盖未来出现的操纵行为而不宜设置适用限制，尽可能适用于所有资本市场。

（三）设置多元化市场操纵行为构成要件

构成要件是决定行为是否违法（犯罪）以及行为人是否承担相应法律责任的唯一条件。相对于行为危害性明显且稳定的“自然犯”，市场操纵作为典型的“法定犯”随时代变迁、制度变革、政策变动、技术进步等因素而具有“变易性”，[①]对其认定尤需依赖于明确具体的构成要件。市场操纵构成要件的设置在足以彰显行为危害性的同时也要考虑构成要素的核定成本，要件设置的越繁复，越能彰显行为的操纵性，提升规范的确定性、安定性以及市场的可预期性，更好发挥法律的保障功能。但繁复的要件设置也将加大要件的核定成本，限缩市场操纵范围，放纵甚至激励操纵行为，遏制市场的有序发展，实际上是破坏法律的保护功能。同理，构成要件设置得越简略，越能降低行为的核定成本，便于打击和遏制操纵行为，维护市场交易秩序，更好发挥法律的保护功能。但构成要件的简略也会模糊行为的操纵性，扩大操纵行为的认定范围，降低规范的确定性、安定性以及市场的可预期性，这必将限制市场交易行为，损害投资者利益和市场有序发展，这实际上破坏了法律的保障功能。由此可见，市场操纵禁止规范的设置需要平衡确定性与包容性、公正性与效率性、保障功能与保护功能。目前，对市场操纵构成要件的质疑集中于目的要件和结果要件设置的必要性和方式问题。

行为的目的或意图是行为人通过努力谋求构成要件的实现或希望构成要件所预定的结果发生的主观态度，目的最终是否实现则在所不问。市场操纵是市场交易的异化，在实践中与合规交易行为交织杂糅，凭借客观的交

---

① 聂立泽：《走进刑法》，知识产权出版社 2010 年版，第 15 页。

易行为难以彰显行为的操纵性，增加行为认定的模糊性。目的要件的设置能够表征行为的操纵性，更充分地证成行为的违法性，提升监管的确定性、安定性和市场的可预期性，更好地发挥法律的保障功能，故而西方各国（地区）立法中的操纵禁止规范大都规定“引诱他人参与交易”等目的要件，要求行为人主观具有“制造某一种或数种证券积极交易假象之目的，或具有证券虚假或误导性表面现象之目的”。① 国务院证券委员会于1993年发布的《禁止证券欺诈行为暂行办法》在界定市场操纵时便确定了“以获取利益或者减少损失”的目的要件；②证监会于1996年发布的《关于严禁操纵证券市场行为的通知》中也设置了相同的目的要件；③1997年《刑法》在增设“操纵证券交易价格罪”时也规定了“获取不正当利益或者转嫁风险”的目的要件。④ 学界也基本认可市场操纵目的要件的存在。⑤ 但目的要件的设置增加了监管执法成本，甚至可能会不当限缩市场操纵的认定范围，故而其必要性也备受质疑，如严格遵循信息披露规则和程序便可充分阻却回购行为的市场操纵目的，因为通过及时的信息披露，行为人没有造假，投资者也没有被误导，而是在公平知悉信息后进行的理性选择。反之，即便有增持、回购、股权激励等正当目的，但通过尾市拉抬、虚假申报等非常规的市场交易来影响市场价格，也不能排除其操纵的故意和目的，因此，目的要素并非操纵行为构成要件的必要要件，对其判断的标准还是要回归到客观行为的本质上来。⑥ 自《刑法修正案（六）》删除了“获取不正当利益或者转

---

① 谢杰：《操纵资本市场犯罪刑法规制研究》，上海人民出版社2013年版，第117页。

② 《禁止证券欺诈行为暂行办法》（已失效）第7条规定，“禁止任何单位或者个人以获取利益或者减少损失为目的，利用其资金、信息等优势或者滥用职权操纵市场，影响证券市场价格，制造证券市场假象，诱导或者致使投资者在不了解事实真相的情况下作出证券投资决定，扰乱证券市场秩序。”

③ 《关于严禁操纵证券市场行为的通知》（已失效）第1条规定：“禁止任何单位和个人以获取利益或者减少损失为目的，利用其资金、信息等优势操纵市场，影响证券市场价格，诱导投资者在不了解事实真相的情况下作出证券投资决定，扰乱证券市场秩序。”

④ 就1997年《刑法》第182条规定的“获取不正当利益或转嫁风险”究竟属于目的要件还是结构要件，学界尚存争议，参见郭文龙：《操纵证券、期货市场罪发展研究——从操纵证券、期货市场罪修订原因切入》，载《中国流通经济》2010年第6期。

⑤ 胡启忠等：《金融犯罪论》，西南财经大学出版社2001年版，第228页；刘宪权：《证券期货犯罪理论与实务》，商务印书馆2005年版，第457页。

⑥ 王新：《操纵证券市场犯罪之主观故意的认定》，载《中国刑事法杂志》2016年第6期。

嫁风险”的表述后，有研究者更是坚信市场操纵无须设置目的要件，[①]然而通过对证监会相关行政处罚决定书以及法院相关案件判决书的考察，仍可发现在市场操纵的违法认定和刑事判决中或明或暗地存在对目的要件的审查。[②]

金融综合经营和资本市场融通趋势下跨市场操纵的新动向将使目的要件的认定越来越复杂、困难，核定成本越来越高，这是无法回避的现实问题。同时，虽然目的要件具有彰显行为操纵性以表征行为违法性的保障功能，但并非唯一具有保障功能的构成要素，诸如主观过错、客观行为等构成要素均具有彰显行为操纵性、表征行为违法性的保障功能，且其核定成本低于目的要件。因此，市场操纵禁止规范的目的要件设置应在秉持“可替代原则”下实施差异化设置。具体而言，对于洗售、对敲等虚假交易操纵和虚假信息（蛊惑）操纵，其客观行为的“虚假性”已足以彰显行为的操纵性，表征行为的违法性，不必再画蛇添足地设置目的要件。对于真实交易（连续交易）操纵和真实信息（信息优势）操纵，由于其行为在客观上与合法交易近似，客观行为不足以彰显行为的操纵性，故而有必要通过设置目的要件以补充表征行为的操纵性，以实现规范的保障功能。此外，由于金融综合经营和资本市场融通趋势极大提升了市场操纵实施策略的复杂性、隐蔽性和危害性，在保障市场主体权利的同时，亦要考虑对市场交易秩序的保护功能，控制监管成本以有效治理市场操纵行为，故而可根据立法的不同功能定位，设置差异性的目的要件证明方式，有侧重地发挥部门法的不同功能。具体而言，根据行政处置效力的先决性特质优先发挥法律的保护功能，在适用《证券法》《期货交易管理条例》等治理市场操纵时，对真实交易操纵和真实信息操纵以客观行为推定目的要件成立，除非行为人能够证明其行为另具合法目的，以侧重于保护投资者权利、维护市场交易秩序、防范市场风险，实现法律的保护功能；根据司法处置的终局性特质侧重发挥法律的保障功能，在适用《刑法》治理市场操纵时，对真实交易和真实信息操纵必须由公诉机关证明

---

① 余磊：《操纵证券市场罪研究》，中国人民公安大学出版社2013年版，第117页。

② 汤欣、高海涛：《证券市场操纵行为认定研究——行政处罚案例的视角》，载《当代法学》2016年第4期；王新：《操纵证券市场犯罪之主观故意的认定》，载《中国刑事法杂志》2016年第6期。

目的要件的存在,以展现刑事处置的公正优势。总之,在"可替代原则"指引下,通过对目的要件的设置和证明方式的差异性规定,最终实现对市场操纵的有效监管。

市场操纵行为均具有危害性或法益侵害的结果,但是否设置具体的结果要件则面对与目的要件同样的困境。结果要件可以彰显行为的操纵性,表征行为的违法性,增加规范的确定性、安定性和市场的可预期性,更好地发挥法律的保障功能;但同时,结果要件的设置也将增加监管执法成本,甚至可能会不当限缩市场操纵行为的认定范围,故而也是备受争议。① 在这个问题上,同样要平衡规范的确定性和包容性、公正性和效率性、保障功能和保护功能。金融综合经营和资本市场融通趋势使跨市场操纵蕴含系统性的金融风险,跨市场操纵行为本身足以彰显行为的操纵性,表征行为的违法性,故而有必要重新审视市场操纵结果要件设置的必要性和方式问题。域外立法已经出现淡化操纵行为结果要件的趋势,如美国《多德 – 弗兰克法》第735条放松了对操纵行为的结果要件要求,在行政监管中把操纵行为视为行为犯而非结果犯。② 相比之下,我国《证券法》、《期货交易管理条例》和《刑法》的市场操纵禁止规范一律要求操纵行为必须是控制、影响证券或期货交易价格或交易量的结果犯,虽然有利于法律的确定性、安定性和市场的可预测性,发挥法律的保障功能,但也加大了监管执法成本,在监管信息、技术、人力等资源限制下甚至会放纵市场操纵,削弱法律的保护功能。

对此,可同样遵循"可替代原则",在市场操纵禁止规范中差异性地设置结果要件。具体而言,由于洗售、对敲等虚假交易操纵和虚假信息(蛊惑)操纵,其客观行为的"虚假性"已足以彰显行为的操纵性和违法性,故而不必再设置结果要件,即将虚假交易操纵和虚假信息操纵设置为行为犯;而真实交易(连续交易)和真实信息(信息优势)操纵与合法市场交易极为近似,仅凭其客观行为尚不足以彰显行为的操纵性和违法性,故而需另设置结

① 张小妮、张宝山:《市场操纵行为的法律界定与规制比较研究》,载《西安交通大学学报(社会科学版)》2013年第3期。

② 李明良、李虹:《〈多德 – 弗兰克法〉期货市场反操纵条款研究》,载《证券法苑》2011年第2期。

果要件以补充彰显行为的操纵性和危害性,可将其设置为结果犯以发挥法律的保障功能。由于跨市场操纵蕴含系统性金融风险,有必要将规制时点提前,将跨市场操纵设置为危险犯,以加大对跨市场操纵行为的打击力度,更好地防范系统性金融风险。

参考文献

▲著作

1.［美］安德鲁·罗斯·索尔金:《大而不倒》,巴曙松等译,中国人民大学出版社2010年版。

2.［美］查里斯·R·吉斯特:《华尔街史》,敦哲等译,经济科学出版社2004年版。

3.［美］路易斯·罗思、乔尔·赛里格曼:《美国证券监管法基础》,张路等译,法律出版社2008年版。

4.［美］马克·艾伦·艾斯纳:《规制政治的转轨》,尹灿译,钱俞均校,中国人民大学出版社2015年版。

5.［美］斯坦利·费希尔、鲁迪格·唐布什:《经济学》,庄巨忠等译,中国财政经济出版社1989年版。

6.［美］詹姆斯·R.巴斯等:《金融守护人:监管机构如何捍卫公众利益》,杨农等译,生活·读书·新知三联书店2014年版。

7.［德］考夫曼:《法律哲学》,刘幸义等译,法律出版社2004年版。

8.［德］马克斯·韦伯:《论经济与社会中的法律》,张乃根译,中国大百科全书出版社1998年版。

9.［英］爱德华·钱塞勒:《金融投机史》,姜文波译,机械工业出版社 2013 年版。

10. [美]哈威尔·E·杰克逊、小爱德华·L·西蒙斯:《金融监管》,吴志攀等译,中国政法大学出版社 2003 年版。

11. [美]约翰·奈斯比特、帕特丽夏·阿伯丹:《2000 年大趋势——90 年代十大新趋势》,贾冠颜等译,中国人民大学出版社 1991 年版。

12. [美]约翰·S·戈登:《伟大的博弈——华尔街金融帝国的崛起(1653~2011)》,祁斌译,中信出版社 2011 年版。

13. [美]兹维·博迪、罗伯特·C·莫顿:《金融学》,欧阳颖等译,中国人民大学出版社 2000 年版。

14. [美]劳伦斯·M·弗里德曼:《法律制度——从社会科学角度观察》,李琼英等译,中国政法大学出版社 2004 年版。

15. 白钦先等:《金融可持续发展研究导论》,中国金融出版社 2001 年版。

16. 白钦先等:《金融虚拟性理论与实证研究》,中国金融出版社 2010 年版。

17. 陈斌彬、张晓凌:《股指期货和股票现货跨市场交易监管研究》,厦门大学出版社 2015 年版。

18. 陈晗:《金融衍生品:演进路径与监管措施》,中国金融出版社 2008 年版。

19. 陈建旭:《证券犯罪之规范理论与界限》,法律出版社 2006 年版。

20. 陈界融:《证券发行法论》,高等教育出版社 2008 年版。

21. 陈欣:《衍生金融交易国际监管制度研究》,北京大学出版社 2006 年版。

22. 冯果主编:《证券法》,武汉大学出版社 2014 年版。

23. 顾功耘主编:《金融衍生工具的法律规制》,北京大学出版社 2007 年版。

24. 管斌:《金融法的风险逻辑》,法律出版社 2015 年版。

25. 洪伟力:《证券监管:理论与实践》,上海财经大学出版社 2000 年版。

26. 洪艳蓉:《金融监管治理:关于证券监管独立性的思考》,北京大学出版社 2017 年版。

27. 胡启忠等:《金融犯罪论》,西南财经大学出版社 2001 年版。

28. 胡启忠等:《修正金融刑法适用研究:立法·理论·实务》,法律出版社 2013 年版。

29. 胡汝银主笔:《中国资本市场的发展与变迁》,格致出版社、上海人民出版社 2008 年版。

30. 黄达编著:《金融学》,中国人民大学出版社 2013 年版。

31. 黄韬:《"金融抑制"与金融法治的逻辑》,法律出版社 2012 年版。

32. 经济合作与发展组织编:《OECD 国家的监管政策:从干预主义到监管治理》,陈伟译,法律出版社 2006 年版。

33. 郎咸平等:《操纵》,东方出版社 2010 年版。

34. 李昌麒主编:《经济法学》,法律出版社 2008 年版。

35. 李晓珊:《证券市场监管法律制度之比较研究》,中国法制出版社 2014 年版。

36. 李勇、哈学胜主编:《冰与火——中国股市记忆》,红旗出版社 2010 年版。

37. 刘宪权:《金融犯罪刑法学新论》,上海人民出版社 2014 年版。

38. 刘宪权:《证券期货犯罪理论与实务》,商务印书馆 2005 年版。

39. 刘志超主编:《境外期货交易》,中国财政经济出版社 2005 年版。

40. 吕忠梅、陈虹:《经济法原论》,法律出版社 2008 年版。

41. 马英娟:《政府监管机构研究》,北京大学出版社 2007 年版。

42. 缪因知:《中国证券法律实施机制研究》,北京大学出版社 2017 年版。

43. 聂立泽:《走进刑法——中国刑法基本理论研究》,知识产权出版社 2010 年版。

44. 祁光华:《证券监管的行政学分析》,中国大地出版社 2004 年版。

45. 祁敬宇主编:《金融监管学》,西安交通大学出版社 2013 年版。

46. 强力、王志诚:《中国金融法》,中国政法大学出版社 2010 年版。

47. 邱本:《经济法研究》,中国人民大学出版社 2008 年版。

48. 曲新久:《金融与金融犯罪》,中信出版社 2003 年版。

49. 石启龙:《跨市场操纵:生成、模式与法律监管》,东北大学出版社2017年版。

50. 史际春主编:《经济法学》,中国人民大学出版社2010年版。

51. 王作富主编:《刑法》,中国人民大学出版社2004年版。

52. 吴晓求等:《中国资本市场2011-2020——关于未来10年发展战略的研究》,中国金融出版社2012年版。

53. 吴晓求等:《中国资本市场制度变革研究》,中国人民大学出版社2013年版。

54. 吴志攀:《金融法概论》,北京大学出版社2011年版。

55. 谢杰:《操纵资本市场犯罪刑法规制研究》,上海人民出版社2013年版。

56. 邢精平:《股指期货:方案设计与运作分析》,中国财经出版社2007年版。

57. 邢精平:《跨市场操纵模式与监管》,科学出版社2014年版。

58. 熊玉莲:《金融衍生工具法律监管问题研究——以英、美为主要分析视角》,北京大学出版社2009年版。

59. 徐冬根主编:《国际金融法律与实务研究》,上海财经大学出版社2002年版。

60. 薛宏刚等:《股票指数期货——投资、套利与套期保值》,科学出版社2008年版。

61. 阳建勋:《后危机时代衍生金融监管变革的法律问题研究——以〈多德—弗兰克法案〉为中心》,法律出版社2014年版。

62. 杨松等:《国际金融新秩序的法律问题》,法律出版社2014年版。

63. 于永宁:《后危机时代的金融监管变革之道》,法律出版社2013年版。

64. 余磊:《操纵证券市场罪研究》,中国人民公安大学出版社2013年版。

65. 曾康霖主编:《金融经济学》,西南财经大学出版社2002年版。

66.《美国1934年证券交易法》,张路译,法律出版社2006年版。

67. 张守文主编:《经济法学》,北京大学出版社2008年版。

68. 张玉智:《中国金融衍生品市场监管体系重构》,中国金融出版社2009年版。

69. 郑颂主编:《资本人物访谈录》,海南出版社2006年版。

70. 中国证券监督管理委员会编著:《中国资本市场二十年》,中信出版社2012年版。

71. 周道鸾、张军主编:《刑法罪名精释》,人民法院出版社2007年版。

72. 周子衡:《金融管制的确立及其变革》,上海三联书店、上海人民出版社2005年版。

73. 朱大旗:《金融法》,中国人民大学出版社2007年版。

74. 庄玉友:《日本金融商品交易法信息披露制度研究》,人民出版社2010年版。

▲期刊

1. 单飞跃、刘思萱:《经济法安全理念的解析》,载《现代法学》2003年第1期。

2. 张守文:《后危机时代经济法理论的拓掘》,载《重庆大学学报(社会科学版)》2011年第3期。

3. 阳建勋:《论风险社会中的法律责任制度变革——传统部门法的内部修正与经济法的责任拓展》,载《广州大学学报(社会科学版)》2012年第3期。

4. 闫海:《论经济法的风险规制范式》,载《法学论坛》2016年第1期。

5. 袁达松、朱成林:《论包容性的经济法治——一元论的经济法学范式》,载《晋阳学刊》2015年第4期。

6. 袁达松:《风险经济法学举隅——"风险社会""世界主义时刻"视角的经济法学》,载《经济法论丛》2017年第1期。

7. 应飞虎:《中国经济法实施若干问题》,载《现代法学》2013年第5期。

8. 鲁篱:《中国经济法的发展进路:检视与前瞻》,载《现代法学》2013年第4期。

9. 薛克鹏:《中国特色经济法治模式的构建》,载《天津师范大学学报(社会科学版)》2018年第5期。

10. 张守文:《现代化、改革开放与经济法的生成》,载《法学论坛》2018

年第 4 期。

11. 巴曙松:《中国金融监管改革的可能路径》,载《金融客》2015 年第 2 期。

12. 巴曙松等:《从微观审慎到宏观审慎:危机下的银行监管启示》,载《国际金融研究》2010 年第 5 期。

13. 白钦先、徐爱田:《金融虚拟性命题及其理论渊源》,载《辽宁大学学报(哲学社会科学版)》2004 年第 4 期。

14. 蔡奕:《英国关于市场操纵的立法与实践》,载《证券市场导报》2005 年第 2 期。

15. 常云昆:《新自由主义的兴起与华盛顿共识的终结》,载《人文杂志》2004 年第 5 期。

16. 陈红等:《我国股指期货市场与股票现货市场的价格关系——来自中国资本市场的经验证据》,载《中南财经政法大学学报》2012 年第 6 期。

17. 陈淮:《关于虚拟经济的若干断想》,载《金融研究》2000 年第 2 期。

18. 陈煜:《证券期货市场交易型操纵行为主观认定问题探讨——以非市场化交易手段为视角》,载《证券市场导报》2017 年第 8 期。

19. 陈志刚:《金融市场联动与系统性风险》,载《中国金融》2018 年第 3 期。

20. 丁凤楚:《我国股指期货风险防范的法律机制探讨》,载《江西财经大学学报》2011 年第 1 期。

21. 丁绍宽:《我国金融控股公司监管制度之完善——写在德隆高管获罪之际》,载《法学》2006 年第 8 期。

22. 范小云、王道平:《巴塞尔Ⅲ在监管理论与框架上的改进:微观与宏观审慎有机结合》,载《国际金融研究》2012 年第 1 期。

23. 范亚舟:《宏观审慎监管下我国金融监管机构改革及需进一步解决的问题》,载《武汉金融》2018 年第 7 期。

24. 房汉廷:《科技金融本质探析》,载《中国科技论坛》2015 年第 5 期。

25. 傅钧文:《日本金融宏观审慎监管体制建设及其启示》,载《世界经济研究》2013 年第 12 期。

26. 高基生:《德国市场操纵证明之研究》,载《证券市场导报》2005 年第 8 期。

27. 郭竞成:《西方金融转型研究的检讨与综合》,载《经济社会体制比较》2005 年第 1 期。

28. 郭文龙:《操纵证券期货市场犯罪罪名探析——从中观的规制对象和微观的判断要素切入》,载《政法论坛》2010 年第 6 期。

29. 韩冰洁等:《巴克莱公司 LIBOR 虚报操纵案分析》,载《证券市场导报》2013 年第 3 期。

30. 韩龙:《宏观审慎监测制度建构之探》,载《法学论坛》2014 年第 6 期。

31. 何基报:《关于市场操纵调查和起诉的国际比较》,载《证券市场导报》2005 年第 8 期。

32. 何荣功:《刑法"兜底条款"的适用与"抢帽子交易"的定性》,载《法学》2011 年第 6 期。

33. 何晓春:《基于反跨市场联合操纵的监管探讨》,载《现代商贸工业》2008 年第 11 期。

34. 胡光志、张美玲:《我国期货市场操纵立法之完善——基于英美的经验》,载《法学》2016 年第 1 期。

35. 胡金焱、郭峰:《有效市场理论论争与中国资本市场实践——2013 年度诺贝尔经济学奖获奖成就实证检验》,载《经济学动态》2013 年第 12 期。

36. 黄韬、陈儒丹:《"功能监管"视角下的中国〈证券法〉适用范围研究》,载《证券法苑》2012 年第 7 期。

37. 黄孝武、唐毅:《宏观审慎监管理论研究新进展》,载《财经问题研究——以金融理财产品监管规则的改进为例》2012 年第 5 期。

38. 黄志强:《英国金融监管改革新架构及其启示》,载《国际金融研究》2012 年第 5 期。

39. 黎四奇:《后危机时代对宏观审慎监管理念法律化的冷思考》,载《法学评论》2014 年第 1 期。

40. 黎旸:《操纵证券市场罪的认定——以汪建中案为中心》,载《法学杂志》2012 年第 4 期。

41. 李昌麒:《论经济法语境中的国家干预》,载《重庆大学学报(社会科学版)》2008 年第 4 期。

42. 李东方:《证券监管机构及其监管权的独立性研究——兼论中国证券监管机构的法律变革》,载《政法论坛》2017 年第 1 期。

43. 李明良、陈洁:《证券市场操纵行为法律规制之国际比较研究》,载《证券法苑》2009 年第 1 期。

44. 李明良、李虹:《〈多德 - 弗兰克法〉期货市场反操纵条款研究》,载《证券法苑》2011 年第 2 期。

45. 李睿:《光大证券异常交易事件的刑法评析》,载《华东政法大学学报》2014 年第 5 期。

46. 李文泓、周皓:《金融监管体制改革的国际经验和中国道路》,载《清华金融评论》2014 年第 4 期。

47. 李西臣:《错单交易信息何以成为内幕信息?——析证监会处罚光大证券"乌龙指"案》,载《兰州学刊》2016 年第 5 期。

48. 李新丹、傅浩:《国外金融体系风险理论综述》,载《经济学动态》1998 年第 1 期。

49. 李哲:《金融监管制度下的证券监管:发达国家的基本经验与启示》,载《社会主义研究》2013 年第 2 期。

50. 梁颖琳:《宏观审慎监管框架下我国金融业监管协调问题研究》,载《财经问题研究》2013 年第 4 期。

51. 刘庆飞:《系统性金融风险监管的立法完善》,载《法学》2013 年第 10 期。

52. 刘庆富、华仁海:《中国股指期货与股票现货市场之间的风险传递效应研究》,载《统计研究》2011 年第 11 期。

53. 刘树德、喻海松:《从法治的立场解读〈刑法修正案(六)〉》,载《中国审判》2006 年第 6 期。

54. 刘宪权、谢杰:《市场操纵犯罪的实质解构:法律与经济分析》,载《现代法学》2014 年第 6 期。

55. 刘宪权:《操纵证券、期货交易价格犯罪行为的刑法分析》,载《华东政法大学学报杂志》2000 年第 6 期。

56. 刘宪权:《操纵证券、期货市场罪"兜底条款"解释规则的建构与应用——抢帽子交易刑法属性辨正》,载《中外法学》2013 年第 6 期。

57. 刘昕:《中国股票市场应引入"裸卖空"机制——对浑水公司"狙击"中国概念股的法律思考》,载《江苏社会科学》2013 年第 6 期。

58. 刘迎霜:《论我国中央银行金融监管职能的法制化——以宏观审慎监管为视角》,载《当代法学》2014 年第 3 期。

59. 刘志洋:《宏观审慎监管:框架与政策工具》,载《金融理论与实践》2012 年第 8 期。

60. 罗培新:《美国金融监管的法律与政策困局之反思——兼及对我国金融监管之启示》,载《中国法学》2009 年第 3 期。

61. 马江河:《美国证券市场操纵认定标准研究》,载《证券市场导报》2005 年第 8 期。

62. 马其家、王淼:《美国不公平高频交易监管及对证券法修改的启示》,载《证券市场导报》2018 年第 8 期。

63. 马其家:《论新时期我国金融监管体制的调整——以我国证券市场行政监管权的重配与协调为视角》,载《政法论丛》2016 年第 6 期。

64. 马卫锋、黄运成:《期货市场操纵的认定:美国经验及其启示》,载《上海管理科学》2006 年第 2 期。

65. 毛艺林:《我国国际游资影响因素的实证研究》,载《上海金融》2015 年第 2 期。

66. 缪因知:《光大证券事件行政处罚与民事索赔之合法性质疑》,载《法学》2014 年第 1 期。

67. 缪因知:《国家干预的法系差异——以证券市场为重心的考察》,载《法商研究》2012 年第 1 期。

68. 穆林娟、高文亭:《融券卖空机制下的虚假信息传播问题及防范——中信证券暴跌案例》,载《商业会计》2017 年第 2 期。

69. 宁霞:《巴林银行倒闭敲响对金融衍生工具加强监管的警钟》,载《世界经济》1995 年第 5 期。

70. 潘英丽:《对中国金融系统性风险的追问——制度成因、历史差异与化解之策》,载《探索与争鸣》2014 年第 7 期。

71. 祁斌:《美国金融监管改革法案:历程、内容、影响和借鉴》,载《金融发展评论》2010 年第 9 期。

72. 石启龙:《危机处置中即时强制的法治化路径》,载《中共天津市委党校学报》2015 年第 2 期。

73. 石晓波、周奋:《中国股指期货市场与股票市场的跨市操纵与监管》,载《当代经济研究》2015 年第 2 期。

74. 史建平、高宇:《宏观审慎监管理论研究综述》,载《国际金融研究》2011 年第 8 期。

75. 宋海鹰:《〈金融服务与市场法〉对英国金融监管的变革》,载《国际金融研究》2001 年第 5 期。

76. 孙秀琳、宋军:《基于权重股的股指期货操纵模式研究——2007 - 2008 交易数据的实证检验》,载《世界经济情况》2009 年第 1 期。

77. 汤欣、高海涛:《证券市场操纵行为认定研究——行政处罚案例的视角》,载《当代法学》2016 年第 4 期。

78. 汤欣:《操纵市场行为的界定与〈证券法〉的修改建议》,载《中国金融》2004 年第 19 期。

79. 唐海仕、罗新星:《我国股指期货与股票市场风险互动的实证分析》,载《湖南社会科学》2014 年第 3 期。

80. 唐洪敏:《欧盟对市场操纵的监管及启示》,载《证券市场导报》2004 年第 11 期。

81. 唐洪敏:《欧盟关于市场操纵的定义及其特点》,载《证券市场导报》2005 年第 8 期。

82. 田宏杰:《操纵证券市场行为的本质及其构成要素》,载《国家行政学院学报》2013 年第 3 期。

83. 万先运、徐冉:《英国规制市场操纵的新发展》,载《求索》2010 年第 5 期。

84. 王爱俭:《关于虚拟经济几个重要问题的探讨》,载《财贸经济》2001 年第 5 期。

85. 王凡平:《欧洲央行宏观审慎监管框架及其最新发展探究》,载《武汉金融》2015 年第 6 期。

86. 王国刚:《防控系统性金融风险:新内涵、新机制和新对策》,载《金融评论》2017 年第 3 期。

87. 王建文:《中国证监会的主体属性与职能定位:解读与反思》,载《法学杂志》2009 年第 12 期。

88. 王睿:《解读存托凭证制度与中国存托凭证问题探究》,载《市场论坛》2013 年第 2 期。

89. 王新:《操纵证券市场犯罪之主观故意的认定》,载《中国刑事法杂志》2016 年第 6 期。

90. 王兆星:《构建金融宏观审慎监管框架——国际金融监管改革系列谈之七》,载《中国金融》2013 年第 18 期。

91. 温观音:《美国期货法上的反操纵制度研究》,载《河北法学》2009 年第 7 期。

92. 吴宏、裴斐:《我国股指期货风险的法律控制——从宏观控制角度》,载《政治与法律》2008 年第 5 期。

93. 吴凌翔:《"试验性金融监管"的概念创设与理论构建》,载《西南金融》2017 年第 9 期。

94. 吴晓求:《股市危机:结构缺陷与规制改革》,载《财贸经济》2016 年第 1 期。

95. 吴云、张涛:《危机后的金融监管改革:二元结构的"双峰监管"模式》,载《华东政法大学学报》2016 年第 3 期。

96. 吴志攀:《华尔街金融危机中的法律问题》,载《法学》2008 年第 12 期。

97. 武俊桥:《论证券信息披露简明性规则——以网络时代为背景》,载《证券市场导报》2011 年第 11 期。

98. 夏秋、罗然然:《金融混业经营趋势下中国金融监管改革探讨——基于商业银行视角》,载《西南金融》2016 年第 6 期。

99. 肖刚:《加强资本市场监管执法》,载《求是》2013 年第 15 期。

100. 肖敬红等:《A 股市场系统性风险研究》,载《西部金融》2013 年第 3 期。

101. 谢杰:《跨市场操纵的经济机理与法律规制》,载《证券市场导报》

2015 年第 12 期。

102. 谢杰:《跨市场操纵行为监管研究》,载《上海金融》2015 年第 10 期。

103. 邢会强:《新三板市场的合格投资者制度及相关制度改革》,载《环球法律评论》2018 年第 6 期。

104. 邢会强:《信息不对称的法律规制——民商法与经济法的视角》,载《法制与社会发展》2013 年第 2 期。

105. 邢会强:《证券期货市场高频交易的法律监管框架研究》,载《中国法学》2016 年第 5 期。

106. 邢精平:《香港衍生品跨市场监管机制与启示》,载《深交所》2008 年第 3 期。

107. 徐阳等:《法律视角下投资者适当性研究——国外经验及借鉴》,载《金融理论与实践》2018 年第 2 期。

108. 许成钢:《法律、执法与金融监管——介绍"法律的不完备性"理论》,载《经济社会体制比较》2001 年第 5 期。

109. 宣晓影、全先银:《日本金融监管体制对全球金融危机的反应及原因》,载《中国金融》2009 年第 17 期。

110. 杨昊龙等:《"金砖国家"宏观审慎政策有效性研究》,载《宏观经济研究》2017 年第 1 期。

111. 杨惠:《机构监管与功能监管的交错:美国 GLB 法案的经验》,载《财经科学》2007 年第 5 期。

112. 杨松、石启龙:《"恶意做空"的生成逻辑与法律规制》,载《经济法研究》2017 年第 1 期。

113. 杨振能:《股指期货市场操纵的法律界定》,载《河北法学》2009 年第 6 期。

114. 杨子晖、周颖刚:《全球系统性金融风险溢出与外部冲击》,载《中国社会科学》2018 年第 12 期。

115. 杨宗杭:《论跨市场操纵的规制与监管》,载《证券市场导报》2015 年第 8 期。

116. 殷晓峰、牛广济:《中美资本市场反操纵监管比较及启示》,载《证券市场导报》2014 年第 4 期。

117. 尹继志、刘秀兰:《关于构建宏观审慎监管体系的探讨》,载《上海金融》2011 年第 2 期。

118. 于震、张鑫:《宏观审慎监管中的中央银行角色定位》,载《南京师大学报(社会科学版)》2016 年第 4 期。

119. 余绍山、陈斌彬:《从微观审慎到宏观审慎:后危机时代国际金融监管法制的转型及启示》,载《东南学术》2013 年第 3 期。

120. 詹向阳、郑艳文:《综合经营的历史和前瞻》,载《中国金融》2015 年第 17 期。

121. 张惠芳:《浅析操纵证券、期货交易价格罪的有关问题》,载《政法论坛》2000 年第 3 期。

122. 张亮、周志波:《完善中国宏观审慎金融监管框架研究——基于德英日三国的比较分析》,载《宏观经济研究》2018 年第 2 期。

123. 张陆洋、齐想:《国际系统性金融风险防范模式的转变与启示》,载《金融论坛》2018 年第 7 期。

124. 张天顶、张宇:《宏观审慎监管、系统性风险及国内外金融监管实践及启示》,载《证券市场导报》2018 年第 4 期。

125. 张维等:《从波动性和流动性判别股指期货跨市场价格操纵行为》,载《管理评论》2011 年第 7 期。

126. 张小妮、张宝山:《市场操纵行为的法律界定与规制比较研究》,载《西安交通大学学报(社会科学版)》2013 年第 3 期。

127. 张晓朴:《系统性金融风险研究:演进、成因与监管》,载《国际金融研究》2010 年第 7 期。

128. 张雪莹:《现货与衍生品市场的跨市场操纵研究——基于大额交易者的分析》,载《经济论坛》2008 年第 1 期。

129. 章永哲、钱敏:《基于 5 分钟高频数据的沪深 300 股指期货与现货市场间波动溢出效应实证研究》,载《上海金融》2015 年第 11 期。

130. 赵海怡:《金融衍生品交易风险控制中的制度与法律——一个法经济学分析范式》,载《河北法学》2009 年第 6 期。

131. 郑少华、齐萌:《融券卖空监管的法律思考——兼析金融危机前后的美国卖空监管》,载《中国法学》2010 年第 4 期。

132. 钟维:《跨市场操纵的行为模式与法律规制》,载《法学家》2018 年第 3 期。

133. 周伍阳、李攀艺:《中国股指期货市场交易型操纵的实现路径研究——以银行股为例》,载《浙江金融》2013 年第 4 期。

134. 周伍阳、李攀艺:《基于高频数据的中国股指期货市场操纵模式识别研究》,载《金融理论与实践》2013 年第 5 期。

135. 周伍阳:《中国证券市场结构与股指期货操纵路径识别研究》,载《征信》2014 年第 4 期。

136. 朱大旗:《完善我国股指期货市场监管机制的法律思考》,载《政治与法律》2012 年第 8 期。

137. 朱绵茂:《我国股指期货的主要风险及其法律对策》,载《暨南学报(哲学社会科学版)》2012 年第 7 期。

138. 卓娜、昌忠泽:《金融风险的成因、传导与防范:国内外研究述评》,载《技术经济》2015 年第 3 期。

▲学位论文

1. 荆长玉:《证券操纵行为的法律规制研究——以美国法为对象的学说传承与制度借鉴》,吉林大学 2012 年博士学位论文。

2. 唐海仕:《我国股指期货与股票市场的互动影响及跨市场监管研究》,中南大学 2012 年博士学位论文。

3. 王小丽:《股票和股指期货跨市场监管法律制度研究》,安徽大学 2012 年博士学位论文。

4. 谢杰:《市场操纵犯罪的机理与规制:法律与金融分析》,华东政法大学 2014 年博士学位论文。

5. 左顺根:《中国股指期货市场操纵及其对市场功能的影响研究》,华南理工大学 2013 年博士学位论文。